특수교육에서
성공적인 학급 운영을 위한
핵심 전략 **10** 가지

Σ 시그마프레스

FOR INFORMATION:

Corwin
A SAGE Company
2455 Teller Road
Thousand Oaks, California 91320
www.corwin.com

SAGE Ltd.
1 Oliver's Yard
55 City Road
London, EC1Y 1SP
United Kingdom

SAGE Pvt. Ltd.
B 1/I 1 Mohan Cooperative Industrial Area
Mathura Road, New Delhi 110 044
India

SAGE Publications Asia-Pacific Pte. Ltd.
3 Church Street
#10-04 Samsung Hub
Singapore 049483

학급의 물리적 배치

자료 구성

일정표

시각적 전략

행동 전략

장기목표, 단기목표 그리고 수업계획

교수 전략

의사소통체계와 전략

부모와의 소통

'관련 서비스'와 학교 내 지원 인력

특수교육에서 성공적인 학급 운영을 위한 핵심 전략

10 가지

Marcia Rohrer, Nannette Samson 지음

박경옥, 신윤희, 류규태, 김지은 옮김

Σ시그마프레스　CORWIN
A SAGE Publishing Company

특수교육에서 성공적인 학급 운영을 위한 핵심 전략 10가지

발행일 | 2023년 4월 25일 1쇄 발행

지은이 | Marcia Rohrer, Nannette Samson
옮긴이 | 박경옥, 신윤희, 류규태, 김지은
발행인 | 강학경
발행처 | (주)시그마프레스
디자인 | 김은경, 우주연
편 집 | 윤원진, 김은실, 이호선
마케팅 | 문정현, 송치헌, 김미래, 김성옥, 최성복

등록번호 | 제10-2642호
주소 | 서울특별시 영등포구 양평로 22길 21 선유도코오롱디지털타워 A401~402호
전자우편 | sigma@spress.co.kr
홈페이지 | http://www.sigmapress.co.kr
전화 | (02)323-4845, (02)2062-5184~8
팩스 | (02)323-4197

ISBN | 979-11-6226-440-9

10 Critical Components for Success in the Special Education Classroom by Marcia Rohrer, Nannette Samson

* 책값은 책 뒤표지에 있습니다.
* 이 저서는 2022년 대한민국 교육부와 한국연구재단의 지원을 받아 수행된 연구임(NRF-2022S1A5 C2A07091326)

최근 교육부나 지역교육청, 그리고 학교와 가정이 장애 학생의 행동중재를 위한 노력을 집중적으로 기울이고 있다. 지역교육청을 중심으로 행동중재 전문교사를 양성하기 위해 특별 프로그램을 마련하여 교사 역량을 강화하고 있으며, 관련 서비스 차원에서 행동중재 전문가 지원을 대대적으로 확장해 나가고 있다. 시도 교육청마다 행동중재 관련 매뉴얼을 앞다투어 내놓고 있으며, 관련 전문 서적도 수없이 많이 출판되고 있다. 또한, 국가 차원에서 전 부처가 협력하여 보건복지부를 중심으로 발달장애인의 행동중재를 위한 다양한 제도를 마련하고 있으며, 이에 발달장애 국가책임제를 선포하기도 하였다. 발달장애인이 보이는 도전행동을 지원한다는 것은 소수의 전문가에 의한 집중 지원만으로는 어려움이 있다. 학생이 일상적인 생활 속에서 만나게 되는 또래 친구들이나 가족 구성원, 또는 교사들이 전문가와 함께 학생의 행동 문제를 지원하지 않는다면 다시 원점으로 돌아가게 되기 때문이다. 왜 이런 일이 반복될까를 고민해 보면 다음과 같이 요약해 볼 수 있다.

첫째, 모두가 협력을 해야 한다. 행동중재의 과정에서는 학생이 별도의 공간에서 전문가에 의해 개별 지도를 받게 됨으로써 학생의 행동 문제를 직면하는 여러 사람들 즉 교사, 가정의 양육자, 지원 인력, 또래 등이 배제된 채 전문가와 당사자 간의 문제로 축소되는 경우가 있다. 즉, 학생행동의 선행사건이나 기능이 분석되고 주변 사람들이 모두 같은 방법으로 대응해야 함에도 이에 대한 부분에서 정확하고 분명한 정보가 공유되지 못하여 문제가 발생하기도 한다. 둘째, 장기적이고 지속적인 지원이 필요하다. 우리는 행동중재 전문가가 학생이 가진 장애를 완치시켜 줄 것이라는 잘못된 믿음을 가지고 있는 듯하다. 일시적으로 전문가에 의해 집중적인 지원이 이루어지고 나면 이후 '정상'적인 생활을 할 수 있을 것이라는 기대가 있다는 것이다. 하지만 행동중재는 일시적인 처방에 의해 나아지는 것이 아닌 환경, 협력적인 중재, 그리고 후속적인 조치가 지속적으로 따라야 한다. 그러기 위해서는 학생들과 함께 생활하는 행동중재 전문가, 교사, 가정의 양육자, 그리고 지원 인력과 또래 친구들이 학생을 지원하는 데 필요한 기본적인 지식과 기술을 갖추어야 하며 이 지식과 기술을 바탕으로 사람을 존중하는 태도가 함께 녹아나야 한다.

이에 우리는 특수교육을 제공하는 학교와 학급에서 발달장애 학생의 행동 문제를 다루기 위해 학급 내 가구나 자리 등의 물리적 배치, 교재를 조직하고 수정하는 방법, 일관성 있게 일정을 짜는 방법, 시각화하여 활용할 수 있는 방법과 행동 및 교수 전략에 대해 안내하고, 도전행동을 대체하는 의사소통의 방법이나 학부모와의 신뢰할 만한 의사소통 방법과 관련 서비스 및 기타 스태프와의 소통 방법을 소개하는 것이 필요하다고 의견을 모아 번역을 진행하게 되었다. 그리고 대구대학교 특수교육재활과학연구소에서는 한국연구재단에서 진행하는 인문사회연구소지원사업의 미래 공유형 사업을 유치하게 되어 이 자료는 우리 연구의 기초를 다지는 데 더욱 가치 있게 활용될 수 있을 것으로 기대한다.

이 책의 주요 독자층으로 특수교사를 염두에 두고 번역을 시작하였다. 하지만 이 책에 담겨있는 내용은 단순히 특수교사뿐 아니라 일반교육을 담당하는 일반학급의 교사와 예비 특수교사는 물론 예비 초중등교사에게도 유용한 자료가 될 수 있을 것으로 판단하였다. 특히 학교를 졸업한 성인기 발달장애인을 지도하는 평생교육기관의 교강사에게도 발달장애인을 이해하고 이들의 행동을 보다 체계적으로 안정화하고자 할 때 활용할 수 있는 유용한 전략들이 많이 포함되어 있어 교육 활동을 하는 데 많은 도움을 줄 수 있을 것으로 기대한다. 학부 시절 큰 스승이신 故 김승국 교수님과 故 김옥기 교수님께서 어린 우리들에게 전문가와 비전문가의 차이를 이렇게 일러주셨다.

"비전문가는 자신의 제한된 경험에 의존하여 학생을 지도하고
전문가는 증명된 연구에 기반하여 학생을 지도한다."

이 책에 제시된 10가지 전략은 특수교육의 고전과도 같은 증거 기반의 연구 전략이라 할 수 있다. 어렵지 않게 적혀있는 10가지 전략을 꾸준히 실천한다면 우리 학생들도 사회 구성원으로 통합되어 살아가는 기본 역량을 길러 나갈 수 있지 않을까 기대해 본다.

이 책을 출판하도록 허락해 주신 (주)시그마프레스 강학경 대표님을 비롯하여 꼼꼼하게 편집해 주신 편집부 직원들께 깊은 감사를 드린다. 그리고 교사와 예비교사들이 쉽게 이해할 수 있게 여러 차례 윤독을 함께 해주신 이병혁 교수님과 학교 현장에서 유용한 자료가 될 것이라며 격려해 준 지푸름 선생님에게도 감사를 전한다.

2023. 4.

문천지 물안개를 바라보며 역자 일동

수 년 전 교실에서 학생들을 처음 가르치기 시작했을 때만 해도 교사들이 담당하는 장애 학생들의 요구를 보다 충족시킬 수 있는 방법을 익히게 할 목적으로 책을 쓰게 될 줄은 꿈에도 상상하지 못했다. 그러나 과거를 돌이켜 생각해 볼 때, 이와 같은 목적을 가진 책을 써야겠다는 생각을 사실상 오래전부터 하고 있었던 것 같다. 그리고 그 생각은 우리가 많은 교육청이나 학교, 그리고 교실 환경에서 서로 다른 교육적 요구를 가진 많은 학생, 가족들과 함께했던 수년에 걸쳐 지속되었다는 것을 깨닫게 되었다.

우리는 학생들의 학습을 뒷받침하기 위한 구조화된 환경을 만드는 데 있어, 그리고 우리들의 교실에서 오랫동안 성공을 축적하는 데 있어 우수한 소질을 항상 지니고 있었다. 하지만 학생들의 학습을 진정으로 지원하기 위해 필요한 것에 대한 우리의 지식은 우리가 교실에서 가르치기 시작한 이래 크게 발전해 왔다. 많은 요인들이 이러한 여정에 영향을 미쳤다. 이러한 요소들과 경험들이 없었다면 우리는 이 책을 만드는 지점에 결코 도달하지 못했을 것이다. 우리가 함께해 온 수많은 학생들과 가족들, 우리가 협력했던 수많은 다른 교육자들, 그리고 우리가 활용했던 지속적인 훈련들 모두는 특수교육 분야에서 우리가 지닌 높은 수준의 전문 지식에 기여했다.

각자가 일했던 교실을 떠난 후, 우리 두 사람은 교육청에서 자폐증 및 특수교육 지원팀의 일원으로서 역할을 했다. 이러한 역할은 우리에게 많은 다른 교사들과 다른 학급 환경들을 관찰할 커다란 기회를 제공하였다. 우리의 감독관들은 거듭 우리들에게 와서 이 단 한 명의 학생을 담당한 다른 교사를 돕도록 요청했다. 때때로 새로운 유형으로 교사들을 어렵게 만들 수 있는 어떤 학생이 있다는 것을 우리의 경험에서 알 수 있었다. 우리는 또한 학급이 성공을 위해 준비되어 있을 때, 그리고 교사가 전략들과 함께 그 전략들을 적용하는 방식에 대한 지식을 갖고 있을 때 모든 학생이 학습을 한다는 것도 알고 있었다. 우리가 원래 자리에서 벗어나 다른 학구에서 일하기 시작했을 때, 우리가 교사들을 도와 그들이 자신의 교실에서 여러 가지 요소들을 조직하게 하는 어떤 방법을 필요로 한다는 것이 명백해졌다. 우리에게는 특수교육을 제공하는 학급 모두에서 다루어질 필요가 있는 중요한 요소들을 조직할 틀이 필요했다.

 교사들이 그들의 학급에서의 성공을 위해 필요로 하는 것에 대한 큰 그림을 보도록 돕기 위해 우리는 모든 특수교사들이 학급에서 수업을 하면서 또는 생활 지도를 하면서 다룰 필요가 있는 영역들 혹은 범주들을 개발하기 시작했다. 이러한 요소들은 사실상 특수교육이 제공되는 학급을 효과적으로 관리하는 방법을 고심하고 있는 교사들을 돕는 것은 물론, 우리들에게도 도움이 되도록 개발하였다. 학급의 물리적 배치, 자료 구성, 일정표, 시각적 전략, 행동 전략, 장기목표와 단기목표 및 수업계획, 교수 전략, 의사소통체계와 전략, 부모와의 소통, 그리고 '관련 서비스'와 학교 내 지원 인력 등 10가지 주요 요소들을 가려내었다. 이 책에는 이 10가지 영역들 각각에 대한 기본적인 정보들과 복사해서 사용할 수 있는 양식들, 그리고 해당 주제를 더 연구할 때 지침이 될 수 있는 자료들의 목록이 들어있다. 우리는 우리가 이 책에서 논의한 것보다 훨씬 더 깊이 있게 이러한 주제들을 연구하고 배우며 탐색할 것을 강력하게 권장한다. 우리는 당신에게 청사진을 주고 있다. 당신이 담당하는 학생들의 요구를 충족시키기 위해 상세한 계획을 제공하고 정보를 원하는 대로 바꾸는 것은 학생을 지도하는 우리들의 의지와 손에 달려있다.

 이 책이 이 책 안에 담겨있는 정보를 뒷받침하는 연구에 대한 것이 아니라는 점을 아는 것 또한 중요하다. 우리는 학급 관리뿐 아니라 교수 전략들 또한 증거 기반 전략들을 바탕으로 해야 한다는 점을 잘 인식하고 있다. 이 책에 포함된 정보를 뒷받침하는 연구들을 탐색하는 것은 환영할 만한 일이고 또 그렇게 해야 한다. 그러는 것이 우리가 이 책에 제시하는 전략들 및 아이디어들이 효과가 있는 이유를 당신이 더 충분히 이해할 수 있도록 도와줄 것이다.

교사로서의, 지금은 자문가로서의 우리 자신의 경험으로부터 우리는 10가지 중요한 전략들이 우리가 담당한 학생들의 성공을 뒷받침할 기반을 만드는 데 절대적으로 필요하다는 결론을 내리게 되었다. 우리는 이 10가지 전략들 중 그 어떤 것도 따로 떨어져 있지 않다는 것을 교사들 및 행정가들에게 계속 강조하고 있다. 이 요소들은 함께 작용하며, 특수교육을 제공하는 교실에서의 성공을 보장하기 위해서는 이 모든 요소들이 준비되어 있어야 한다. 교사들은 우리가 우리 자신의 경험으로부터 배운 것을 자주 확인해 준다. 교사들이 이 10가지 주요 전략들을 실행할 때 그들의 일이 더 쉬워지는 것은 물론이고, 더욱 중요한 것은 교사들 또한 그들이 담당한 학생들 모두가 이익을 보고 있음을 인식하고 있다.

학생들에게 사회성 기술들을 가르치든 아니든, 학교 자문을 하든 안 하든, 가정 내 및 부모 훈련 평가를 수행하든 수행하지 않든, 부모들을 위한 워크숍을 이끌든 이끌지 않든, 혹은 이 책의 기반이 된 우리들의 이틀짜리 워크숍을 제공하든 그렇지 않든 간에 우리는 우리가 하는 일이 학생들에 대한 것이고 그들이 목적과 잠재력을 달성하도록 돕는 것이라는 점을 항상 염두에 두고 있다. 이 책은 모든 특수교사들을 돕게 될 하나의 도구이다. 당신이 예비교사이든 경험을 갖춘 교사이든, 우리는 당신이 이 10가지 전략들을 당신의 교실에서 당신이 사용하는 접근 방식을 위한 기초로 활용함으로써 당신의 학생들이 이익을 볼 것이라는 점을 알고 있다.

상황이 비슷한 두 개의 학급은 없고, 정확하게 똑같은 역량을 가진 두 명의 교사도 없으며, 똑같은 특별 요구를 가진 두 명의 학생은 없다. 특수교육에서 성공적인 학급 운영을 위한 핵심 전략 10가지(*10 Critical Components for Success in the Special Education Classroom*)에 제시된 기반을 수용하고 실행하는 것은 학생 개개인이 성취하고, 긍정적인 행동들을 증진시키며, 부모들과 효과적인 의사소통을 확립하고, 모든 학생에게 교사 효능감을 향상시키기 위한 무대를 마련하게 될 것이다. 학생들과 교사들, 부모들, 그리고 가족들이 모두 다르다는 점을 생각해 볼 때 그것이 어떻게 가능할 수 있을까?

10가지 전략들이 모두 준비될 때 만들어지는 기반 혹은 틀은 학생 개개인에게 발전과 성공을 위한 무대를 세우게 된다. 게다가 당신이 담당하는 학생들의 요구를 가장 잘 다루는 방법을 고려할 때 당신은 당신이 지니고 있는 전문가로서의 판단과 최고의 교육적 실제들에 대한 지식을 활용할 것이다. 10가지 전략들의 지침을 특정 학생들에 대한 당신의 지식 및 자녀들에 대한 가족들의 요구, 그리고 증거 기반 실제들 등과 섞는 것은 승리의 조합이 된다. 모든 전략들을 당신이 담당하는 학생들을 위한 청사진으로 활용하라. 그러면 당신과 당신의 학생들은 성공할 것이다.

성공적인 특수교육 제공 학급을 만들고 유지하기 위해 핵심적인 모든 영역은 이 전략들 내에서 통합된다. 이 책이 이 책의 내용을 뒷받침하는 연구에 관한 것이 아니기는 하지만, 권고 사항들과 전략들은 현재의 연구결과에 기반을 두고 있고, 각각의 전략은 다수의, 최선의 교육적 실제들을 담고 있다. 10가지 전략들에는 다음과 같은 것들이 포함된다.

1. 학급의 물리적 배치

2. 자료 구성

3. 일정표

4. 시각적 전략

5. 행동 전략

6. 장기목표, 단기목표, 그리고 수업계획

7. 교수 전략

8. 의사소통체계와 전략

9. 부모와의 소통

10. '관련 서비스'와 학교 내 지원 인력

이 10가지 주요 전략 중 그 어떤 것도 따로 떨어져 있지 않다는 것을 이해하는 것은 매우 중요하다. 우리는 명확성과 참고의 용이성을 위해 이 전략들에 번호를 매긴 것이지, 이 번호들이 더 중요하거나 덜 중요하다는 것을, 혹은 실행되어야 하는 순서를 표시한 것은 아니다. 이 전략들은 똑같이 가치 있는 것이고, 어떤 전략이 다른 전략에 비해 더 중요한 것이 아니다. 이 전략들은 학생의 학습을 극대화하는 틀을 만들기 위해 중복되기도 하고 통합되기도 한다.

우리는 먼저 전일제 특수학급의 학생들 및 교사들의 요구를 다루기 위해 이 책을 시작했다. 하지만 이 10가지 전략들을 개발하기 시작함에 따라 우리는 실제들과 아이디어들, 그리고 제언들이 도움반 및 통합 환경에서도 유익하다는 것을 깨닫게 되었다. 게다가 우리들이 한 경험은 우리들에게 각각의 요소에서 다루어지고 있는 개념들을 실행함으로써 일반교육을 받는 학생들 또한 이익을 얻는다는 것을 보여주었다.

우리는 이 책에 담긴 모든 요소를 미리 훑어봄으로써 당신이 특수교육을 제공하는 당신 학급의 기초를 다지기 위해 필요한 쟁점들에 대한 아이디어를 얻기를 바란다.

우리는 만약 당신이 특정한 하나의 요소로 책장을 휙 넘기고 이 책의 다른 부분들은 읽지 않는다면, 불완전한 정보와 10가지 전략 모두를 다룰 필요에 대한 불완전한 이해가 남게 될 것이라고 생각한다.

이 10가지 전략은 당신이 담당하는 학생들의 교육을 위해 함께 작용함으로써 하나의 토대를 형성한다. 이 10가지 요소의 구조와 전략들이 일관성 있게 실행되는 교실은 다음과 같은 특성들을 보여줄 것이다.

- 학급의 다양한 영역들에서 어떤 유형의 활동들이 일어나는지 알기 쉽다.
- 학급 환경은 물리적으로 구조화되어 있고, 일정표는 일과 시간 전체에 걸쳐 일관성 있게 활용된다.
- 물리적인 그리고 행동적인 경계는 분명하게 정의된다.
- 학생들과 학교 스태프들은 어떤 목적을 가지고 교실 내에서 돌아다닌다.
- 학생들은 항상 의미 있는 활동들에 적극적으로 참여한다.
- 의사소통체계와 전략들은 각 수업의 일부이다.
- 학생들은 다음에 무슨 일이 있을지 더 쉽게 예측할 수 있다.
- 학생들의 행동이 향상된다.
- 수업 자료들은 레이블링된 캐비닛이나 선반에 보관된다.
- 자료들은 정기적으로 수집된다.
- 방해 요소들은 최소화된다.
- 수업계획은 학생들 개개인의 개별화 교육 프로그램(IEP)을 다룬다.
- 학생들은 활동의 시작과 종료를 분명하게 인식한다.
- 다양한 교수 전략이 일과 시간 내내 활용된다.
- 학생들의 독립성이 극대화된다.
- 부모와 정기적으로 의사소통한다.
- 서비스 제공자들과 학급교사들을 위한 체계가 준비되어 있어 특정 학생들에 대한 정보 및 전략들이 공유된다.

- 교사들이 떠는 수다의 양이 최소화된다.

10가지 전략이 당신의 학생들에게 실행될 때 당신은 다음의 3가지 질문에 '그렇다'고 큰 소리로 답할 수 있을 것이다.

1. 학생은 진전을 보이고 있는가?
2. 학생은 더 독립적으로 학습했는가?
3. 학생은 지식과 기술을 1년 전보다 더 많이 갖게 되었는가?

10가지 핵심 전략 각각의 끝부분에 우리는, 해당 전략 내의 내용을 강조하는 예들이 들어있는 '실생활 응용'을 포함시켰다. 우리는 이것이 이 정보가 어떻게 실질적인 방식으로 적용될 수 있는지 보여주는 것이라 생각한다. 우리는 유용하다고 생각할 수 있는 자료들의 목록뿐 아니라 당신이 활용하기 위해 복사할 수 있는 양식들 또한 넣어놓았다. 이러한 양식들 중 하나는 10가지 핵심 전략이 모두 들어가 있는 체크리스트이다. 당신이나 당신의 직속 관리자는 당신의 학급에서 모든 전략이 다루어지고 있는지 판단하기 위해 이 체크리스트를 이용할 수 있다.

당신은 해당 학년도 내내 혹은 매번 새로운 학년도가 시작될 때마다 이 전략들을 실행하는 방법에 변화가 이루어질 필요가 있음을 알게 될 것이다. 학생들의 요구는 달라질 것이다. 당신이 다른 학급이나 학교로 옮겨갈 수도 있다. 새로운 학생이 명단에 추가될 수도 있고 혹은 지원 인력이 더해지거나 빠질 수도 있다. 이 전략들을 당신의 학급을 위한 청사진으로 활용할 때, 당신은 변화가 생기는 것과 관계없이 매년 성공을 위한 기반을 갖게 될 것이다.

차례

3　일정표

4　시각적 전략

5 행동 전략

6 장기목표, 단기목표, 그리고 수업계획

7 교수 전략

8 의사소통체계와 전략

9 부모와의 소통

10 '관련 서비스'와 학교 내 지원 인력

학급의 물리적 배치 **1**

목표 : 학급의 물리적인 배치가 어떻게 학생들의 성공에 영향을 주는지 설명한다.

생각의 함정

"왜 내 교실을 배치할 때 그런 문제가 생기지?"
"학생들이 편안함을 느끼는 곳에서 공부하면 좋겠어."
"교실에 특별한 구역을 만들 가구나 공간이 충분치 않아."

교사들이 교실을 배치하는 것을 도우면서 자주 이런 말들을 듣는다. 그리고 자연스러운 걱정인 것도 안다. 그리고 물리적으로 교실을 배치하는 작업이 매우 힘든 노동인 것도 안다! 적당한 가구 그리고 충분한 가구를 찾는 것도 역시 힘든 일인 것을 안다. 아무리 물리적으로 교실을 배치하는 것이 어려운 일일지라도 다른 일보다 우선적으로 하기를 바란다. 물리적인 공간을 명확히 정의한다면 다른 요소들을 다루기가 더 쉬워질 것이다. 교실 배치는 10가지 핵심 전략을 위한 물리적인 기초이다.

이론적 해석

잘 디자인된 특수교육 교실에서 교실 가구를 배치할 때와 교수 영역을 위치시킬 때는 교실 활동과 학생들의 요구가 고려되어야 한다. 교실의 물리적인 공간을 정의하고 명료화하는 것은 학생들이 각각의 영역에서 가질 활동들을 기대하게 하고 이로 인해 그들의 참여와 행동을 개선시키게 된다.

교실 공간은 소중한 자산이다. 이는 발이 닿는 모든 영역이 학생들의 학습을 지지하는 활동을 위해 사용되어야 함을 의미한다. 교실을 최대한 사용할 수 있어야 한다. 교실을 배치할 때 스스로에게 "이 공간을 최대로 활용하는가? 이렇게 공간을 사용하면 학생들의 성공에 기여할 수 있는가?"라고 물어보라.

잘 설계된 교실의 장점

특징이 잘 드러나도록 물리적으로 배치되고 잘 조직된 교실은 긍정적인 학습 환경을 증진시킬 것이다. 다음과 같은 이유로 특수교육 환경에서도 심사숙고를 거친 물리적 배치는 중요하다.

- 학생들이 물리적 경계를 존중해야 함을 배운다. 학생들의 영역과 교사만의 영역 사이뿐만 아니라 학생들의 개인 활동 영역들 사이에도 경계가 있다. 이는 학생들에게 삶을 살아가는 데 중요한 기술인 타인의 공간과 소지품을 존중해야 함을 가르치는 기회를 제공한다.
- 학생들은 교실의 특정한 영역에서 발생하는 특정한 활동을 점차적으로 기대하게 된다. 이는 학생들이 그 활동에 보다 충실히 참여할 수 있게 돕는데, 왜냐하면 학생들은 기대되는 활동과 상호작용할 수 있도록 마음을 가지고 그 영역에 들어

가게 되기 때문이다. 다음 활동이 무엇인지 알게 되면 학생들이 무방비 상태에 빠지거나 무슨 일이 일어날지에 대해 부정확한 기대를 할 때 자주 발생하는 나쁜 행동을 방지할 수 있게 된다.

- 학생들은 어떤 행동들이 교실의 각 위치에서 허용되고 기대되는지, 그리고 어떤 행동들은 허용되거나 기대되지 않는지도 배울 것이다. 이것은

> 학급 공간을 가치 있는 자산으로 생각하라.

가정에서나 사회에서 그리고 직업 현장에서 중요한 가치 있는 삶의 교훈이기도 하다.

- 적절한 교실 배치는 많은 학생들에게 있어서 진정 효과를 가지는 예측 가능성을 제공한다. 그들은 환경과 다음에 일어날 일들을 보다 잘 이해할 수 있을 때 덜 불안해하는 경향이 있다. 그들의 정신 상태는 새로운 자료를 학습하는 데 더 도움이 된다. 불안의 감소는 일반적으로 잘못된 행동의 감소로 이어진다.

- 교실 자료에 쉽게 접근할 수 있다. 교실의 정해진 영역에서 특정 활동을 할 때, 그 활동에 필요한 자료를 그 자료가 사용될 특정한 영역에 배치함으로써 학생들이 쉽고 빠르게 되찾아 사용하게 한다. 이는 시간과 잘못된 행동을 줄일 뿐만 아니라 생산성을 높여준다. (자료 구성은 제2장의 주제이다.)

학생들이 진보하고 발전하기 위한 교실 공간을 만들기 위해서 당신이 사용할지도 모르는 가구와 그것을 배치하는 것에 대해 논의하기 전에 10가지 핵심 전략을 한 번 더 강조하고자 한다. 첫 번째 전략인 학급의 물리적인 배치는 그곳에서 일어나는 모든 것에 영향을 주는 출발점이다. 환경이 혼란스러울 때 그 환경에 있는 사람들은 어찌할 바를 모르게 된다. 어질러진 환경에서 사람들은 보다 무질서하게 느끼며 적절한 자료를 찾고 필요한 물품을 위치시키느라 귀중한 시간을 잃게 된다. 당신의 교실 환경 디자인은 교실과 그곳의 내용물들을 위해 잘 고려된 계획과 함께 시작되어야 한다. 이 전략은 교실의 물리적 환경을 위해 심사숙고한 과정 전체를 통해 당신을 안내할 것이다.

잘 정의된 영역은 학생의 기대치를 명확히 한다

가정과 사무실에서 우리는 특정 활동을 위해 특정 영역을 사용한다. 요리를 하기 위해 주방을 사용하고 식사를 하기 위해 식탁을 사용한다. 주방에도 개수대가 있지만 양치질은 욕실 세면대에서 해야 한다. 사무실에서 특정 영역은 개별 작업에 사용되고 다른 영역은 그룹 작업이나 회의에 사용된다. 사교적 대화는 스태프 라운지나 휴게실에서 더 자주 발생하는 반면 작업 제품에 대한 토론은 작업 영역에서 더 자주 발생한다.

잘 설계된 교실에서는 특정 영역도 특정 유형의 활동에 공헌한다. 식탁에 앉았을 때 가지고 있는 마음가짐에 대해 생각해 보라. 그것을 서재에서 컴퓨터 책상에 앉아 있을 때의 마음가짐과 비교해 보라. 어떤 유형의 활동이 일어날지에 대한 기대치는 위치를 기반으로 한다.

그림 1.1 다음 활동 예측하기

우리는 도서관에 들어갈 때 어떤 유형의 활동이 일어날 것이라고 예상하고, 식료품점이나 식당에 들어갈 때는 다른 활동을 기대한다. 예상되는 행동이 환경에 따라 다르며 일부 지역에서는 다양한 유형의 행동이 허용되지만 다른 지역에서는 허용되지 않는다는 것을 알고 있다. 우리는 가정에서도 특정 활동을 예상하고 위치에 따라 특정 행동을 보일 것으로 기대한다. 우리는 어떤 활동이 일어나고 어떤 행동이 우리에게 기대되는지를 결정하는 데 도움이 되는 물리적 환경에 의존한다.

같은 방식으로, 우리 학생들은 학교에서 일어나는 다양한 유형의 활동에 대한 기대치와 적절한 사고방식을 개발할 수 있어야 한다. 교실의 일부에서는 학생들이 조용히 앉아서 일하기를 기대한다는 점을 이해하도록 돕는 것이 중요하다. 교실의 다른 영역에서는 활동 중 대화 및 방문이 허용된다. 예를 들어, 학생들이 수학을 공부하거나 워크시트를 완성하는 개별 책상 영역과 교사 강의 또는 간식을 먹기 위해 모이는 교실 영역 간의 차이를 비교해 보라. 세심하게 배치된 교실은 학생들이 활동을 예상하고 활동에 참여하며 각 영역에서 행동을 조정하는 데도 도움이 된다.

잘 계획된 교실에는 다양한 유형의 활동이 발생할 위치를 지정하는 경계가 명확하게 정의되어 있다. 이는 특정 영역 및 활동에 대해 예상되는 행동을 가르치는 데 도움이 된다. 경계는 가능한 한 시각적으로 명확해야 한다. 가구 배치는 물리적 경계와 명확성을 제공할 수 있다. 해당 지역을 표시하는 표지판도 도움이 된다. 어수선함을 최소화하면 특정 공간을 유지하고 영역 간의 구분을 명확하게 하는 데 도움이 된다. 바닥에 깔개나 컬러 테이프를 사용하여 색상을 구분하는 것도 다양한 공간과 영역을 정의하는 데 사용될 수 있다.

대부분의 가정에서는 벽이 시각적 경계를 잘 만들어 주기 때문에 다양한 영역에서 어떤 주요 활동이 발생하는지 결정하기가 상당히 쉽다. 가구에 따라 주요 활동이 다르기 때문이다. 예를 들어 요리와 식사는 주방에서 이루어지며 대부분의 사람들은 침실에서 잠을 잔다. 교실에서는 이러한 구분이 명확하지 않다. 교실이 잘 계획되지 않고 학생의 성공을 위해 설정되지 않으면 다른 영역의 사용을 결정하기가 매우 어려울 수 있다. 이것은 학생, 대체교사, 방문자에게 혼란을 야기할 뿐만 아니라 학생이 배우고 교사가 가르치는 것을 더 어렵게 만든다.

10분 규칙

교실이 물리적으로 잘 배치되어 있는지 궁금하다면 10분 규칙이라고 부르는 것을 사용하라. 방문자가 교실에 와서 10분 이내에 다음 유형의 질문에 올바르게 답할 수 있다면 특정 활동과 수업이 열리는 장소로 잘 설계된 것이다.

> **10분 규칙은 교실이 잘 설계되었는지 판단하는 하나의 방법이다.**

- 수학, 읽기 및 기타 교과는 어디에서 가르치는가?
- 그룹 활동을 위한 공간이 있는가?
- 개별 작업 영역은 어디에 있는가?
- 예술과 공예와 같은 특별 활동을 위한 공간이 있는가?

잠시 시간을 내어 당신의 교실 배치에 대해 생각해 보라. 지금까지 논의한 내용을 바탕으로 현재 명확하게 정의된 영역 목록과 재고해야 할 영역 목록을 만들라. 예비 교사의 경우 관찰한 교실에 대해 생각하고 해당 교실에 있었던 영역을 나열해 보라.

교실 준비하기

이제 교실 배치의 중요성을 설명했으므로 교실에서 필요한 다양한 영역을 결정하기 위해 대답해야 하는 몇 가지 중요한 질문을 고려해 보자. 교실 배치의 원동력은 학생들의 요구 사항이다. 다음 질문에 답하는 것으로 시작하라. 이러한 질문은 책 뒤쪽에 있는 양식에서도 찾아볼 수 있다.

- 학생 수는 몇 명인가?
- 학생들이 바닥에 발을 평평하게 놓고 앉을 수 있도록 다양한 크기의 의자와 책상이 필요한가? 무릎을 직각으로 구부리고 팔꿈치는 책상 위에 놓고 필기를 하는가?

> **인터넷 연결선과 전기 콘센트의 위치는 많은 가구들의 위치를 결정한다.**

- 학생 중 특수 장비(휠체어, 스탠드, 개인 정보 보호 스크린 등)가 필요한 특정 의료 요구 사항을 가진 학생이 있는가?
- 특수 장비가 필요한 경우 어디에 보관하는가?
- 학생 중 일부는 다른 학생과 분리된 작업 공간을 필요로 하는가?
- 학생들에게 감각 활동을 위한 공간이 필요한 경우 교실에 위치할 수 있는가? 아니면 대체 위치를 만들어야 하는가?[예 : 작업치료사, 물리치료사, 그리고 특수

체육 담당 교사들이 같이 사용하는 모터 랩(MOTOR LAB)]

- 학생들 중에 누구라도 옷을 갈아입거나 튜브 섭식을 해야 한다면, 개인 공간을 만들 수 있는가?
- 학생들 중 교실 배치를 할 때 고려해야 할 특정 행동(예 : 마음대로 교실을 나가거나 물건에 기어오르는 행동 등)을 가진 학생이 있는가?
- 고려해야 할 다른 안전 문제가 있는가?

이 질문들에 더해서, 교실 배치에 영향을 줄 다른 세 개의 질문들이 있다.

1. 어떤 가구가 유용한가?
2. 교실에 개수대가 있는가?
3. 전기 콘센트와 인터넷 연결선은 어디에 있는가?

이 질문들에 대한 대답은 어떻게 교실 공간을 사용하고 어떤 가구가 필요할지 적절히 결정하는 데 있어서 당신을 안내해 줄 것이다. 학생들이 작다면, 성인 사이즈의 의자는 소용없을 것이다. 휠체어를 타는 학생이 있다면, 교실의 좁은 공간은 소용없을 것이다. 특별한 장비를 사용하는 학생이 있다면, 가까이 보관하거나 사용 중이 아닐 때는 교실에 보관해야 할 것이다. 의학적 절차나 기저귀 갈기, 튜브 섭식을 할 때는 품위를 유지하고 학생들의 사생활을 존중하기 위해 개인적인 공간이 필요하다.

한 교실에서, 특정 학생의 행동으로 인해 생긴 도전은 교실을 재배치함으로써 부분적으로 해소되었다.

달리는 학생

한 교사가 우리에게 교실 배치에 대한 도움을 요청했다. 도전이 필요한 많은 수의 학생이 있는 작은 교실이었다. 한 사건이 작은 소녀에게 일어났는데, 그 소녀는 교실 밖으로 자주 뛰쳐나갔고 어른 여러 명이 그녀가 건물 전체를 뒤집어 놓기 전에 그녀를 잡으려고 시도했다. 교사는 책장을 학생의 책상 옆에 놓았는데, 그 학생이 뛰기 전에 책장을 돌아 나가야 할 것이므로 속도가 느려질 것이라고 생각한 것이다. 하지만 그 학생은 조금도 느려지지 않았다.

(계속)

그 학생이 교실을 뒤집어 놓기 전에 조금 더 시간을 벌기 위해, 우리는 교실 문 반대쪽 공간에 '개인 사무실'을 만들었다. 칠판 하나로 '사무실'의 한 벽을 만들고, 캐비닛을 쌓아 또 다른 벽을 만들었으며, 보조교사의 의자를 세 번째 벽에 위치시켜서 그 학생은 오직 한 길로만 들어오고 나갈 수 있게 되었다. 이 변화들은 그 학생을 위한 보다 물리적으로 구조화된 설정을 만들어 내는 데 도움이 되었다. 교사가 나중에 알려오기를, 그 학생은 보다 구조화된 자신의 위치를 더 좋아하는 것처럼 보였으며 달리기 사건이 줄어들었다고 한다.

분명 그 교사는 계속해서 가르쳤을 것이고 그 학생이 할당된 영역에 머물도록 힘썼을 것이다. 그러나 교실의 물리적 배치를 바꿈으로써 그 학생의 달리는 행동에 대해 즉각적이고 직접적인 효과를 거두었다. 보다 안전한 환경이 만들어졌을 뿐만 아니라 학생이 과업에 몰두하는 시간도 늘어났고 긍정적인 영향을 받았다.

필요 영역들

이제, 당신은 모든 특수학급에서 필요한 영역들에 대해 생각할 준비가 되었다. 각 영역은 그것이 왜 필요한지 당신이 이해할 수 있도록 묘사되고 설명될 것이다. 또한, 그 영역을 만들기 위해 필요한 가구도 논의될 것이다. 교실 공간을 어떻게 사용할지 고려할 때 가치 있는 구역의 개념을 기억하자.

홈 베이스

일반교육 교실의 학생들과 마찬가지로, 당신이 담당하는 학생들에게도 자신만의 책상과 홈 베이스가 필요하다. 홈 베이스란 무엇인가?

홈 베이스는 다양한 목적을 위해 쓰인다. 그것은 학생들이 개인 과제를 하는 장소를 말한다. 그리고 학생들은 종종 그곳에 앉아서 일정표를 확인하고 다음 주제나 활동으로 넘어갈 준비도 한다. 몇몇 학생들에게는 조용한 활동을 위한 안전한 장소이기도 하다. 홈 베이스는 학생이 다음 수업이 시작되기를 기다리는 장소가 될

모든 학생에게는 개별 홈 베이스가 필요하다.

수 있다. 일부 학생들의 경우 개인 열람실이 방해 요소를 차단하는 역할을 하며 홈 베이스로 사용된다.

홈 베이스는 개별 학생이 앉는 특정 위치이다. 일부 교실에서는 교사가 테이블에 홈 베이스를 성공적으로 설정했으며, 각 테이블에 학생의 이름이 명확하게 표시된 공간이 있다. 때로는 테이블에 있는 학생의 영역이 개별 학생 영역 사이의 경계를 정의하는 컬러 테이프를 사용하여 더 구체적으로 만들어진다. 더 자주, 각 학생은 홈 베이스가 있는 교실에 책상과 의자를 갖는다. 휠체어를 사용하는 학생의 경우 일반적으로 휠체어가 책상 아래에 들어갈 수 있게 하고 학생을 위한 작업 공간을 만들기 위해 휠체어 책상을 필요로 한다.

학생들이 개별 책상을 가지고 있든 테이블에 앉든 관계없이 의자, 책상 및 테이블의 적절한 크기가 중요하다. 앞에서 언급했듯이 학생들은 발을 바닥에 평평하게 놓고 무릎을 직각으로 구부리고 팔꿈치를 책상 위에 놓을 수 있어야 한다. 이를 통해 적절한 위치를 잡을 수 있고 학생들이 피로를 덜 느끼면서 과제에 시간을 할애할 수 있다.

홈 베이스가 자리할 위치와 책상을 가장 잘 배치할 수 있는 방법을 결정할 때에는 많은 요소를 고려해야 한다.

- 학생의 행동 문제(예 : 다른 학생의 책상에서 물건을 훔치거나, 다른 학생을 만지거나, 허락 없이 교실을 나가는 등)
- 교실의 크기와 모양
- 개수대, 주방가전, 화장실 등의 영구 비품, 수납장, 선반 등 붙박이

그것이 개별 책상이든 테이블이든, 홈 베이스는 각 학생의 이름이 명확하게 표시된 특정 작업 공간이다. 교실 배치와 홈 베이스를 설계하는 방법은 학생의 필요에 따라 해마다 쉽게 달라질 수 있다.

그룹 활동 영역

일부 교실에서는 그룹 활동을 위해 두 개의 다른 영역이 필요하다. 이 영역 중 하나는

읽기 및 수학과 같은 학업이 이루어지는 소그룹 교육을 위한 것이다. 두 번째 영역은 그룹 수업이나 예술 및 공예, 요리 또는 식사와 같은 활동을 위한 것이다. 실용적인 관점에서 볼 때 개수대가 있으면 최대한 개수대 가까이에서 지저분한 활동을 해야 한다.

두 개의 다른 영역을 설정하고 사용하는 이유는 무엇인가? 첫째, 두 영역의 교육 유형이 매우 다르다. 첫 번째 영역의 교육에는 연필과 종이 또는 독서 자료가 필요할 수 있으며 학생들은 자료를 독립적으로 사용할 수 있다. 다른 영역의 교육에서는 그림 프로젝트와 같은 활동을 위한 자료를 요구할 수 있다. 여기서 학생들은 자료를 공유하거나 활동에 대해 함께 작업할 수 있다. 둘째, 행동 기대치는 두 개의 다른 영역에서 발생하는 활동 또는 수업의 유형에 따라 다르다. 종종 학문적 소그룹 수업은 학생들이 듣고 참여하는 교사 주도적 수업이다. 예술과 공예 또는 요리 활동은 종종 더 상호 작용적이다. 예를 들어, 학생들은 말하기 전에 손을 들지 않아도 아이디어나 도구를 공유하고 적극적으로 논평할 수 있다. 두 개의 별도 영역이 있으면 학생들이 어떤 유형의 활동이 발생하고 각 영역에서 예상되는 행동이 무엇인지 예측하는 데 도움이 된다. 이것은 그들의 참여와 행동 모두를 향상시킬 것이다.

각 영역 내에서 건식 화이트보드, 대화형 전자칠판, 이젤, 차트 용지 또는 칠판과 같이 쓸 무언가가 필요하다. 또한 그룹 수업 시간에 사용할 자료를 보관할 장소도 필요하다. 자료는 선반에 보관하거나 휴대할 수 있는 물건 즉 바구니, 바퀴 달린 카트 또는 플라스틱 통 등에 보관할 수 있다.

교사 작업 영역

이 영역은 중요하고 필수 불가결한 영역이다. 교사에게는 계획을 세우고 학교 이메일에 응답하고 개별화 교육 프로그램(Individualized Education Program, IEP)을 작성하고 기록을 보관할 장소가 필요하다. 교실에 있는 대부분의 귀중한 구역은 학생들의 필요와 활동을 위해 직접 사용해야 함을 기억하라. 따라서 교사 작업 영역은 상당히 작아야 한다. 일반적으로 교사용 책상과 의자, 책장이나 캐비닛, 서류 캐비닛이면 충분하다. 인터넷 연결 위치는 교사 작업 영역의 위치에도 영향을 줄 수 있다. 교사 작업 영역에 앉아있을 때 전체 교실을 시각적으로 스캔할 수 있는지 확인하라. 보조교사 또는 학급 보조원은 대부분의 시간을 학생들과 직접 작업하는 데 사용하기 때문에 자신의 책상을 필요로 하지 않는다.

교수 도구로서 구체적이고 잘 정의된 교사 작업 영역을 갖는 것은 학생들에게 경계를 존중하고 또 존중하는 중요한 개념을 가르칠 기회를 제공한다. 학생들은 교실의 일부 장소나 구역이 금지되어 있음을 알아야 한다. 예를 들어, 당신은 아마도 교장실에 들어갈 수 있도록 노크를 하고 허가를 받을 것이다. 당신은 그곳이 그 사람의 분리된 사적 작업 영역이라는 것을 알고 있고, 입장 허가를 받는 것의 중요성을 이해하고 있다. 우리 학생들은 경계와 개인 영역도 중요함을 배우고 이해해야 한다. 이것은 미래에 우리 학생들의 성공적인 취업을 위해 요구될 적절한 작업 습관으로 해석된다.

전환 영역

전환 영역은 학생들이 다음 활동이나 수업이 시작되기를 기다리는 영역이다. 우리가 기다리는 시간을 생각해 보라. 우리는 의사의 진료실에서, 미팅이 예정된 회의실에서, 신호등에서, 식료품점에서 줄을 서서 기다린다. 기다리는 동안 자제하는 법과 기다리는 시간 동안 바쁘게 지내는 방법(예 : 책 읽기)을 배우는 것은 매우 중요하며 평생 필요한 기술이다.

전환 영역은 기다림의 기술을 가르치는 데 유용할 뿐만 아니라 일부 학생들에게 또다른 중요한 기능을 한다. 즉, 뭔가 다른 일이 일어나려고 한다는 신호이다. 환경을 사용하여 학생들로 하여금 다음에 올 일을 예측하여 변화에 대비할 수 있도록 하는 또다른 예이다. 다시 말하지만, 이 신호는 일부 학생(특히 자폐 스펙트럼 학생)이 예상치 못한 변화에 놀라거나 당황할 때 발생하는 잘못된 행동을 줄이는 데 도움이 된다.

전환 영역의 모양과 위치는 학생의 필요와 연령에 따라 다르다. 일부 교실의 교사는 의자, 바닥의 표지, 러그 또는 문 옆 벤치가 있는 별도의 공간을 사용하기로 결정했다. 이 영역은 학생들에게 서거나 앉아야 하는 위치를 나타낸다. 일반적으로 고학년 학생의 전환 영역은 홈 베이스이다. 어린 학생들의 경우, 다른 사람을 밀거나 만지는

그림 1.2 전환 영역의 2가지 예

것이 우려된다면 이러한 행동을 억제하기 위해 간격을 둔 의자나 바닥 표지를 사용할
수 있다.

　별도의 영역이든 학생의 책상이든 전환 영역은 종종 학생들이 각 활동 또는 수업의
시작과 끝에서 일정표를 확인하는 위치와 일치한다. 전환 영역이 어디에 있든, 어떻
게 생겼든, 어디에서 어떻게 기다려야 하는지를 가르치는 것은 중요하다.

학생 일정표 영역

제3장 '일정표'에서 학생 일정표에 대한 주제를 자세히 다루지만, 때때로 교실을 배치
할 때 고려해야 할 사항이 있기에 여기에서도 언급한다.

　모든 학생에게는 개별 일정표가 필요하다. 때때로 학생들의 일정표는 문 근처에 있
다. 벽, 캐비닛 문 또는 선반에 있을 수 있다. 일부 학생의 일정표는 노트에 있는데, 이
는 학생들이 다른 수업에서 일정표를 가져와야 하는 경우에 유용하다. 다른 학생들의
일정표는 홈 베이스에 보관될 수 있다. 일부 학생들은 다른 학생들만큼 자신의 일정
표가 필요하지 않을 것이다. 이러한 학생들의 경우 칠판, 노트 또는 책상에 게시된 수

업 일정표로 충분하다. 일부 학생들은 일반교육 친구들과 동일한 유형의 일정표를 사용한다. 이러한 학생들에게는 교실의 특정 영역에 게시된 일정표가 필요하지 않다. 일정표의 형식에 관계없이 각 학생은 자신의 일정표를 쉽게 보거나 찾을 수 있는 위치에 배치해야 한다.

워크 스테이션

우리는 독립적인 작업 습관을 가르치고 장려하기 위해 모든 교실에 워크 스테이션을 설치해야 한다고 강하게 느낀다. 워크 스테이션은 개별 학생이 작업을 시작하고, 수행하고, 완료하고, 도움 없이 완료된 작업을 치울 수 있는 장소이다. 워크 스테이션의 사용은 적절한 작업 습관과 독립성을 가르치는 교육 전략이다. 워크 스테이션 사용 방법은 제7장 '교수 전략'에서 철저하게 논의되지만 이 장에서도 소개하므로 교실 배치를 계획하는 동안 워크 스테이션 위치에 대한 계획을 세울 수 있다.

각 워크 스테이션에는 책상이나 테이블, 완료해야 할 작업이나 과제를 놓을 장소, 완성된 작업을 두는 장소가 필요하다. 과제 및 완료된 작업 영역은 일반적으로 워크 스테이션 옆에 배치된다. 학생이 신체 활동을 하고 자주 움직여야 하는 경우, 작업을 수행하거나 치우기 위해 자리를 비워야 할 정도로 짧은 거리에 작업 위치를 배치하면 의도적으로 이동할 기회를 얻을 수 있다. 일부 교사는 학생의 의자 옆 바닥에 쌓여있는 바퀴 달린 통, 선반 또는 서류 정리함을 사용한다. 작업이 어디에 있든 학생이 빠르고 쉽게 접근할 수 있도록 하는 것이 중요하다.

때때로 '사무실'이라고도 하는 워크 스테이션은 일반적으로 교실의 조용한 공간에 배치되며 종종 벽을 마주한다. 워크 스테이션은 독립적인 과제 또는 작업에 사용될 수 있으며, 학생이 한동안 다른 학생들과 떨어져서 작업할 별도의 공간이 필요한 경우에노 사용할 수 있다. 이러한 이유로 산만함이 비교적 없는 영역이 가장 좋다. 워크 스테이션을 더 바쁜 지역에 배치해야 하는 경우 개인 열람실을 사용하여 학생의 시각적 자극을 차단할 수 있다. 워크 스테이션은 때때로 특별히 필요가 있는 것으로 확인된 한두 명의 특정 학생을 위해 일반학급에 설치된다. 그들은 통합 환경에서 서비스

그림 1.3 워크 스테이션

를 받고 있거나 여러 특정 과목에 대한 일반교육에 참석하는 학생일 수 있다. 일반교육 교사는 워크 스테이션이 특정 학생뿐만 아니라 교실의 다른 학생에게도 얼마나 유용한지를 발견하는 것이 일반적이다.

기술 영역

기술 영역을 설정하는 방법과 위치는 교사와 학생들이 사용할 수 있는 현재 기술에 따라, 또는 학군 및 학교에 따라 다르다. 일부 학교에는 무선 인터넷이 제공되지만 다른 학교는 그렇지 않다. 일부 교실에는 유선 액세스 구역이 하나만 있다.

이 영역에는 컴퓨터, 청취 스테이션, 카드 리더기 또는 대화형 전자칠판이 포함될 수 있다. 이 장비는 전기를 필요로 하기 때문에 해당 영역은 전기 콘센트에 근접해야 한다. 컴퓨터는 인터넷에 연결하기 위해 연결선이 있는 특정 벽에 가까이 있어야 한다. 전기 콘센트와 인터넷 연결선의 위치는 가장 중요한 고려 사항이자 강의실 배치 방법의 출발점이 될 수 있다. 또한 컴퓨터를 사용하지 않는 학생이 컴퓨터를 사용하는 학생에 의해 주의가 산만해지지 않도록 컴퓨터의 위치를 정해야 한다.

기타 영역

우리가 필요하다고 생각하는 영역 외에도 학생들의 필요로 인해 다른 영역이 필요하다는 것을 알 수 있다. 기능적 목표와 목표를 수행하는 학생이 있는 경우 식사, 요리 및 개인 위생과 같은 자조 기술을 가르치고 연습하기 위한 영역을 따로 확보해야 한다. 자조 및 기타 기능적 목표를 수행하는 학생이 없는 경우 이러한 영역은 교실에서 필요하지 않을 수 있다.

기능적이고 창의적인 방식으로 특정 IEP 목표를 수행할 때 활동 영역을 제공하기 위해 때때로 다음과 같은 영역이 특수학급에 필요하다.

예술 및 공예, 식사, 요리 공간

이 세 영역은 유사성 때문에 함께 논의될 것이다. 이러한 활동이 발생할 때 학생들은 일반적으로 그룹으로 함께 작업한다. 이러한 영역에 대한 행동 기대는 일반적으로 교실의 다른 영역에 있는 학생들에 대한 기대와 다소 다르다. 이 영역에서는 일반적으로 학생들이 자료를 공유하고 돌아가면서 연습할 수 있다. 또한 그룹 환경에서 사회적 대화를 연습할 수 있는 기회를 제공한다. 마지막으로, 이러한 활동은 자주 지저분해진다. 따라서 개수대 근처에 이러한 영역을 배치하는 것이 중요하다(교실에 있는 경우). 이 영역에 일반적으로 필요한 유일한 가구는 활동하기에 충분한 큰 테이블, 소규모 학생 그룹을 위한 충분한 의자 및 필요한 자료를 보관할 장소이다. 때때로 공간이 제한되어 있기 때문에 한 테이블이 이 세 개의 그룹 활동 모두를 위한 장소로 사용될 수 있다.

개인 위생실

일부 학생들에게는 개인 위생 및 기타 자조 기술로 독립적인 방법을 배우는 것이 가장 중요하다. 학생들이 성인이 되었을 때 독립적으로 또는 최소한의 도움으로 더 많은 일을 할 수 있다면 삶의 질은 더욱더 향상될 것이다. 이러한 유형의 필요가 있는 학생에게는 교실에서 자조 활동을 위해 지정된 영역이 필요할 것이다.

예를 들어, 양치질 단계를 배우는 것이 학생의 IEP의 일부인 경우 이 기술을 연습하기 위한 자료와 장소가 필요하다. 이 영역은 교실 안에 있을 수도 있지만 학생들이 매일 사용하는 학교 내 화장실이 될 수도 있다. 그러나 학생이 옷 입는 기술을 배우고 있다면 이러한 기술을 배우고 연습할 수 있는 개인 공간이 필요하다.

우리가 방문한 독립학급 중 하나는 개인 위생실이 복도를 따라 가장 가까운 화장실에서 모퉁이를 돌아 있었다. 담당 교사는 간식 시간 전에 손을 씻고, 청소를 하고, 일부 학생들이 양치질을 연습하게 하기 위해 교실의 유일한 세면대를 사용해야 했다. 이 교실의 스태프들은 다른 활동 사이에 공간을 철저히 청소했다.

감각 영역

감각 영역에 필요한 장비는 학생들의 필요에 따라 결정된다. (참고 : 모든 학생이 본질적으로 감각적 욕구를 갖는 것은 아니다.) 작업치료사가 학생들과 함께 자주 권장하는 이 영역의 목적은 학생의 식별된 감각적 욕구를 해결할 수 있는 지정된 공간을 제공하는 것이다. 상당수의 교실에는 지정된 감각 영역을 위한 공간이 충분하지 않다. 일부 학교에서 우리는 모터 랩으로 사용되는 별도의 공간을 보았는데, 이 공간은 종종 작업치료사의 지시에 따라 많은 학생들이 사용한다.

감각 영역에는 미니 트램펄린, 그네, 빈백 의자 또는 작은 텐트와 같은 조용한 영역이 포함될 수 있다. 일부 교실에서 감각 영역은 학생이 책상에서 필요할 때까지 Move 'n' Sit wedge* 또는 T-Stool**과 같은 장비를 보관하는 곳일 수 있다. 감각 영역에는 장

---

*   자세 교정용 경사 방석_역자 주
**   등받이가 없고 바닥면이 둥근 의자_역자 주

난감 상자가 들어있는 선반이 있을 수 있다. 쿠시공(Koosh ball)*** 및 스트레스 공과 같은 이러한 작은 항목의 컬렉션은 항상 손에 무언가가 필요한 것처럼 보이는 학생들이 사용할 수 있도록 작고 투명한 플라스틱 신발 상자에 보관할 수 있다. 안절부절못하는 학생이 있다면 자신만의 상자를 가질 것을 제안한다.

레크리에이션 및 레저 활동 영역

일부 학생들에게, 노는 법을 배우는 것은 반드시 교육되어야 하는 기술이다. 다른 학생들에게는 교대로 하는 법을 배우는 것이 중요한 사회적 기술이다. 많은 학생들에게 커뮤니케이션과 언어는 교육 프로그램의 주요 초점이다. 그리고 많은 학생들에게 계산 및 색상 식별과 같은 학업 기술은 IEP의 일부이다.

이러한 모든 기술은 보드 게임, 카드 게임 및 기타 여가 기반 수업과 같은 여가 유형의 활동을 사용하여 해결할 수 있다. 많은 보드 게임은 돈을 사용하며(예 : 모노폴리), 클루나 체커와 같은 다른 게임은 사고력과 추론 능력을 강조한다. 카드 게임 우노를 하는 것은 색상 인식, 숫자 인식, 그리고 턴 테이킹(주고받기)을 강조한다. 일부 학생들에게는 보드에서 게임 조각을 잡고 움직이는 것이 미세 운동 기술을 연습하는 재미있는 방법 중 하나가 된다.

많은 교실에는 이러한 유형의 활동을 위한 공간이 있다. 예를 들어, 아주 어린 학생들을 위한 교실에서 러그 공간은 블록을 쌓거나 자동차와 트럭을 가지고 노는 데 사용할 수 있다. 초등학교 교실에서는 게임을 하기 위한 테이블이나 여가 독서를 위한 빈백 의자가 적절할 수 있다. 중등 단계에서는 음악을 듣거나 잡지를 읽거나 급우들과 카드 놀이를 할 장소가 필요할 수 있다. 일부 고등학교 특수학급에는 학생들이 소파나 의자에 앉아 급우들과 이야기를 나눌 수 있는 거실과 같은 공간이 있다.

레크리에이션이나 여가 활동을 위한 공간을 마련하더라도 학업에 사용되는 공간과는 달라야 한다. 예를 들어, 소그룹 수업에 사용하는 테이블이 레크리에이션이나 여

*** 고무 가닥을 엮어 공처럼 만든 감각 교구_역자 주

가 활동에도 사용될 경우, 그곳에 식탁보를 깔아놓으면 공간이 덜 학구적으로 보일 수 있다. 이것은 학생들이 테이블에서 일어날 일에 대한 기대를 바꾸는 데 도움이 된다. 기억하라. 우리는 학생들이 교실에서의 자신의 위치에 따라 어떤 유형의 활동이 일어나고 어떤 유형의 행동이 예상되는지 예상하기를 바란다. 우리는 소그룹 수업 시간에 하는 것과는 다른 행동들을 게임 시간에 기대한다.

시작하기

먼저, 교실에서 필요한 영역을 생각하고 목록을 만들어 보라. 이 책 뒷부분 '부록'에 있는 양식을 사용하는 것이 좋다.

다음으로, 교실 크기를 염두에 두고 붙박이, 문, 전기 콘센트 및 인터넷 연결선을 포함하여 교실의 모양을 그린다. 연필과 종이를 사용하여 가구 배치를 계획(그리고 다시 계획!)하는 것을 선호한다면 '부록 3'에 있는 계획 격자판을 사용하는 것이 좋다.

교실을 디자인하기 위해 컴퓨터로 작업하는 것을 선호하는 분들을 위해 이 작업을 도와줄 수 있는 유용한 웹 사이트가 있다. 그중 하나는 classroom.4teachers.org에서 찾을 수 있는 'Classroom Architect'이고, 여기에서 교실을 나타내는 격자판에 가구 아이콘을 배치할 수 있다.

요약

학급의 물리적 배치는 10가지 핵심 전략 중 첫 번째 전략이다. 이는 학생, 자신 및 다른 스태프를 위한 출발점이다. 귀중한 교실 영역을 최대한 활용하는 것은 학생들이 발전할 수 있는 기반을 물리적으로 마련한다. 학생들은 다음 활동을 더 잘 예측할 수 있기 때문에 학구적으로나 행동적으로 모두 자신에게 기대되는 것이 무엇인지 더 잘 이해할 것이다.

교실에서 이 전략을 다루기 시작하면 제2장 '자료 구성'도 함께 다루게 될 것이다.

또한 제7장 '교수 전략'의 일부에 대해 생각하기 시작할 것이다. 이 첫 번째 전략이 준비되면 교실 구성원은 좋은 출발을 할 수 있다!

실생활 응용

10가지 전략을 다루는 각각의 장 끝에 실생활 응용 프로그램 섹션이 포함되어 있다. 각 예시는 우리의 다년간의 경험을 기반으로 하며 우리가 수년 동안 만났고 함께 일해 온 다양한 학생, 학부모, 교사를 대표한다. 이러한 실생활 응용 프로그램이 각 구성 요소의 정보를 사용하는 창의적인 방법을 생각하는 데 도움이 되기를 바란다.

제1장에서 방금 읽은 내용을 네 개의 상황에 적용해 보겠다.

샘

샘은 지적장애(ID) 및 언어장애(SI)를 가진 학생이다. 그는 말을 하지 않고 일정과 커뮤니케이션 시스템을 위해 사진을 사용한다. 샘은 면밀한 감독이 이루어지지 않으면 교실을 떠날 것이다.

교사는 제1장 '학급의 물리적 배치'에서 다루는 아이디어를 사용하여 샘에게 안전한 환경을 조성하는 데 도움을 줄 수 있는가?

샘의 교사는 샘이 면밀한 감독을 받지 않는 경우 교육 영역을 떠나려고 할 것이라는 점을 항상 염두에 두어야 한다. 그의 홈 베이스, 그가 지시를 받는 모든 영역, 또는 급식실에서의 그의 장소는 가능한 한 출구에서 멀리 떨어져 있어야 한다.

그의 자리는 그의 교육 자료가 들어있는 책장 쪽 벽 옆에 위치하여 L자 모양을 만들 수 있다. 이것은 그의 교육 영역에 대한 시각적, 물리적 경계를 제공할 것이다. 또한 그가 교실에서 자신의 영역을 벗어나려고 하면 속도가 느려질 수 있다. 샘은 움직일 필요가 있어 보이기 때문에(또는 어쨌든 그러고 싶어 하기 때문에), 그의 일일 일정표는 학습 영역에서 조금 떨어진 곳에, 학급 출구와는 떨어진 곳에 배치되어야 한다. 이렇게 하면 온종일 일정표를 확인하기 위해 그가 움직일 수 있는 많은 기회를 제공하게 될 것이다.

제프리

제프리는 ID와 SI를 가진 학생이고 기타 건강장애(OHI)도 가지고 있다. 하루 중 대부분의 시간 동안 휠체어를 타고 있으며 가끔 지지대와 적응 시트를 사용한다. 제프리는 자기 것이든 다른 사람의 것이든 손에 닿는 물건을 잡는다.

교사는 제프리를 위해 교실 배치를 할 때 무엇을 염두에 두어야 할까? 과연 교실 배치를 통해 남의 물건을 잡는 행동이 진지하게 다루어질 수 있을까?

제프리는 대부분의 시간 동안 휠체어를 타는 학생이기 때문에, 그가 휠체어를 조작하여 교실 전체를 이동할 수 있도록 공간을 확보하는 것이 매우 중요하다. 그가 수업을 듣는 교실뿐만 아니라 학교 전체 영역을 안전하게 오갈 수 있는 것도 중요하다. 제프리에게는 휴대용 일정표가 더욱 효율적일 텐데 그 이유는 교실 주변에서 휠체어를 쉽게 조작할 수 있는 여분의 시간을 확보할 수 있기 때문이다.

교실을 물리적으로 배치할 때 제프리가 다른 사람의 물건을 함부로 잡는 행동도 고려해야 한다. 예를 들면, 그룹 수업 테이블에서 그의 자리는 옆에 있는 학생이 제프리와 팔 길이만큼 떨어진 자리에 앉았을 때 모퉁이에 있을 수 있다. 그룹 지침 테이블의 영역은 휠체어에 필요한 공간을 수용할 수 있어야 한다.

제프리는 하루 중 일정 시간 동안 서서 다른 적응형 장비를 사용할 수 있으므로 이 장비를 보관할 공간이 필요하다. 일부 학교에는 사용하지 않을 때 물품을 보관할 수 있는 장소에 대한 지침이 있다. 예를 들어, 한 학교에서 우리는 교실에 인접한 화장실에 아무것도 보관하지 않는다는 규칙에 직면했다. 이것은 학교 규율이 아니라 지역 소방서장이 시행하는 규정이었다. 그곳은 매우 큰 화장실이었고 독립학급 학생들만 사용했다. 따라서 언뜻 보기에는 대형 특수 장비를 보관하기에 좋은 장소처럼 보이지만 다른 해결책을 찾아야 했다. 이 교실에서 우리는 장비 보관을 위해 방의 한구석을 지정했다.

호세

호세는 자폐증과 SI가 있는 학생이다. 그는 학교의 3가지 다른 교육 영역에서 하루를 보내는데 그 영역은 일반교육, 제2언어로서의 영어, 자원 및 학업 코치 교실이다. 호세는 일정이나 환경에 변경 사항이 발생하면 화를 낸다.

제1장에 포함된 정보로 어떻게 호세를 도울 수 있을까? 호세는 교실 배치와 관련

하여 해결해야 할 신체적 또는 행동적 요구 사항을 가지고 있지 않다. 그러나 그는 자폐증이 있는 학생이며 일반적으로 일정이 변경되는 것을 좋아하지 않는다. 그의 선생님들은 또한 그가 독서 모임 중에 다른 자리에 앉거나 마지막 자리가 아닌 다른 자리에 줄을 서도록 요청받았을 때 큰 반응을 보이거나 기절하는 것을 알아차렸다. 따라서 호세의 경우 교사가 학급의 물리적 배치에서 변화를 관리하는 방법을 경험하고 배울 수 있는 기회를 제공하는 것이 중요하다. 10가지 핵심 전략이 서로 얽혀 있다는 것을 기억하면서, 호세가 수업 환경의 변화에 대응하는 방법을 배우도록 돕기 위해 몇 가지 교육 전략을 사용하는 예를 살펴보자. 호세의 교사는 좌석을 변경하기 전에 호세에게 그의 독서 그룹 좌석 배정이 변경될 것이라고 말해줄 수 있다. 호세는 변화가 일어나기 하루 전에 자신의 독서 그룹을 위한 새로운 좌석 배치를 그리는 일을 맡게 될 것이다. 사회적 상황 이야기(제7장 '교수 전략'에서 논의됨)가 효과적인 학생인 경우, 사회적 상황 이야기를 작성하여 독서 그룹에서 좌석을 변경하는 세부 사항에 관해 정보를 제공할 수 있다.

참고 : 사회적 상황 이야기는 Carol Gray의 사회적 상황 이야기 가이드라인에 따라 작성된 이야기를 지칭하는 용어이다.

킴벌리

킴벌리는 모든 과목에 대해 일반교육을 받고 있는 자폐증 학생이다. 그녀와 그녀의 동료들은 교실에서 홈 베이스 역할을 하는 책상을 가지고 있다. 킴벌리는 일반적으로 수업 중에는 조용하고 토론 중에는 주의를 기울인다. 그러나 그녀는 독립적인 자리에서 작업을 시작할 시간이 되었을 때 보통 다른 학생들이 무엇을 하고 있는지 주위를 둘러보거나 교실 창밖을 응시하기도 한다.

교실을 물리적으로 어떻게 배치해야 킴벌리가 독립적인 연습 중에 그녀의 부주의를 해결하는 데 도움을 받을 수 있을까?

킴벌리는 다른 학생들과 주의를 산만하게 하지 않는 교실의 한 장소에 두 번째 책상을 두는 것이 좋다. 이것은 '개인 사무실'이라고 부를 수 있으며 독립적인 작업 중에 덜 산만한 환경이 필요한 킴벌리 또는 다른 학생들이 사용할 수 있다.

●●●

제1장

학급의 물리적 배치를 위한 아이디어

자료 구성 2

목표 : 자료를 구성하는 것의 중요성을 설명하고 이를 달성할 방법을 제안한다.

생각의 함정
"난 그저 깔끔한 사람이 아니야. 한 번도 그랬던 적이 없어!"
"필요한 모든 것을 찾을 수 있어."
"내 교실이 깔끔해 보인들 누가 신경이나 쓰겠어?"
"나는 모든 것이 어디에 있는지 알고 있어."

이러한 의견은 많은 교사들로부터 여러 번 들었기 때문에 우리에게 친숙하게 들린다.

그러나 대체교사를 포함한 모든 스태프가 모든 자료를 빠르고 쉽게 찾을 수 있는 것은 매우 중요하다. 우리의 경험에 따르면 시스템이 갖춰져 있지 않을 경우 자료가 종종 적절한 위치에 있지 않아 필요할 때 찾기가 어렵다. 교실이 잘 정리되어 있을 때 감독관, 교장, 학부모, 학생에게 교실이 의미 있고 중요한 학습의 장이라는 인상을 줄 수 있다.

이론적 해석

당신이 가지고 있는 것을 알고, 그것이 어디에 있는지 알고, 그것에 쉽게 접근할 수 있으면 더 효율적인 교실이 만들어진다. 수업 시간은 수업에 필요한 것을 찾는 데 낭비되지 않으며 학생들이 흘려보내는 시간이 줄어들어서 그들의 잘못된 행동이 감소한다.

"모든 것이 제자리에 있는 장소"라는 익숙한 속담은 1800년대 초반으로 거슬러 올라간다. 그 메시지에는 큰 가치가 있기 때문에 시간이 지남에 따라 지속되었을 가능성이 크다. 우리 중 일부는 이 특정 격언을 쉽게 따를 수 있지만 다른 사람들에게는 더 어렵다. 우리나 우리 학생들 모두가 자연스럽게 정리 정돈을 할 수 있는 것은 아니다.

일을 잘하는 많은 성인들은 자신의 일을 하기 위해 필요한 것을 찾기 위한 일종의 시스템을 가지고 있다. 그들의 작업 영역은 때때로 구역으로 나뉘며 특정한 종류의 물건을 위한 장소가 지정되어 있다. 그들이 소지품 정리를 잘하지 못한다면, 이 성공적인 성인에게는 필요한 것을 찾는 데 도움을 줄 수 있는 다른 사람이 있는 경우가 많다. 즉 조직 시스템을 유지하는 사람이다.

어지럽고 어디에 무엇을 두었는지 모를 교실은 정리가 되었어도 마냥 순조롭게 흘러가지 않을 교실이다. 학생들은 독립적으로 기능할 수 있도록 질서 있고 조직적인 환경을 조성하기 위해 학부모에게 의존한다. 자료를 찾는 데 시간을 할애하는 것이 아니라 가르치고 배우는 것이 우선되어야 한다.

> "모든 것이 제자리에 있는 장소"

자료를 정리하면 환경이 깔끔하고 단정해 보일 뿐만 아니라 다음과 같은 이점이 있다.

- 자료가 준비되어 있고 쉽게 구할 수 있을 때 수업 시간이 낭비되지 않는다.
- 학생들은 수업이나 활동에 필요한 것을 빠르게 찾을 수 있어 혼란을 줄이고 자신의 독립성을 높일 수 있다.
- 학생, 교사 및 기타 스태프는 이러한 항목을 위한 지정된 장소가 있을 때 자료를 정리하는 경향이 더 커질 것이다.

- 캐비닛, 선반, 서랍에 레이블을 붙이면 스태프와 학생이 자료가 어디에 있는지 쉽게 알 수 있다.
- 시각적 명확성(어수선하지 않음)은 학생이 환경에서 중요한 것에 집중하는 데 도움이 된다.
- 자료를 치우고 정리하면 안전성이 높아진다.
- 교사, 보조교사, 작업치료사, 언어 서비스 제공자, 대체교사 및 기타 스태프들이 쉽게 자료를 찾을 수 있다.

교실 자료 구조화

교실에서 수업을 진행하는 교사들을 관찰할 때, 우리는 학생들이 곧 시작하려는 수업에 필요한 워크시트, 책 또는 자료를 찾는 동안 귀중한 수업 시간을 낭비하고 있다는 것을 종종 알게 된다.

그림 2.1 자료가 준비되지 않았을 때의 과제에서 벗어난 행동

스태프가 서로 이야기를 나누거나 필요한 것을 얻기 위해 교실을 떠나는 동안 학생들은 그들 자신의 자유에 맡겨진다. 당연히 이때 행동 문제가 자주 발생한다. 또한 수업 및 활동을 위한 자료와 용품이 준비되지 않으면 귀중한 수업 시간을 잃게 된다. 이것은 교실 자료의 구조화가 학생의 행동과 수업에 어떻게 영향을 미칠 수 있는지를 보여주는 좋은 예다.

교실 자료 구조화 기술을 위해 작성된 IEP 목표를 자주 볼 수는 없지만(우

리는 그래야 한다고 생각하지만), 학생들은 과제에 필요한 자료를 찾는 방법과 반환의 중요성을 배워야 한다. 작업이 완료된 후 해당 자료를 적절한 장소에 옮긴다. 사실, 구조화는 모든 사람이 필요로 하는 직업적 기술이며 학교는 학생들이 그것을 배울 수 있는 유일한 기회일 수 있다. 구조화에 대한 학습은 구조화된 교실 내에서 가르치고 배우는 것이 훨씬 쉽다.

교실에서 구조화 기술이 부족하면 잠재적으로 학생의 성공에 부정적인 영향을 미칠 수 있다. 다음은 열악한 자료 구성으로 인해 학생들이 필요한 기술에 접근할 수 없었던 사례를 보여준다.

숨겨진 보물들

우리는 종종 교사들이 교실을 재구성하는 데 도움을 청한다. 여기에는 물리적 배치뿐만 아니라 교실에 있는 모든 항목도 포함된다. 우리는 종종 교사들이 잃어버렸다고 생각했던 물품과 그들이 가지고 있는지도 몰랐던 물품을 발굴한다.

우리가 지금까지 발견한 가장 귀중한 보물은 특수교육 교실의 화장실 캐비닛이었다. 캐비닛 안에서 우리는 세 개의 음성 출력 장치(VOD)를 발견했다! 이러한 첨단 보조공학은 매우 고가이다. 더 중요한 것은 이러한 통신 장치를 학생들이 사용할 수 없었다는 것이다. 마치 학생들로부터 감춰지고 숨겨진 학생의 목소리를 발견한 것 같았다.

당신이 가르치는 과목, 당신과 당신의 학생들이 할 활동, 그리고 학생들의 특별한 요구를 수용하기 위해 교실의 물리적 배치를 설정했으므로, 당신은 당신의 자료를 정리하는 데 절반을 한 것이다. 당신과 당신의 학생들에게 의미가 있고 효과가 있는 자료를 배치하는 작업을 어떻게 수행하는지를 살펴보겠다.

어떤 용품이 필요한가?

자료 정리를 시작하기 전에 작업을 더 쉽게 하기 위한 항목을 수집해야 한다. 다음은 자료 정리를 시작하는 데 필요한 기본 자료 목록이다.

- 조작, 작업 및 자료를 보관할 수 있는 뚜껑이 있고 작은 투명 플라스틱 신발 상자 크기의 용기

- 주간 수업을 정리하거나 즉시 필요하지 않은 자료를 보관할 수 있는 뚜껑이 있는 중간 크기의 보관 상자

- 계절 수업 자료를 보관할 수 있는 뚜껑이 있는 대형 플라스틱 욕조 — 교실에 벽장과 같은 충분한 보관 공간이 없는 경우 욕조를 주요 보관 시스템으로 사용할 수 있다.

- 학생들이 책장에 보관된 자료에 직접 접근할 수 없도록 열린 책장을 덮기 위해 벨크로나 자석 막대로 고정한 천

- 레이블링에 사용하는 벨크로(벨크로를 구입할 경우 일정표를 만들 때도 사용할 수 있다는 점을 염두에 둘 것. 이는 제3장에 설명되어 있음)

- 레이블을 캐비닛이나 책상 위의 이름에 부착할 수 있는 투명 네임태그

- 이러한 유형의 정보를 디지털 방식으로 저장하지 않을 경우 수업계획, 일정, 부모와의 연락 일지(제9장) 및 기타 필요한 서류를 저장하기 위해 필요한 바인더 또는 포켓 폴더

- 워크시트, 교사 자료 및 학생 정보를 보관할 수 있는 캐비닛

- 파일 폴더

- 학교 지침에 따른 안전한 디지털 저장 시스템

- 색인 카드, 마커, Boardmaker 소프트웨어 프로그램(의사소통 상징 어휘가 3만 개 이상 담긴 소프트웨어), 컴퓨터 및 프린터와 같은 교실용 레이블을 만들기 위한 자료

항목을 저장하는 데 사용되는 컨테이너는 간단하고 저렴할 수 있다. 우리는 바구니, 욕조, 투명한 플라스틱 신발 상자 또는 복사 용지 상자의 뚜껑을 폴더, 숙제

뚜껑이 있는 플라스틱 보관함은 자료를 정리할 때 가장 유용한 아이템이다.

및 특별한 자료를 위한 특정 장소로 사용하는 것을 좋아한다. 이 모든 용기에는 내부

품목의 사진 또는 아이콘과 각 용기에 들어있는 내용에 대한 레이블링을 해야 한다.

무엇을 남기고 무엇을 버릴 것인가?

우리는 많은 특수교육 교사들이 많은 물품을 가지고 있다는 것을 알게 되었다! 우리는 많은 교사들로부터 다음과 같은 말을 들었다. "나는 12년 동안 그런 것들을 사용하지 않았지만, 새 학생에게 그것들이 필요할지 모릅니다." 쓸모가 없거나 부서진 물건들을 치움으로써 학생들을 위한 더 도전적인 교실을 만들면서, 교사들이 정서적인 방법으로 쉽게 접근할 수 있는 자료들이 있다.

자료를 청소, 제거 및 정리하는 우리의 접근 방식에는 자료를 세 개의 개별 범주로 나누는 것이 포함된다.

1. 보관 : 현재 사용 중이거나 가까운 미래에 사용할 물건
2. 폐기 : 파손되었거나 일부 분실된 물건
3. 기부 : 당신은 절대 사용하지 않지만 다른 교사에게는 유용할 수 있는 물건

그림 2.2 세 개의 범주 만들기

물품을 다른 교사에게 제공(기부)하거나, 다른 학교로 보내거나, 버리기 전에 교장이나 특수교육 책임자에게 물품을 교실에서 제거할 때 해당 학군이 따르는 정확한 절차를 확인하는 것이 좋다.

사용 가능한 저장 공간에 비해 물건이 너무 많은 경우가 비일비재하다. 이 경우, 자료를 살펴보고 진정으로 필요한 것이 무엇인지 결정해야 한다. 보통 수납 공간이 아무리 많아도 필요하지 않을 물건을 찾는다. 예를 들어,

쉰 개의 나무 퍼즐, 수백 개의 부러진 크레용, 3년 된 은행 거래 명세서 등은 너무 오래됐거나 교실 내 활동과 어울리지 않는다.

교실 자료를 정리하는 첫 번째 단계는 청소하는 것이다. 이것은 압도적이고 힘든 일이 될 수 있기 때문에 동료나 친구의 도움을 받아야 할 수도 있다. 지난 3~5년 동안 특정 자료를 사용하지 않은 경우, 그것들은 더 이상 교실에 둘 필요가 없다.

너무 많으면 엉망이 된다!

무엇을 발견했지?

교실을 청소하고 정리하는 것은 우리가 가장 좋아하는 일 중 하나이다. 수년에 걸쳐 우리는 많은 '보물'을 발견했다. 지금은 웃으며 이야기하지만 발견 당시에는 비명 소리가 들렸다.

가장 많은 물건과 특이한 물건이 들어있어 상을 받은 교실 : 남자 넥타이 스물다섯 개, 강아지 소변 패드 더미, 플라스틱 수저 세 상자, 학생 1인당 갈아입을 옷 다섯 벌, 침대 및 화장대, 소파, 엔터테인먼트 센터, 텔레비전, 그리고 많은 영화. 주방 용품들 사이에서 죽은 쥐를 발견했을 때 비명 소리가 들렸다!

이 교실에서 빠진 것은 학생 책상과 의자, 화이트보드(또는 칠판), 교재였다.

거의 3일에 걸친 작업의 결과, 강당과 교실로 변모할 준비가 된 공간에 비교육적인 항목이 엄청나게 쌓여있었다.

또 다른 중요한 문제는 교실에 있는 책과 자료가 연령에 적합한지 여부이다. 예를 들어 바니라는 캐릭터는 5세 이상의 학생들이 속한 어떤 교실에도 간 적이 없다—토마스 기차나 빅버드 캐릭터도 마찬가지이다. 자료를 분류할 때, 보관할 자료를 결정할 때, 또는 새로운 자료를 주문할 때 이 점을 반드시 염두에 두는 것이 중요하다.

그렇다면 물품이 연령에 적합한지 어떻게 결정하는가? 하나의 방법은 그 물건을 보고 스스로에게 물어보는 것이다. "우리 아이, 조카, 손자가 이 나이 또는 이 학년이었을 때 이런 종류의 물건을 가지고 놀거나 사용했나?" 또 다른 방법은 일반교육 교실을 방문하여 학생들이 어떤 종류의 배낭, 책, 자료를 사용하고 있는지 관찰하는 것이다. (이 고려 사항은 제7장 '교수 전략'에서도 다루어진다.)

자료는 어디에 배치되는가?

그래서 어떤 물품을 보관할지 결정한 후에는 어떻게 하겠는가? 교육 자료와 교사 용품 및 자원을 보관할 장소와 방법을 결정할 때 집에서 물건을 보관하는 방법과 장소를 다시 생각해 보라. 일반적으로 물건을 사용할 장소 또는 그 근처에 보관한다(예 : 주방에 냄비와 프라이팬을 두고 세탁기 근처에 세탁 세제를 둔다). 가끔 어떤 자료의 경우 더 눈에 띄지 않는 장소에 보관할 수 있다(예 : 세탁실 선반 위에 여분 전구를 두거나 복도 벽장에 멋진 식탁보를 둔다). 자료에 대해 생각하기 시작하면 동시에 발생해야 하는 세 개의 활동이 있음을 알게 될 것이다. 즉 분류, 저장, 레이블링이다.

학습 주제별 그룹화

교실에서 자료를 조직화하고 저장하는 가장 최선의 방법은 학습 주제와 사용 방법과 장소에 따라(소그룹 교육, 대규모 그룹 교육, 달력 시간 등) 자료를 그룹화하는 것이다. 자료를 저장할 위치를 결정할 때 자료를 넣을 용기에 레이블을 붙이기 시작한다.

그림 2.3 학급 자료의 분류, 저장, 레이블링

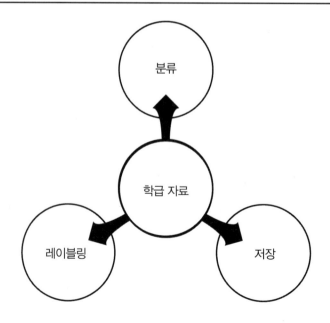

또한 캐비닛, 선반 및 서랍에 내용물에 관한 레이블을 붙일 것이다. 이렇게 하면 모든 스태프가 자료가 보관된 위치를 쉽게 볼 수 있으므로 수업 시간을 최대화할 수 있다. 또한 레이블이 붙은 공간이 있으면 자료가 올바른 위치로 반환될 가능성이 높아진다. 교실의 수납 공간에 레이블을 붙일 때, 두꺼운 종이와 벨크로를 이용하여 레이블을 만들 수 있다. 종이나 색인 카드에 품목명을 쓰고 투명 포장 테이프로 선반이나 캐비닛에 붙일 수도 있다.

사용 빈도별 그룹화

모든 것이 주제 또는 사용 범주로 그룹화되면 다음 단계는 매일 사용할 자료와 덜 자주 사용할 자료를 결정하는 것이다. 매일 사용하는 물품은 쉽게 구할 수 있어야 한다. 예를 들어, 학생들에게 그림 상징을 사용하는 교사는 가장 자주 사용하는 상징을 일상적으로 쓸 수 있도록 보관해야 한다. 다른 것들은 가끔 사용하기 위해 라이브러리에 저장해야 한다. 일정, 시각적 지원 및 그림 촉구에 사용할 아이콘 및 기타 시각적 실물을 저장하는 다양한 방법이 있다. 일부 교사는 공예품 상점에서 판매되는 분할된 플라스틱 쟁반(일반적으로 구슬 또는 기타 작은 공예품에 사용됨)을 사용한다. 다른 사람들은 주머니가 있는 투명한 플라스틱 홀더(일반적으로 트레이딩 카드, 사진 슬라이드 또는 사진을 보관하기 위해 판매되는 것과 같은)를 사용하는 것이 효과적임을 알게 되었다.

매일 사용하는 수업 자료는 사용할 장소 근처에 보관해야 한다. 보드 마커와 운동장 공과 같이 쉬는 시간에 사용되는 품목이 들어있는 뚜껑이 있는 큰 플라스틱 상자를 문 옆에 보관할 수 있다.

> 정기적으로 사용되는 자료는 학생의 안전을 염두에 두고 유지·보관해야 한다.

자주 필요한 읽기 및 수학 자료는 그룹 수업 테이블 근처 선반에 배치해야 한다. 예를 들어, 몇 주에 걸쳐 자릿수 개념을 가르치는 동안 자릿수 큐브는 수학 교육 영역 근처에 보관해야 한다. 다른 경우에는 이러한 자료를 뚜껑이 있고 레이블이 붙은 플라스틱 용기에 넣고 벽장이나 캐비닛에 보관해야 한다. 일부 자료는 방의 여러 위치에 필요하다. 예를 들어, 그룹 수업 영역과 워크 스테이션에 학생들의 연필을 비치하는 것이 도움이 될 수 있다.

안전에 대한 고려 사항

자료를 보관할 장소와 방법을 결정할 때 학생들의 안전을 고려해야 한다. 예를 들어, 물건을 입에 넣는 습관을 가진 학생이 있는 경우 작은 조작물은 손이 닿지 않는 곳에 보관해야 한다. 선반에서 물건을 스스로 꺼내는 학생이 있는 경우, 물건을 낮은 선반이나 캐비닛에 보관할 수 있다. 천을 사용하여 선반의 내용물을 숨길 수 있으므로 학생들이 자료를 덜 어지럽힐 수 있다.

휠체어를 사용하는 학생은 종종 스탠드, 특수 의자 또는 기타 위치 지정 장비와 같은 다른 장비를 사용한다. 이것들은 사용하지 않는 동안 보관할 곳이 필요하다. 교실의 공간은 소중하다는 것을 기억하라. 문제는 직접적인 학생 지도에 필요한 공간을 차지하지 않으면서 이러한 유형의 장비를 가까이에 두는 것이다. 또한 학교 규정 및 화재 규정을 준수해야 한다.

학생 자료 정리

매일 처음으로 교실에 들어오는 학생들에 대해 생각해 보겠다. 그들은 배낭, 재킷, 도서관 책, 학교 프로젝트 및 점심을 가지고 도착하는가? 아니면 다른 교실이나 이러한 물품을 보관하는 사물함에 먼저 들렀다 오는가? 그리고 그들이 하교 시간 전에 참석하는 마지막 교실이 당신의 교실이 될까?

학생이 교실에서 하루를 시작하는 경우 학생들이 매일 가져오는 물품에 대한 구조화 시스템이 있어야 한다. 그들은 배낭을 어디에 둘 것인가? 일부 지역에서는 두꺼운 겨울 코트와 부츠를 보관할 장소가 필요하다. 집에서 가져온 점심이나 간식도 보관할 장소가 필요하다.

학생들이 개인 소지품을 두는 모든 장소에는 학생의 이름이 표시되어야 한다(필요한 경우 사진도). 여기에는 고리나 선반 위의 장소가 포함된다. 일부 학생의 경우 이름이 있는 레이블로 충분하다. 그림에 물건 맞추는 법을 배우는 학생들을 위해 당신은 공간에 보관할 개인 물품을 시각적으로 표시하고 싶을 것이다. 예를 들어 배낭을 고리에 걸게 하는 경우, 배낭이라는 레이블이 붙은 그림이나 사진, 학생의 이름 및 학생의 사진이 고리 위에 놓일 것이다.

한 교사는 학생들이 배낭과 집에 가져가는 물품을 어디에 보관해야 하는지에 대해 어려움을 겪었다. 붙박이장도 없었고 학교에서 가구도 구하기 어려웠다. 그녀는 값싼 세탁 바구니를 구입하기로 결정하고 학생들의 이름이 적힌 레이블을 붙이고 교실 문과 전환 영역 근처에 두었다. 그녀는 이 배치의 미학에 대해 만족하지 않았지만, 그녀의 학생들이 물건을 보관할 일관된 장소를 제공했다.

일부 학교에서는 중 · 고학년에서 사물함을 사용한다. 일반교육 학생이 사물함을 사용한다면 특수교육 학생들도 사물함을 사용할 수 있도록 노력해야 한다. 학생이 번호자물쇠를 마스터하지 않은 경우 열쇠가

> 학생들에게 구조화 기술을 가르치는 것뿐만 아니라 모범을 보이는 것도 중요하다.

있는 자물쇠가 합리적인 대안이 될 수 있다. 그리고 하루에 여러 번 사물함에 접근하는 대신 학생들이 아침에 등교할 때와 집에 갈 준비를 할 때 학교를 둘러보고 같은 학년 친구들이 무엇을 하는지 살펴보게 하자.

하루의 첫 부분 또는 학생들이 교실에 처음 입장하는 동안 그들은 숙제, 학부모의

그림 2.4 교사의 조직력 부족에 따른 결과

메모, 폴더, 허가서, 도서관 책 또는 아마도 특별 프로젝트를 제출할 수 있다. 다음과 비슷한 상황을 피하기 위해 구조화 시스템이 마련되어야 한다.

요약

학생들은 구조화 기술을 배워야 한다. 이것은 우리가 교실에서 구조화 기술을 가르치고 더 중요하게 모범을 보여야 함을 의미한다. 10가지 핵심 전략 중 두 번째 전략인 자료 구성은 매일 구현해야 한다. 구조화의 시스템이 무너지지 않도록 하고 교실에서 일하는 모든 스태프가 이 전략이 잘 작동하도록 하는 데 참여하는 것이 중요하다. 자료를 정리하고 보관하는 방법을 결정할 때 학생 안전, 학생 장비, 특정 요구 사항, 사용 가능한 공간, 캐비닛, 가구 및 특정 과목에 대한 교육을 받을 장소를 고려해야 한다는 것을 기억하라.

당신들 중 옷차림이 단정한 사람들을 위해 이 전략은 오랫동안 믿어 온 것을 지원하고 확인한다. 그러나 물건을 보관하는 방식이 자연스럽게 정리되지 않은 사람들에게는 모든 희망이 사라진다. 당신의 교실에서 일하고 있는 깔끔한 성격의 학생 한 명을 찾아 그를 당신의 '경찰'로 임명하라. 다른 사람이 자료를 체계적으로 정리하는 데 도움을 준다면 제2장의 내용은 매일 성공적일 것이다.

실생활 응용

제2장에서 다룬 전략은 교실을 설정하거나 재구성할 때 중요한 고려 사항이다. 자료 구성과 관련하여 제시된 아이디어가 이러한 실생활 응용 프로그램에서 학생의 요구 사항을 해결하는 데 어떻게 사용되었는지 살펴보자.

리넷

리넷은 지적 장애(ID) 학생이다. 그녀의 교육 장소는 독립학급이다. 면밀히 감독하지 않으면 리넷은 선반에서 물건을 꺼내고 상자의 내용물을 버리고 물건을 입에 넣는다.

리넷의 안전을 보장하고 유혹을 줄이기 위해 교실에서 자료 구성과 관련하여 교사는 무엇을 할 수 있는가?

교실에 열린 선반이 있기 때문에 리넷의 교사는 자료가 보이지 않도록 선반 위에 천을 덮었다. 리넷의 경우 눈에 보이지 않는 마음이 적용되므로 이 전략은 그녀가 사용할 수 있는 항목을 줄이는 데 매우 유용했다. 일일교육에 필요한 물품은 열 수 없는 스냅식 뚜껑이 달린 플라스틱 용기에 보관되어 있었다.

리넷의 교사는 리넷의 안전 문제를 다루기 위해 교실 자료를 정리하는 것이 첫 번째 단계에 불과하다는 것을 인식했다. 또한 수업 자료를 방해하는 경향뿐만 아니라 물건을 입에 넣는 리넷의 행동을 형성하고 변화시키기 위한 계획을 개발해야 했다.

리넷의 교사는 리넷이 특히 자기 자신의 사진을 보는 것을 좋아한다는 것을 알고 있었다. 그녀는 테이블 위나 무릎에 손을 대고 앉아있는 리넷의 사진을 찍기로 결정했다. 이 사진의 사본은 교실 곳곳의 다양한 위치에 보관되었다. 사진은 손이 무릎이나 테이블 위에 있을 때 리넷에게 자주 보여졌다. 사진을 보여줄 때는 리넷이 무척이나 좋아했던 포옹이나 등을 토닥이는 행동도 함께 제공했다. 낮에는 리넷이 있어서는 안 될 물건을 찾거나 입에 물려고 하면 사진도 보여줬다. 포옹과 같은 강화물은 리넷이 입에서 물건을 떼자마자 또는 가질 수 없는 물건에서 손을 떼자마자 주어진다.

리넷의 교사가 사용한 접근 방식은 10가지 핵심 전략이 함께 작동하는 방식의 좋은 예이다. 리넷의 교사가 교실에서 자료가 어떻게 구성되었는지에만 집중하고 시각적 자료나 잘 생각한 행동계획은 포함하지 않았다면 어떤 일이 일어났을지 생각해 보라. 몇 가지 전략을 결합하여 리넷의 교사는 리넷의 입에 물건을 넣는 횟수를 줄일 수 있었다.

데이비드

데이비드는 자신의 독립성을 높이기 위해 기술을 개발하고 배우는 학생이다. 집에서 그의 어머니는 종종 데이비드가 혼자서 일이나 활동을 시작하거나 완료하도록 하기보다 그를 위해 일을 해준다. 데이비드의 교사는 교실에서 자료 구성을 약간 변경함으로써 데이비드가 일부 작업을 더 독립적이고 덜 자극적으로 수행할 수 있다는 것을 발견했다.

작은 변화라고 생각했던 것이 큰 결과를 가져온 적이 있는가? 이것이 교사가 데이비드로 하여금 특정 작업에 대한 독립성 수준을 높일 수 있도록 작은 변화를 준 방법이다.

데이비드가 여러 촉구 없이 완료하는 데 어려움을 겪었던 일상 작업 중 하나는 학교에 도착한 후 아침에 배낭을 치우는 것이었다. 또한 하교를 준비하기 위해 배낭을 챙길 시간이 되었을 때 많은 도움을 필요로 하는 것 같았다. 모든 학생들은 자신의 이름이 적힌 선반 위의 옷장에 배낭을 보관했다.

교사의 첫 번째 단계는 이 작업에서 데이비드의 독립성을 방해할 수 있는 장애물이 무엇인지 확인하는 것이었다. 며칠 동안 그를 자세히 관찰하고 보조 전문가와 이야기를 나눈 후 교사는 데이비드가 독립적으로 완료하기에는 작업이 너무 많은 단계를 거쳐야 한다고 가정했다.

교사는 데이비드가 배낭에 더 쉽게 접근할 수 있도록 보관 방법을 변경해야 한다고 결정했다. 그녀는 시각적 전략과 단서를 사용하면 데이비드의 성공 가능성을 높일 수 있다는 것을 알고 있었다.

데이비드의 배낭은 이제 옷장 밖에 있는 바구니에 보관된다. 이 영역에는 그의 이름과 그의 배낭 사진이 표시되어 있다. 그런 식으로 데이비드를 위한 자료를 정리함으로써 그는 이제 아침에 짐을 풀 때와 학교가 끝나고 하교 준비를 할 때 더 독립적으로 일할 수 있다. 교사는 데이비드의 어머니를 학교에 초대하여 데이비드의 배낭을 보관하는 방법과 장소가 바뀌어서 데이비드가 얼마나 독립적이 되었는지 관찰했다.

212호실의 스태프

이 독립학급에는 한 명의 교사와 두 명의 보조교사가 있다. 이 스태프들은 너무 열심히, 어쩌면 너무 과하게 열심히 일한다. 종종 교사나 보조교사가 수업이나 활동을 위한 자료를 찾을 수 없는 듯 보인다. 교실을 둘러보면 그 이유를 알 수 있다. 교실이 엉망이다! 스태프들은 수업에 필요한 자료를 찾는 데 너무 많은 시간을 할애하는 것 같다.

마지막으로 교실을 깨끗이 청소한 것이 언제였는가? 모든 항목의 캐비닛과 파일 캐비닛 서랍을 완전히 비우고 더 이상 필요하지 않거나 오랫동안 사용하지 않은 자료를 버리거나 새로운 보관 장소를 찾은 적이 있는가?

스태프들은 최선의 조치가 모든 서랍, 캐비닛, 벽장을 비우고 자료, 책, 게임, 서류 등 모든 것을 복도에 두는 것이라고 결정했다. 그것이 끝나면 정말로 필요하고 사용된(또는 지난 2~3년 동안 사용한) 항목만 교실로 가져왔다. 자료는 주제 또는 활동별로 분류되었다. 선반에는 아이콘과 거기에 놓을 물건의 단어로 레이블이 지정되었다. 뚜껑이 있는 투명한 플라스틱 상자를 사용하여 내용물을 쉽게 볼 수 있었다.

스태프들은 그들의 노력이 결실을 맺었다는 것을 알게 되었다. 자료를 더 쉽게 찾을 수 있어 수업 시간이 늘어났다. 자료를 정리하면 필요한 항목을 찾지 못하는 데 대한 어른들의 수다와 좌절이 줄어들었다. 자료를 찾기 위해 서두르지 않고 학생들을 기다리게 함으로써 학생들의 행동이 개선되었다.

• • •

제2장

학급에서 자료를 구조화하기 위한 아이디어

일정표

3

목표 : 하루 종일 일정표를 일관되게 사용하는 학생과 스태프의 중요성을 설명하고 이러한 일정표를 만드는 방법에 대한 지침을 제공한다.

생각의 함정

"학생들은 자신의 일정을 알고 있어."

"나는 유연하게 흐름을 따르는 것을 선호해."

"나는 학생들이 짜증을 낼 때까지 가르친 다음 다른 것으로 변경해."

이와 같은 모든 진술에는 몇 가지 장점이 있다. 많은 학생들과 스태프들이 자신의 일정을 잘 알고 있다. 우리는 학생과 스태프가 일상에 변화가 있을 때 유연하게 대처하는 법을 배워야 한다는 것을 알고 있다. 때때로 우리는 학생들이 흥미를 잃는 것처럼 보일 때 매일 수업을 변경한다. 그러나 모든 학생과 스태프가 일정표를 사용하도록 하면 구조, 일관성 및 책임감을 제공한다는 점에서 교실에서 무시할 수 없는 큰 차이가 생긴다. 또한 일정표는 하루를 정리하는 데 도움이 되고 일정이 변경될 때 표시하는 데 도움이 되며 모든 학생에게 귀중한 생활 기술을 가르치는 수단이다.

이론적 해석

우리 모두에게는 어느 정도 따라야 하는 일정이 있다. 우리 중 대부분은 주어진 날에 어떤 일이 기다리고 있는지 알고 싶어 하며 또한 지켜야 할 중요한 약속과 마감일을 가지고 있다. 어떤 사람들은 일일 일정을 자세히 알아야 하는 반면, 다른 사람들은 하루의 일반적인 개요나 일반적인 목표를 잘 알고 있다.

일정과 약속이 포함된 일일계획표가 갑자기 분실되거나 잘못 배치된 경우 어떻게 대처할지 생각해 보라. 우리 중 한 명이 그러한 상황에 처했다면 다음과 같이 말할 것이다.

"3일 전에 일정표를 잃어버렸어요. 약속이 있다는 것은 알고 있지만 시간에 대해선 확실하지 않아요. 나는 병원 진료 예약과 어머니와의 점심 약속을 놓쳤어요. 회의에 늦거나 참석하지 못했어요. 나는 길을 잃고 불안하고 이상한 느낌을 받아요. 나는 동료, 남편, 친구들에게 내가 언제 어디에서 필요한지 상기시켜 줘야 할 정도로 위축되었어요. 나는 독립성을 잃어버렸답니다!"

이러한 감정과 상황을 피하기 위해 대부분의 성인은 일종의 계획 시스템을 사용한다. 우리 학생들은 다음에 일어날 일을 예측할 수 없거나 평소의 일과나 일정에 변화가 있을 때 이와 같은 감정을 경험한다. 다음 이야기는 우리 학생 중 한 명이 자신의 일정을 어떻게 분명히 가치 있게 여겼는지 보여준다.

나는 내 일정이 필요해

프레스턴은 추가 수학교육을 받기 위해 매일 일반교육 수학 수업에서 내 특수학급으로 오는 5학년 학생이었다. 그가 내 교실에 들어올 때마다 나는 칠판의 오른쪽 구석에 그의 일정을 적었다.

일정은 매일 같았다.

- 일일 수학 워밍업 문제
- 오늘의 수업
- 교과서 문제
- 간식

어느 특정한 날, 나는 칠판에 프레스턴의 일일 수학 일정을 적는 데 실패했다. 교실에 들어가자마자 프레스턴은 그의 일정이 누락되어 있고 내가 다른 학생들과 함께 일하느라 바쁘다는 것을 알아차렸다. 그는 즉시 분필을 집어 들고 자신의 일정을 완벽하게 적었고, 앉아서 내가 칠판에 수학 문제를 쓰기를 기다렸다. 프레스턴은 필요한 그의 일정을 알고 있었다.

대부분의 사람은 일정표가 약속을 기억하는 데 도움이 된다는 점에 동의하지만 교실에서 시각적 일정표의 가치는 단순한 편의를 훨씬 능가한다. 교실에서 일정표를 사용하면 학생, 스태프 및 당신에게 다음과 같은 이점이 있다.

- 일상의 일관성 증진─활동을 작성하고 게시하면 교실 구성원(교사)이 일정을 준수할 가능성이 높아진다.
- 일정의 변경 사항이 명확하게 표시되도록 허용─변경 사항이 발생하면 학생들에게 추가, 다른 시간으로 이동 또는 삭제된 내용을 빠르고 쉽게 표시할 수 있다.
- 전환 촉진─많은 학생들이 다음에 할 활동을 알고 있을 때 더 잘 전환한다.
- 바람직한 행동의 증가 및 바람직하지 않은 행동의 감소─일정은 학생들이 다음에 올 것을 미리 준비하도록 도와줌으로써 부적절한 행동을 줄여준다.
- 언어 촉진─일정표는 학생들에게 어휘와 개념을 연습할 수 있는 많은 기회를 제공한다. first, next, then, before, after, later와 같은 단어는 일정표에 따라 이동할 때 하루 종일 사용된다. 학생들은 일정표에 사용된 시각적 자료와 함께 단어와 행동의 의미를 배운다.
- 시간의 흐름에 대한 교육─학생들이 일정표와 상호작용할 때 한 활동이 끝나고 다음 활동이 시

일정표는 장애에 관계없이 모든 학생에게 혜택을 준다.

작되는 것을 본다. 하루 동안의 이러한 진행은 시간의 흐름에 대한 개념을 이해하는 데 도움이 된다.

자폐 스펙트럼에 있는 학생들과 일정표를 사용하는 것의 중요성에 대해 많은 글이 작성되고 논의되었다. 예를 들어, 자폐 스펙트럼 학생들은 다음에 무엇을 할 것인지 알고 활동이 일어나기 전에 활동을 위해 정신적으로 준비할 기회가 있을 때 일반적으로 덜 불안하고 더 적절한 방식으로 대처한다. 일정표가 자폐 스펙트럼에 있는 사람들에게 도움이 된다고 확신하지만, 우리의 경험은 일정표를 사용하는 것이 모든 학생에게 혜택을 준다는 것을 보여주었다.

교실에서 일정표를 만들고 사용하는 것에 대해 생각하기 시작할 때 일정표에 대한 두 개의 보편적인 진실이 있음을 알아야 한다.

1. 일정표를 만들고 유지하는 데 시간이 걸린다.
2. 일정표는 계속 변경된다.

그러나 교실에서 일정표를 사용하는 것의 이점이 그것을 위해 필요한 시간과 노력을 훨씬 능가한다는 점도 알아야 한다.

3가지 유형의 일정표

학생들의 성공에 중요한 3가지 유형의 일정표가 있다. 이 일정표는 게시되어야 하고 쉽게 접근할 수 있어야 하며 모든 특수학급에서 사용되어야 한다.

- 일일 수업 일정표
- 스태프 배정 일정표
- 개별 학생 일정표

3가지 유형의 일정표는 각각 다른 용도로 사용되며 3가지 모두 각 교실에 필요하다. 이유는 다음과 같다.

- 일일 수업 일정표 — 이 일정표는 하루 중 교실에서 일어나는 활동을 보여준다. 중학교나 고등학교의 시간표를 따른다. 교실 방문자는 이 일정표를 보고 다음에 어떤 과목이나 활동을 가르칠지 알 수 있다. 일일 수업 일정표는 특정 날짜에 교실 내 활동의 흐름을 보여준다.

- 스태프 배정 일정표 — 이 일정표는 스태프들이 하루 중 주어진 시간에 자신에게 무엇이 배정되어 있는지 알 수 있도록 하는 데 필요하다. 이것은 대체교사 또는 대체보조교사가 함께 일할 학생과 수업이 진행되는 장소를 아는 데 도움이 되는 일정표이다. 모든 스태프에게는 스태프 배정 일정표의 사본이 필요하며 이 일정표는 쉽게 참조할 수 있도록 교실에 게시해야 한다.

- 개별 학생 일정표 — 각 학생은 모든 과목과 서비스를 포함하여 하루 종일 사용할 자신의 일정표를 가지고 있어야 한다. 이 정보는 학생의 IEP 문서에서 가져온다. 학생의 일정표를 작성할 때 과목 및 서비스의 빈도와 기간은 학생의 IEP에 나와있는 내용과 일치해야 한다. 개별 학생 일정표는 학생이 하루 종일 사용할 수 있다. 일정표를 통해 학생은 다음 과목이나 활동을 예상할 수 있다. 선호하는 활동이 예정되어 있는지 확인할 수도 있다. 일정표는 또한 일상적인 일과의 변화를 반영하는 데 사용되며, 이는 학생이 하루 동안의 변화에 대비하는 데 도움이 된다.

> 3가지 유형의 일정표는 모든 교실에 필요하다는 것을 기억하라.

일정표 개발을 위한 기반 구축

수업 일정표, 스태프 일정표 및 개별 학생 일정표를 개발하려면 필요한 모든 정보가 마침내 제자리에 들어갈 때까지 조절해야 한다. 우리는 최종 제품에 도달하는 쉬운 방법, 지름길 또는 마법을 찾지 못했다. 이러한 일정표를 개발하는 데 필요한 정보는 특히 새 학년 초에 자주 변경된다. 따라서 변경 사항이 발생할 때 전체 일정표를 다시 작성할 필요 없이 변경할 수 있는 형식을 사용하는 것이 중요하다. 또한, 하나의 변경으로 인해 모든 일정의 다른 영역이 변경될 수 있다는 점에 유의해야 한다.

각 학생의 일정에 대해 확실히 알고 있는 것부터 시작하자. 여기에는 점심을 먹을 때, 언어치료 또는 작업치료와 같은 서비스를 받을 때, 그리고 체육, 음악, 미술 또는 선택과목과 같은 특수학급 밖에서 교육을 받을 때가 포함된다.

1단계 : 필요한 모든 정보를 수집한다.

   a. 제공될 서비스, 서비스 기간 및 빈도를 결정하기 위해 모든 학생의 IEP 서류를 복사하시오. 학생들의 목록과 그들의 과목 및 서비스에 필요한 시간을 만드시오.

   b. 학생들이 하루 중 일부를 보낼 일반교사의 일정표를 복사하시오.

   c. 언어치료, 작업치료 및 학생들과 함께 일하는 기타 서비스 제공자에 대한 일정을 얻으시오.

   d. 매일 가르칠 과목의 목록을 만드시오.

   e. 구내식당 업무 또는 버스 업무와 같은 보조교사의 학교 할당 일정을 얻으시오.

2단계 : 일정표 템플릿을 만든다.

표시된 것과 같은 템플릿을 만들어 교실, 스태프 및 개별 학생의 일정표를 위한 기초를 만들기 시작한다. 이 기초 템플릿이나 격자를 종이와 연필(펜 아님), 컴퓨터의 스프레드시트, 화이트보드의 격자 또는 이동할 수 있는 스티커 메모가 있는 큰 종이 격자로 만들 수 있다.

초등학생의 경우 왼쪽 열에 하루 중 시간을 10분 또는 15분 단위로 입력한다. 중학생은 학교의 시간표를 따르므로 왼쪽 열에 몇 교시(1교시, 2교시 등)인지와 각 교시의 시작 및 종료 시간을 입력한다.

다음으로, 교실에 올 예정인 학생의 이름을 맨 위에 넣는다.

그림 3.1 초등학교에서의 일정표 템플릿

시간	프랭크	앰버	그렉	앤	호르헤
오전 8:00					
오전 8:15					
오전 8:30					
오전 8:45					

그림 3.2 중학교에서의 일정표 템플릿

시간	마리오	로지	다리우스	샤미카	팀
1교시 7:30~8:23					
2교시 8:27~9:20					
3교시 9:24~10:17					

3단계 : 알고 있는 내용을 입력한다.

점심 시간, 일반교육 수업 시간, 언어치료 및 작업치료와 같은 서비스를 포함하여 학생들을 위한 확실한 시간을 추가하라.

다음 샘플은 IEP 목표 또는 기타 고려 사항(예 : 튜브로 식사하는 경우)이 부적절하지 않는 한 학생들이 일반교육을 받는 친구들과 함께 식사할 것이라고 가정한다. 전부는 아니더라도 대부분의 학생이 급식실에서 일반교육을 받는 친구들과 함께 식사할 수 있을 것이라고 굳게 믿는다. 도움이 필요한 경우 보조전문가가 학생과 동행하여 도움을 주기도 하지만 항상 학생의 독립 수준을 높이기 위해 노력한다.

우리가 일하는 대부분의 초등학교에서는 체육, 음악, 미술, 컴퓨터 또는 도서관과 같은 일부 수업이 순환 일정으로 진행된다. 즉, 이러한 과목을 매일 가르치는 것은 아니다. 이러한 과목은 블록 활동, 순환 활동 또는 특별 활동과 같은 다양한 이름으로 불린다. 샘플에서는 이를 특별 활동이라고 한다.

그림 3.3 초등학교에서의 일정표

시간	프랭크	앰버	그렉	앤	호르헤
오전 8:00				화 : 스치피	
오전 8:15	수학				
오전 8:30					
오전 8:45					
오전 9:00	특별 활동	특별 활동			
오전 9:15					
오전 9:30					
오전 9:45					
오전 10:00			특별 활동	특별 활동	
오전 10:15					
오전 10:30	언어예술				
오전 10:45					
오전 11:00					
오전 11:15	점심	점심			
오전 11:30					수학
오전 11:45	화 : 스피치 월·수·목·금 : 컴퓨터	언어예술	점심	점심	
오후 12:00					점심
오후 12:15	과학				
오후 12:30				수 : O.T.	특별 활동

그림 3.4 중학교에서의 일정표

시간	마리오	로지	다리우스	샤미카	팀
1교시 7:30~8:23	수학		키보딩	화 : 스치피	화 : 스치피
2교시 8:27~9:20	체육	합창			체육
3교시 9:24~10:17			체육	미술	
4교시 10:21~11:14					
5교시 및 점심 시간 11:18~12:45	점심 11:18~11:48	점심 11:18~11:48		체육	키보딩 11:18~11:44
	화 : 스피치 월·수·목·금 : 기술 실험 11:52~12:45	기술 실험 11:52~12:45	점심 12:15~12:45	점심 12:15~12:45	점심 11:46~12:16 키보딩 12:18~12:45

이전에 언급했듯이 기초 일정표를 만드는 데 사용할 수 있는 다양한 자료가 있다. 어떤 교사는 종이와 연필을 사용하고, 다른 교사는 큰 화이트보드나 칠판을 사용하고, 또 다른 교사는 스티커 메모가 붙은 커다란 게시판 종이를 사용한다. 컴퓨터 사용을 선호하는 경우 인터넷 검색을 통해 수업 일정표 템플릿 만들기에 대한 여러 웹 사이트를 찾는다.

일일 수업 일정표

이제 필요한 모든 정보를 수집하고 기초 일정표를 만들었으므로 앞에서 언급한 3가지 유형의 일정표 중 첫 번째 일정표를 만들 준비가 되었다. 상세한 일일 수업 일정표는 다음과 같이 중요하다.

- 모든 스태프가 다음 일반 활동이나 다음에 있을 주제를 쉽게 볼 수 있으므로 필

요한 자료를 준비할 수 있다.

- 현재 활동을 끝내고 다음 활동을 시작해야 하는 시간을 시각적으로 알려주므로 스태프가 일정을 지킬 수 있다.
- 집회나 기타 특별 행사와 같은 일일 일정의 변경 사항을 보여주는 수단으로서 작용한다.
- 교실에서 하루의 일반적인 흐름을 따르는 모든 대체교사를 돕는다.
- 스태프가 교실에 있지 않은 경우 교사 또는 학생들이 어디에 있는지 보여준다.
- 학생들이 시간 말하기를 연습하고 시간의 흐름을 이해할 수 있는 기회를 제공한다.
- 방문자가 무슨 일이 일어나고 있는지 한눈에 볼 수 있다.

수업 일정표 만들기

학생들이 일반학급에 있는 시간, 점심 시간, 체육 수업에 참석하는 시간 또는 교실이 아닌 다른 교육 장소에 있는 시간을 포함하여 교실 일정표에 대한 자세한 버전을 만들 것이다. 기초 일정표를 시작점으로 사용한다. '일정표를 위한 기반 구축'의 1단계에서 수집한 정보를 바탕으로 교실에서 동일하거나 유사한 교육을 받을 학생들을 그룹화하고 자세한 교실 일정표 만들기를 시작한다. 각 시간 동안 교실에서 어떤 일이 일어나고 있는지, 그리고 교실에 있지 않더라도 모든 학생에게 어떤 일이 일어나고 있는지 표시하라.

이제 교실에서 일어날 모든 일과 각 학생이 하루 동안 무엇을 할 것인지에 대한 완전한 일정표가 있다. 순환 일정이 있는 경우(초등학교에서는 3일마다 체육을 하거나 중학교에서는 A-B 블록 형식의 일정을 가짐) 일일 수업 일정표가 한 개 이상 필요하다.

그림 3.5 초등학교 수업 일정표

시간	프랭크	앰버	그렉	앤	호르헤
오전 8:00	수학	읽기 그룹	읽기 그룹	화 : 스피치 선생님과 1:1 시간	읽기 그룹
오전 8:15					
오전 8:30				컴퓨터	
오전 8:45	특별 활동	특별 활동	수학 그룹	수학 그룹	수학 그룹
오전 9:00					
오전 9:15					
오전 9:30	사회적 기술	사회적 기술	사회적 기술	사회적 기술	사회적 기술
오전 9:45	선생님과 1:1 시간	쓰기 스테이션	특별 활동	특별 활동	쓰기 스테이션
오전 10:00		컴퓨터			선생님과 1:1 시간
오전 10:15	언어예술	선생님과 1:1 시간			
오전 10:30		스테이션 순환	스테이션 순환	스테이션 순환	스테이션 순환
오전 10:45					
오전 11:00					
오전 11:15	점심	점심	선생님과 1:1 시간	컴퓨터	수학
오전 11:30			컴퓨터	선생님과 1:1 시간	
오전 11:45	화 : 스피치 월·수·목·금 : 컴퓨터	언어예술	점심	점심	점심
오후 12:00					
오후 12:15	과학	화 : 스피치 과학	과학	수 : O.T. 과학	특별 활동
오후 12:30					

그림 3.6 중학교 수업 일정

시간	마리오	로지	다리우스	샤미카	팀
1교시 7:30~8:23	영어/언어예술	영어/언어예술	키보딩	화 : 스치피 영어/언어예술	화 : 스치피 영어/언어예술
2교시 8:27~9:20	체육	합창	수학	수학	체육
3교시 9:24~10:17	수학	수학	체육	미술	수학
4교시 10:21~11:14	사회	사회	사회	사회	사회
5교시 및 점심 시간 11:18~12:45	점심 11:18~11:48	점심 11:18~11:48	선생님과 1:1 독해 11:18~12:11	체육 11:18~12:11	키보딩 11:18~11:44
					점심 11:46~12:16
	화 : 스피치 월·수·목·금 : 기술 실험 11:52~12:45	기술 실험 11:52~12:45	점심 12:15~12:45	점심 12:15~12:45	키보딩 12:18~12:45

수업 일정표 게시

우리는 교실에서 쉽게 접근할 수 있는 영역에 교실 일정표를 표시하는 것이 필수적이라고 믿는다. 이상적으로 교실 일정표는 교실 전체에서 볼 수 있을 만큼 충분히 커야 한다. 이렇게 하려면 세부 일정을 큰 덩어리의 수업 시간과 가르치는 주제 또는 활동으로 압축해야 할 것이다. 표시되는 일정표에는 하루 종일 교실에서 일어나는 일이 나열된다. 그것은 각 활동을 포함하고 교실에서 주제와 활동의 일반적인 흐름을 보여준다.

포켓 차트를 사용하거나, 차트 용지에 나열하거나, 칠판에 쓰는 것을 고려할 수 있다. 수업 시간과 과목만 게시할 경우 자세한 일일 수업 시간표를 가까운 곳에 게시하여 쉽게 참조할 수 있다. 샘플 상세 일일 일정표를 기반으로 하고 큰 덩어리만 나열하면 교실 일정표의 대규모 게시는 다음과 같을 수 있다.

초등학교 예

8:00 읽기

8:45 수학

9:30 사회적 기술

9:45 영어 언어예술

10:30 스테이션 순환

11:15 선생님과 1:1 시간

11:45 그렉, 앤, 호르헤를 위한 점심

12:15 과학

12:45 스테이션 순환 등

중학교 예

1교시 영어/언어예술

2교시 수학

3교시 수학

4교시 사회

5교시 선생님과 1:1 독해 등

그림 3.7 시각적 타이머

일일 수업 일정표 사용하기

스태프는 일일 수업 일정표를 사용하여 하루 종일 한 과목이나 활동에서 다른 과목으로 제시간에 전환할 수 있다. 타이머는 수업이 일정에 맞춰 하루 종일 진행되도록 하는 데 중요한 역할을 할 수 있으므로 지금은 시각화 타이머 사용을 언급하기에 좋은 시기이다. 우리는 타이머를 사용하는 것을 좋아하며 가장 좋아하는 타이머는 학생

Source : Time Timer LLC. Used with permission.

과 스태프가 시간이 흐르는 것을 직관적으로 볼 수 있는 시각화 타이머이다.

시간을 디지털로 표시하는 다른 시각적 타이머보다 이 타이머를 선호한다. 모든 학생들이 디지털 타이머를 보고 시간이 흐르고 있음을 깨닫는 데 필요한 이해를 갖고 있는 것은 아니다. 시간 타이머를 사용하면 시간이 지남에 따라 표시되는 빨간색의 양이 줄어들기 때문에 학생들은 시간이 흐르고 있음을 알 수 있다. 이러한 유형의 시각적 타이머가 효과적이려면 숫자에 대한 이해나 시간을 말할 수 있는 능력이 필요하지 않다. 우리는 모든 교실에 최소한 하나의 시간 타이머가 필요하다고 믿는다. 그러나 디지털 타이머 또한 특정 활동의 시간을 정하거나 스태프에게 다음 일정 변경에 대비하도록 경고하거나 청각 신호가 필요한 특정 학생을 위해 각 교실에 필요하다.

스태프 배정 일정표

일일 수업 일정표가 완료되었으므로 이제 스태프 배정 일정표를 작성할 준비가 되었다. 일부 교실의 경우 스태프 배정 일정표에는 단 한 사람, 바로 당신이 포함된다! 그러나 일부 특수학급에서는 하루 종일 보조교사 또는 조교의 도움을 받는다. 그럼에도 불구하고 스태프는 자신의 과제가 무엇이며 어떤 학생과 함께 일할 것인지 아는 것이 중요하다. 스태프를 위한 일정표가 만들어지고 교실에서 따라갈 때 우리는 모든 사람이 혜택을 받는다는 것을 알게 된다.

> 스태프가 매일 특정 학생이나 학생 그룹과 함께 있지 않도록 교대한다.

스태프 배정 일정표는 다음과 같은 많은 목표를 달성한다.

- 각 스태프가 낮에 어디에서 누구와 작업하는지 보여준다.
- 학생의 필요를 충족하기 위해 추가적으로 스태프의 지원이 필요한 경우를 증명한다.
- 스태프를 빠르게 찾는 방법으로 사용된다.
- 모든 스태프의 최적 사용을 보장한다.

- 모든 스태프가 일정표를 지키도록 상기시킨다.

- 대체교사에게 자신의 하루 일정을 알 수 있는 수단을 제공한다.

- 보조교사가 담임교사의 구두 지시를 요구하지 않고 일정표를 따를 수 있으므로 교실에서의 잡담을 줄인다.

- 스태프가 없을 때 학생 지원이 영향을 받는 위치를 명확하게 나타낸다.

스태프 배정 일정표에는 다음이 포함된다.

- 각 스태프의 이름

- 하루 중 시간

- 각 스태프가 함께 일하는 학생

- 각 스태프가 근무하는 위치

그림 3.8 초등학교 스태프 배정 일정표 템플릿

	교사	보조교사
7:45		
8:00		
8:15		
8:30		
8:45		
9:00		
9:15		
9:30		
9:45		
10:00		
10:15		
10:30		

기초 일정표에 사용된 것과 동일한 시간으로 일정 템플릿을 만든다. 그림과 같이 만들되 하루 전체 일정을 표시한다.

중학교의 경우 템플릿은 다음 샘플처럼 보일 수 있으며 물론 하루 전체 일정을 포함한다.

그림 3.9 중학교 스태프 배정 일정표 템플릿

	교사	보조교사
7:00~7:30		
1교시		
2교시		
3교시		
4교시		
5교시		

기초 일정표의 정보를 사용하여 다음과 같이 스태프 배정 일정표를 완료하시오.

1. 교실을 떠날 때 스태프의 직접적인 지원이 필요한 학생을 결정한다. 동행할 스태프를 지정하고 이를 스태프 일정표에 표시한다.

2. 보조교사와 교사에게 학교 전체의 임무가 할당된 경우, 그 시간을 스태프 일정표에 표시한다.

3. 각 스태프가 점심을 먹는 시간과 교사의 계획 시간이 언제인지 스태프 일정표에 표시한다.

4. 스태프가 매일 같은 학생이나 학생 그룹과 함께 일하지 않도록 스태프를 교대한다. 이것은 학생들이 다양한 성인들과 함께 일하는 법을 배우는 데 도움이 된다. 또한 스태프가 없을 때 학생에게 친숙한 다른 성인이 있는지 확인한다.

다음은 초등 및 중등 수준에서 수업일의 일부에 대해 완료된 스태프 배정 일정표의 예이다.

그림 3.10 초등학교 스태프 배정 일정표

	교사	보조교사
7:45	홀 모니터 업무	버스 업무
8:00	독서 그룹 ─ 앰버, 그렉, 호르헤	앤과 1:1 작업**(화 : 앤은 스피치 수업이 있음)
8:15	독서 그룹 ─ 앰버, 그렉, 호르헤	앤과 1:1 작업 (화 : 앤은 스피치 수업이 있음)
8:30	독서 그룹 ─ 앰버, 그렉, 호르헤	컴퓨터 시간에 앤과 1:1 작업
8:45	수학 그룹 ─ 그렉, 앤, 호르헤	프랭크, 앰버와 특별 활동 시간에 직접 지원
9:00	수학 그룹 ─ 그렉, 앤, 호르헤	프랭크, 앰버와 특별 활동 시간에 직접 지원
9:15	수학 그룹 ─ 그렉, 앤, 호르헤	프랭크, 앰버와 특별 활동 시간에 직접 지원
9:30	사회적 기술	사회적 기술
9:45	프랭크와 1:1 시간	앰버, 호르헤와 쓰기 스테이션
10:00	호르헤와 1:1 시간	프랭크와 1:1 시간
10:15	앰버와 1:1 시간	호르헤와 1:1 시간
10:30	교사 계획 시간*	스테이션 순환*
10:45	교사 계획 시간	스테이션 순환
11:00	교사 계획 시간	스테이션 순환
11:15	그렉과 1:1 시간	점심 시간
11:30	앤과 1:1 시간	점심 시간
11:45	점심 시간	그렉, 앤, 호르헤와 점심 시간 모니터링
12:00	점심 시간	그렉, 앤, 호르헤와 점심 시간 모니터링

* 스테이션 순환 중에는 각 작업 활동에 어떤 학생이 참여하는지를 표시하기 위해 별도의 일정표가 사용된다. 스테이션 순환을 하게 되면 교사는 학생들이 보조교사와 참여하는 동안 회의 시간을 가질 수 있다(제7장 '교수 전략' 참조).

** 1:1 지도를 계획하는 경우, 한 사람이 항상 1:1 지도를 하지 않도록 해당 학생과 함께 일하는 교사를 순환 배치해야 한다. 예를 들어, 교사가 첫 주에 학생과 1:1로 활동을 하고, 다음 주에는 보조교사가 그 학생과 1:1로 작업할 수 있게 해야 한다.

그림 3.11 중학교 스태프 배정 일정표

	교사	보조교사
7:00~7:30	홀 모니터 업무	버스 업무
1교시	언어예술	다리우스와 키보딩
2교시	수학 그룹 : 다리우스와 샤미카	마리오, 팀과 체육
3교시	수학 그룹 : 로지와 팀	샤미카와 예술
4교시	사회	사회
5교시	11:18~12:11	11:18~11:48 점심 시간
	다리우스와 1:1 독해	11:52~12:45
	12:15~12:45 점심 시간	마리오, 로지와 기술 실험

스태프 배정 일정표는 쉽게 읽을 수 있는 교실 영역에 표시되어야 한다. 이를 통해 다음을 보장할 수 있다. 스태프들이 할당된 활동이나 임무를 수행하고 있는지 한눈에 알 수 있다. 이것은 또한 다른 사람들이 교사의 도움 없이 자신의 과제를 확인할 수 있도록 한다. 각 스태프는 하루 종일 참조할 수 있도록 자신의 일정표 사본을 가지고 있어야 한다. 스태프 배정 일정표는 교실에서 일하는 대체교사도 사용할 수 있어야 한다.

개별 학생 일정표

마지막으로 각 학생에 대한 개별 일정표를 만들게 된다. 우리는 각 학생이 자신의 일정표를 가지고 사용해야 한다고 굳게 믿는다. 학생들이 일정표를 사용하는 법을 배우는 것의 중요성은 아무리 강조해도 지나치지 않는다. 모든 학생에게 우리가 가져야 하는 주요 목표 중 하나는 그들이 가능한 한 독립적이 되는 것이다. 일정표를 사용하는 법을 배우는 것은 목표를 달성하는 데 중요하다.

일정표 사용법을 배우는 것은 학생들의 독립 수준을 높이는 데 도움이 된다.

학생들이 자신의 일정표를 갖는 것에는 이점이 많

다. 이것은 우리에게 10가지 핵심 전략이 어떻게 상호 연관되고 서로를 지원하는지 강조할 수 있는 또 다른 기회를 제공한다. 이점은 다음과 같다.

- 학생들은 일상적인 약속과 활동을 관리하는 능력을 향상시킬 중요한 생활 기술을 배운다.
- 학생들은 성인의 도움 없이 한 작업을 완료하고 다음 작업으로 이동하는 방법을 배운다. 이는 즉각적인 의존성을 줄이고 독립 수준을 높인다.
- 스태프는 수업에 참여하지 않는 학생을 구두로 재촉하는 대신 "가서 일정을 확인하세요."라고 말하는 법을 배운다.
- 다음 활동을 정신적으로 준비할 수 있는 기회가 있기 때문에 학생들의 참여와 행동을 향상시킨다.
- 학생들은 일정표의 변경 사항을 시각적으로 볼 수 있으므로 변경 사항을 보다 쉽게 수용하고 유연성을 연습할 수 있다.

상징적 의사소통 형식의 중요성

학생들이 당신의 메시지를 이해하기 위해서는 학생의 의사소통 수준에 맞는 상징적 의사소통 수준을 사용하는 것이 필요하다. 따라서 이 섹션의 정보는 학생을 위한 일정표 작성, 의사소통 기술 교육(제8장에서 설명) 및 강화계획 개발(제5장에서 설명)에 동일하게 적용된다.

일정표를 사용하려면 어떤 형태의 상징적 의사소통이든 사용할 수 있는 능력이 필요하다. 즉 일정표에 있는 실물 상징이나 물건이 실제 활동이나 항목이라는 것을 이해할 수 있어야 한다. 예를 들어 일정에 점심 식사를 넣고 싶은 경우, 학생의 의사소통 수준에 따라 점심 식사를 나타내기 위해 단어, 식사하는 사람의 사진 또는 아이콘을 사용하거나 실물상징판에 진짜 숟가락을 사용하는 것이다. 학생들은 일정의 의미를 알기 위해 상징이 무엇을 나타내는지 이해해야 한다. 따라서 일정표를 만드는 첫 번째 작업 중 하나는 학생의 상징적 의사소통을 이해하는 수준을 결정하는 것이다.

상징 이전 의사소통자(상징을 사용하지 않고 의사소통한다는 의미)인 학생이 있는 경우 그 학생은 원하는 대상을 가리키거나 고개를 끄덕이거나 바라볼 수 있지만 숟가락(상징)이 먹는 것을 나타낸다는 것은 이해하지 못한다. 아직 상징에 의미를 부여하지 않는 학생에게 필요한 기술을 가르치겠다는 것은 이 책의 범위를 벗어난다. 당신의 음성 및 언어 병리학자는 상징 이전 의사소통 기술 개발을 다루는 방법과 이러한 학생들에게 일정표 사용을 소개하는 방법을 알고 있는 전문가이다. 이러한 학생들의 경우 언어 발달 기술이 IEP의 주요한 부분이 될 것이다.

대부분의 학생은 상징적 의사소통자가 될 것이지만 언어치료사의 도움을 받아 어느 수준인지 다시 결정해야 한다. 상징적 의사소통은 구체적인 상징에서 추상적인 상징으로 진행되며, 가장 구체적인 것은 활동에 사용된 실제 사물 또는 실제 항목(앞에서 본 숟가락 예시)이고 가장 추상적인 것은 인쇄된 단어이다.

각 학생의 상징적 의사소통 수준에 따라 학생에게 필요한 구체적인 상징 형태를 결정한다. 일정표와 함께 가장 자주 사용되는 네 개의 상징 형식은 다음과 같다.

1. 실물 — 실제 사물을 사용한 일정표는 상징언어를 사용하기 시작하는 학생들을 위한 출발점이다. 이러한 유형의 일정표를 일반적으로 실물상징판이라고 한다.
2. 사진 — 사진은 상징적 의사소통의 계층에서 다음 단계이다. 사용된 사진은 항목 또는 활동을 명확하게 보여야 한다. 학생이 자신의 사진을 보는 것을 즐긴다면 그가 물건을 들고 있거나 활동을 하는 사진을 찍어 일정표에 대한 관심을 높일 수 있다.
3. 그림 — 일부 학생들은 그림이 활동이나 주제를 나타낸다는 것을 이해할 수 있다. Mayer-Johnson Boardmaker 아이콘, 스태프가 그린 그림 또는 기타 그림이 일정표에 자주 사용된다.
4. 단어 — 일부 학생들은 인쇄된 단어만을 사용하여 이해력을 나타낸다.

그림 3.12 상징적 의사소통 형식

참고 : 시각 장애(VI)가 있는 학생과 함께 작업할 때 시각 장애 전담 교사는 일반적으로 서비스 제공자 팀의 일원이다. 시각 장애 전담 교사는 점자표가 필요한 경우 함께 작업해야 하는 스태프를 의미한다.

학생에게 의미가 있는 상징적 의사소통 형식을 사용하는 것이 필수적이다. 우리는 학생들이 사용된 사진이나 아이콘에 뚜렷한 의미를 부여하지 않고 그림 일정표를 사용하는 것을 자주 본다. 기계적 암기는 아이콘의 의미를 가르치는 데 충분하지 않다. 일정표는 학생에게 의미가 있어야 한다. 학생이 필요로 하고 알고 싶어 하는 정보를 학생이 쉽게 이해할 수 있는 상징적 의사소통 형식으로 제공해야 한다.

그렇다면 어떤 상징적 의사소통 형식이 의미가 있는지 어떻게 알 수 있는가? 학생이 그림 일정표를 준비했는지 어떻게 알 수 있는가? 사진이나 아이콘 사용을 시작하는 데 필요한 선행 기술이 있는지 어떻게 알 수 있는가? 매우 유익한 책 *Activity Schedules for Children with Autism: Teaching Independent Behavior, 2nd edition*(Lynn E. McClannahan & Patricia J. Krantz, 2010)에 따르면, 사진이나 아이콘의 일정표를 사용하는 데 필요한 기술은 다음과 같다.

- 사진과 배경 비교하기
- 동일한 사물로 일치시키기
- 실물과 실물 사진을 일치시키기

학생에게 시각 장애가 있는 경우, 시각 장애가 있는 교사와 상담하여 학생이 이러한 기술을 보여줄 대체 방법을 개발해야 할 수 있다. 미찬가지로 팔, 손, 손가락의 움직임이 제한된 학생이 기술을 시연하기 위해 사용할 수 있는 방법이나 기기에 관한 권장 사항에 대해 작업치료사 또는 물리치료사와 상담하는 것이 좋다.

학생들은 의사소통체계, 시각적 지원 및 일정표에 대해 동일한 상징적 의사소통 형식을 사용한다.

앞에서 언급한 세 개의 기술 외에도 학생은 수동 지침을 수용하고 자료를 사용할 수 있어야 한다. 의도적인 방식으로, McClannahan과 Krantz(2010)는 자폐 스펙트럼에서 확인된 학생뿐만 아니라 모든 학생에게 이러한 기술을 평가하고 가르치는 방법에 대한 간단하고 직접적인 조언을 제공한다.

학생이 사물 수준 통신 시스템을 사용하는 경우 학생의 일정표에도 실물을 사용해야 한다. 또한 시각적 지원과 신호가 필요할 때 실물이 필요할 가능성이 크다. 실물을 사용하는 학생의 경우 선택한 실물은 학생이 영원히 또는 적어도 몇 년 동안 사용하게 될 것이다. 예를 들어 "화장실을 사용해야 합니다."에 사용할 물건을 결정할 때 다음 사항을 기억하는 것이 중요하다.

- 실물은 현재 연령에 적합한 것이어야 하며 학생의 연령에 따라 적합성을 유지해야 한다.
- 공공장소에서 사용할 때 부끄럽지 않은 물건이어야 한다.
- 실물은 쉽게 구할 수 있어야 하며 필요한 경우 동일한 물건으로 교체할 수 있어야 한다(예 : 분실, 마모 또는 할머니 집에 방치된 경우).

아이콘에 의미를 완전히 부여하지는 않지만 사진이 나타내는 것을 이해하는 학생들은 일정뿐만 아니라 의사소통체계와 시각적 지원을 위해 사진을 사용할 것이다. 종종 학생들에게는 두세 개 상징의 조합이 필요하다(예 : 실물과 사진 또는 사진과 그림 사용). 다시 말하면, 학생의 의사소통 지원은 동일한 상징 형식 조합을 사용한다.

모든 일정에는 실물, 사진 또는 아이콘을 명명하는 글이나 문구가 포함되어야 한다. 각 항목이나 아이콘에 레이블을 지정하는 것은 중요하다. 그래야 어른들은 어떤 단어를 말해야 할지 알 수 있고, 또한 우리 학생들 중 일부는 우리가 알지 못하는 사이에 독자가 되어있기 때문이다. 일부 학생들에게는 한 단어 또는 구문으로 작성된 목록이 필요하다는 것을 기억하라.

학생 일정표 만들기

학생들의 능력, 요구 사항 및 선호도가 다르기 때문에 모든 학생의 일정이 비슷해 보이지는 않다. 고등학교 환경에서 일부 학생들에게는 새 학년 초에 일반교육을 받는 친구들에게 발급되는 것과 같은 인쇄된 일정표만 있으면 된다. 많은 학생들의 경우 학생 일정표를 작성할 때 눈과 손의 협응 및 소근육 운동 기술과 같은 신체 능력뿐만 아니라 인지, 의사소통 및 시각 능력을 고려해야 한다. 또한 일정표의 형식에 관계없이 일정표를 인식할 수 있는 필요성을 고려해야 한다.

학생들을 위한 일정표 작성에 착수할 때 일반적으로 사용되는 자료 및 필요한 장비 목록은 다음과 같다.

- 벨크로
- 벽보판
- 플라스틱 골판지
- Boardmaker 프로그램
- 코팅기
- 컬러 프린터
- 3링 바인더
- 포켓 차트
- 디지털카메라
- 작은 플라스틱 통 또는 투명한 플라스틱 용기
- 봉투 또는 작은 비닐봉지

학생 일정표의 형식 및 위치

일정표에 다양한 상징적 의사소통 형식(실물, 사진, 아이콘 또는 단어만)을 사용하는 것 외에도 교실에서 다양한 일정표 형식을 사용할 수 있다. 형식은 일정표가 표시되는 방식을 나타낸다. 예를 들어 아이콘을 이해하는 학생의 일정표를 작성하는 경우 아이콘은 학생의 일정표에 사용되는 상징적 의사소통 형식이 된다. 또한 학생에게 가장 유익한 형식을 결정해야 한다. 예를 들어, 3인치(약 7.6센티미터) 정사각형 아이콘을 인쇄하고 코팅해서 사용한 다음 벨크로를 사용하여 캐비닛 문에 학생에게 맞게 순서대로 배치할 수 있다. 아이콘을 사용하는 또 다른 형식은 학생의 하루 일정을 나타내는 종이 한 장에 맞게 인쇄하는 것이다. 아이콘은 학생이 현재 하고 있는 활동과 다음에 할 활동을 나타내는 순차 일정 형식과 함께 사용될 수 있다.

형식에 관계없이 학생이 자신의 일정표에 과목이나 활동이 완료되었음을 표시할 수 있는 것이 중요하다. 예를 들어, 실물 또는 이동식 아이콘 형식을 사용할 때 완성된 상자나 봉투는 일정표 위나 근처에 있다. 다음 활동으로 넘어가기 전에, 학생은 완성된 상자나 봉투에 방금 완성된 상징적인 물건이나 아이콘을 넣는다. 일정 형식이 인쇄되어 있는 경우 학생은 방금 완료한 과목에 X 표시를 하거나 체크 표시를 하여 완료되었음을 나타낼 수 있다. 끝난다는 것을 강조하면 학생들은 전환이 일어나고 있음과 다른 과목이 곧 시작될 것임을 보다 잘 이해하게 된다.

모든 학생의 일정표가 똑같지는 않다는 것을 기억하라.

벨크로 사용에 대한 중요한 팁 : 움직일 수 있는 작은 품목, 아이콘, 레이블 또는 그림의 거친 면을 일관되게 사용하여 벨크로의 매끄러운 면이 있는 곳이라면 어디든지 항상 사용할 수 있다. 이것은 또한 이동 가능한 조각을 카펫과 플란넬 보드에 사용할 수 있게 한다.

학생들의 능력과 필요가 당신이 사용한 상징적 의사소통 형식을 결정하는 것처럼, 학생들의 능력과 필요에 따라 학생 일정표의 형식과 위치가 결정될 것이다. 형식과 위치에 대한 결정은 학생들이 일정표를 성공적으로 사용하는 데 영향을 미칠 수 있다. 각 학생의 신체적 능력, 일정표의 위치가 고정되어 있어야 하는지 또는 휴대가 필요한지 여부, 연령에 적합한 일정표의 디자인 및 학생의 하루 중 한 번에 얼마의 시간이 표시되는지를 신중하게 고려해야 한다. 이 결정에 접근하는 하나의 방법은 일반교육 학생이 사용하는 일정표로 시작하여 학생에게 도움이 되고 의미 있는 일정표가 되도록 필요한 조정을 하는 것이다. 수정할 필요가 없으면 다른 형식을 만들 필요도 없다. 그러나 대부분의 학생은 일정표를 효과적으로 만들기 위해 약간의 수정을 필요로 한다. 다음은 개별 학생의 일정표와 관련하여 고려해야 할 몇 가지 특정 요소이다.

- 학생이 미세 운동 제어 및 조작에 문제가 있는 경우 일정표의 일부를 쉽게 조작할 수 있도록 일정표를 설계해야 한다.
- 시각 장애가 있는 학생에게는 점자로 표시된 일정표나 확대 사진 또는 아이콘이 필요할 수 있다.
- 학생이 휠체어를 사용하는 경우 일정표는 학생이 도달할 수 있거나 학생의 휠체어에 부착되어야 할 수도 있다.
- 자신의 일정표로 인해 주의가 산만한 학생의 경우 일정표는 주요 작업 영역에서 멀리 떨어져 있어야 한다.
- 자주 이동해야 하는 학생의 일정표는 학생의 작업 영역에서 멀리 떨어져 있어야 일정표를 확인하여 의도적인 이동의 기회를 제공할 수 있다.
- 학생이 다른 교실에서 자신의 일정표를 필요로 하는 경우 일정표는 이동식이어야 한다.
- 학생이 하루 전체 일정을 한꺼번에 보는 것이 부담스럽다면 일정표를 오전과 오후 등으로 나누어 한번에 제공되는 정보의 양을 제한해야 할 수도 있다.
- 일정표를 사용하는 법을 막 배우기 시작한 학생의 경우, 현재 일어나고 있는 일과 다음 활동이 무엇인지만 표시하는 순차 형식이 필요할 수 있다.
- 일정표는 모든 경우에 연령에 맞아야 한다. 바니 캐릭터가 학생의 가장 큰 관심사일지라도 그 보라색 공룡은 아주 어린 학생의 것을 제외하고는 일정표를 장식해서는 안 된다.

학생의 교육 프로그램이 교육적 필요에 맞게 개별화되는 것처럼 일정표도 개별화되어야 한다. 목적은 학생에게 의미 있는 형식과 독립적인 행동을 장려하는 배치를 찾는 것이다.

우리는 실물 형식에서 서면 형식에 이르기까지 학생 일정표의 예를 포함한다. 일정

그림 3.13 실물 일정표

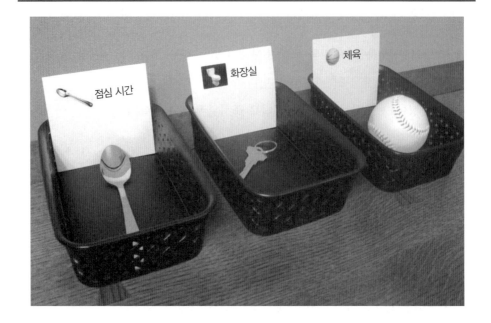

표는 항상 각 학생의 필요에 맞게 조정된다.

학생들의 필요와 당신의 창의력으로 인해 독특한 일정 형식이 생길 수 있다. 한 창의적인 교사는 운동 장애가 있는 학생이 더 쉽게 이해할 수 있는 플레이도 용기 뚜껑

그림 3.14 상징물 및 사진 사용 일정표

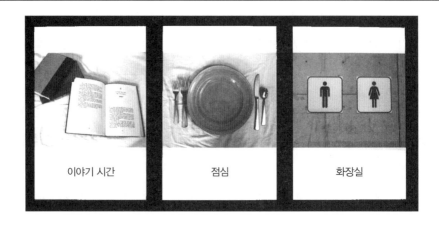

그림 3.15 순차 일정표

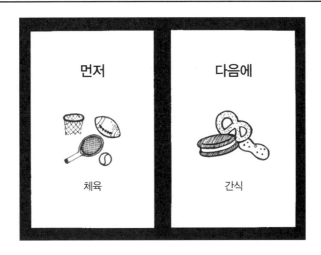

먼저   다음에

체육   간식

을 사용하여 일정을 세웠다. 그녀는 뚜껑 안쪽에 일정 아이콘을, 바깥쪽에 자석을 붙이고 파일 캐비닛 측면에 일정을 게시했다. 또 다른 교사는 학생의 지갑에 맞는 그림 일정표를 어떻게 만들었는지 보여주었다. 다른 교실에서 교사는 자신과 학생의 어머니가 함께 선택한 학생의 실물 일정표에 실물을 사용한다고 말했다. 학생에 대해 알고 있는 정보를 사용하여 학생의 필요에 맞는 일정표를 만들어라.

학생들에게 일정표를 사용하도록 가르치기

학생을 위해 일정을 설계한 후 다음 단계는 학생에게 일정표를 사용하는 방법을 가르치는 것이다. 학생의 의사소통 수준에 적합한 연령 맞춤형 일정표를 만들려는 모든 노력은 학생이 사용 방법을 배우지 않는 한 헛된 것이다. 일정표를 사용하는 방법을 가르칠 수 있는 여러 번의 기회가 매일 필요하다. 이러한 기회는 각 수업, 주제 또는 활동을 시작하고 완료할 때 일정표가 사용되는 날에 구축된다. "일정표를 확인하세요."라는 말은 하루에도 여러 번 스태프들에게 들려야 한다. 그것은 수업에 방해가 되지 않는다. 오히려 수업의 일부이다.

학생들에게 일일 일정표를 사용하도록 가르치는 데는 많은 훌륭한 교수법이 포함

그림 3.16 서면 일정표

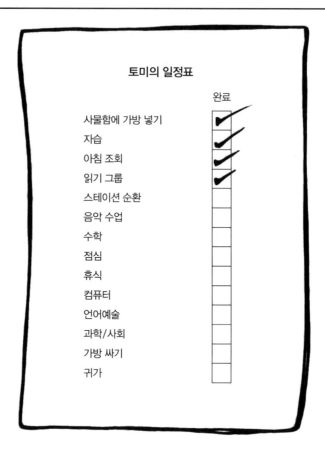

토미의 일정표

	완료
사물함에 가방 넣기	✔
자습	✔
아침 조회	✔
읽기 그룹	✔
스테이션 순환	
음악 수업	
수학	
점심	
휴식	
컴퓨터	
언어예술	
과학/사회	
가방 싸기	
귀가	

된다. 모든 기술을 가르치는 것과 마찬가지로 목표 중 하나는 학생의 독립성이므로 교사는 원하는 결과를 얻기 위해 가능한 한 최소한의 격려를 사용해야 한다. 구두로 "일정표를 확인하세요."라고 하여 학생이 일정표를 참조하게 되면 더 이상의 촉구가 필요하지 않다. 다른 학생들의 경우 학생의 손을 잡고 일정표에 있는 다음 물건이나 사진을 향해 움직이는 것과 같은 신체적 촉구가 필요할 수 있다. 학생이 서면 목록 이외의 다른 유형의 일정표를 사용하는 경우 일정표에 있는 실물, 사진 또는 아이콘이 의미하는 바를 학생이 이해하고 있는지 확인하는 것이 중요하다. 학생이 일정표에 나와있는 다음 과목이나 장소로 이동하는지 확인하기 위해 기다리면서 이해도를 확인

할 수 있다. 촉구행동을 최소한으로 사용하는 것은 제7장 '교수 전략'에서 더 자세히 다룬다.

학생이 일정표의 의미를 이해하기 어려워할 때 학생이 갈 위치에 미리 동일한 사물, 사진 또는 아이콘을 놓는다. 학생은 자신의 일정표에 있는 사물이나 사진을 가져와 다음 영역으로 가져가서 교육을 받고 새로운 위치에 이미 있는 사물이나 그림과 일치시킨다. 예를 들어, 그림은 교실의 예술 및 공예 영역을 나타내는 크레용과 가위일 수 있다. 학생이 예술 및 공예 테이블에 도착하면 일정표에 있는 항목을 교육 영역에 있는 동일한 항목과 일치시키도록 요청받을 것이다. 학생에게 대표 실물, 사진 또는 아이콘을 활동 영역과 일치시키도록 하면 실물, 사진 또는 아이콘이 의미하는 바를 강화하는 데 도움이 된다. 학생에게 일정표 사용을 가르치는 과정에서 완성된 상자나 봉투에 실물이나 아이콘을 넣을 경우, 활동이 끝날 때 완료되었다는 점을 강조해야 한다.

어떤 학생에게는 일정표가 매우 중요하며 다음과 같은 경우에는 행동을 개선하고 변화시키는 도구로도 유용하다.

책상 아래에서 밖으로

호르헤는 개인 일일 일정을 기쁨의 원천으로 삼는 학생이다. 그는 방금 완료한 작업을 나타내는 아이콘을 제거하고 완성된 상자에 넣는 것을 즐기는 것처럼 보였다.

어느 날, 호르헤는 수학 수업에서 특히 힘든 시간을 보내고 있었다. 그는 결국 의자에서 미끄러져 책상 아래로 기어갔다. 내가 그를 책상 아래에서 달래느라 바빴다면 결국 그는 숫자를 다룰 필요가 없었을 것이다.

나는 호르헤가 책상 아래에 있으면 관심을 받게 되고 그는 그 점에 기뻐하고 있다는 결론을 내렸다. 그래서 나는 그를 잠시 동안 혼자 두었다. 그러고는 호르헤에게 직접 말을 걸지는 않고 다가가 "호르헤의 일정이 어떻게 되는지 궁금하다. 내가 보러 갈게."라고 했다.

호르헤는 다른 사람이 자신의 일정표에 가겠다는 생각을 참을 수 없었다. 그래서 그는 눈 깜짝할 사이에 재빨리 책상 아래에서 자신의 일정에 맞춰 나왔다. 나는 수학 수업이 진행 중인 것 같다고 말했고 호르헤와 함께 수업에 돌아왔다. 우리는 수업을 빠르게 성공적으로 끝낼 수 있었다.

요약

일정표는 하루 종일 각 학생, 교실 및 각 스태프에 대해 사용되어야 한다. 그것들은 생성하고 끊임없이 변화하는 데 시간이 많이 걸리지만 학생과 스태프에게 필요하고 매우 유익하다. 일정표를 일관되게 사용함으로써 학생들이 일정표를 사용하는 방법을 배우게 된다. 일정표를 일관되게 사용함으로써 스태프가 할당된 업무에 대해 책임을 지게 된다. 그리고 일정표를 일관되게 사용함으로써 교실이 원활하고 효과적으로 운영될 것이다. 각 수업의 시작과 끝 부분으로 일정표를 사용하라. 일정표를 일관되게 사용하면 교실이 더 차분해지고 학생들의 생산성이 높아진다.

실생활 응용

일정표를 사용하는 것은 교실을 잘 운영하는 데 매우 중요하다. 다음은 일정표가 어째서 필수 불가결한 것인지를 보여주는 몇 가지 실생활 응용 사례이다.

호세

우리는 제1장 '학급의 물리적 배치'에 대한 실생활 응용에서 호세를 처음 만났다. 그는 자폐 스펙트럼에 있는 학생이며 그가 일상, 환경 또는 활동에 변화가 있을 때 화를 내는 것은 드문 일이 아니다.

호세의 교사는 호세가 자기 자신의 일정을 알고 있다고 말할 것이다. 사실 호세는 자신의 하루 일과를 읊을 수 있다. 그렇다면 호세에게 일일 일정표가 필요한 이유는 무엇인가? 일정 변경에 대한 호세의 반응은 관련된 모든 사람에게 극적이고 충격적일 수 있다. 모든 학생은 일정 변경을 경험한다. 국가에서 의무적으로 시행하는 시험이 시행되는 날을 생각해 보라. 급식실 화재 가능성으로 인해 학교가 대피함으로써 생기는 갑작스러운 변화를 고려하라. 스태프들은 호세가 시각적 지원을 잘한다는 것을 알고 있었고 가끔 일정이 중단되는 경우 일정표를 사용하려고 했다. 그러나 호세는 일정표를 자주 사용하지 않았기 때문에 그것을 사용하는 데 능숙하지 못했다. 일정표를 지속적으로 사용하면 심각한 붕괴를 피하는 데 도움이 될 수 있는가?

호세와 그의 교사들은 그가 그의 일일 체크오프 일정과 월간 달력을 3링 바인더에 보관하기로 결정했다. 호세는 일반교육, 제2외국어로서의 영어, 특수교육 등 다양한 환경에서 하루 종일 수업에 참석했다. 노트는 그가 하루 종일 일정표를 가지고 다닐 수 있는 휴대용 수단이었다. 또한 모든 학생이 학교 과제를 정리하는 데 바인더를 사용했기 때문에 호세 역시 바인더를 사용함으로써 친구들과 섞이는 데 도움을 받았다. 호세는 하루 종일 이동하면서 각 수업 시간을 확인했다. 그의 월간 달력에는 학기 중 쉬는 날, 학교 전체 회의 또는 주에서 지정한 시험일과 같이 예측 가능한 변경 사항이나 이벤트가 반영되었다. 스태프는 변경 사항이 매일 일정에 반영되는지 확인하고 변경 사항을 함께 검토했다. 이 접근 방식은 일상에 변화가 있을 때 호세의 반응 빈도와 강도를 줄이는 데 매우 성공적이었다. 변경 사항이 계획된 것이든 예상치 못한 것이든, 일정표를 사용하면 호세가 변경 사항을 더 잘 받아들이고 일상의 변화에 대한 고통과 반응을 줄일 수 있었다.

케일럽

케일럽은 사진 일정표를 사용하는 고등학생이다. 그는 단순히 단어로 된 구두 지시 또는 요청을 이해하고 따른다. 그는 하루의 대부분을 특수학급에서 보내지만 또래 친구들과 음악 수업을 듣고 급식실에서 점심을 먹는다. 그는 일정표와 커뮤니케이션 시스템의 일부로 사진을 사용한다.

학습 및 신체적 차이가 있는 학생들이 학교 친구들과 섞이도록 돕는 것은 때때로 도전이 될 수 있다. 케일럽은 음악 수업과 급식실에 갈 때 필요한 사진을 어떻게 가지고 갈 수 있는가?

케일럽의 커뮤니케이션 사진과 그의 사진 일정표를 나이에 맞는 바인더, 폴더 또는 지갑 크기의 케이스에 넣어두면 그는 그것을 주머니에 휴대하고 어디를 가든지 사용할 수 있다. 케일럽은 자신의 일정표를 사용할 뿐만 아니라 친구들과 섞이기도 한다.

212호실의 스태프

제2장 '자료 구성'의 실생활 응용에서 212호실의 스태프들은 모든 자료, 책, 게임 및 교육 용품을 정리했다. 레이블이 붙은 선반과 상자에 있는 이러한 항목을 사용하면 귀중한 수업 시간을 잃지 않고 필요한 자료를 찾는 능력이 향상된다.

이제 스태프들은 학생들의 수업 시간을 잘 활용해야 한다. 어디서부터 시작해야 하는가? 수업과 스태프 일정표를 게시하면 차이가 있는가?

이 스태프들에게는 일정표를 짜서 게시하는 것만으로는 충분하지 않았다. 그들은 일정을 준수하기 위해 디지털 타이머와 시각적 타이머를 모두 사용하는 공동 습관을 만들기 위해 함께 모여야 했다. 그들은 옷에 고정된 작은 디지털 타이머를 착용하기 시작했다. 주제나 활동을 변경하기 전에 1~2분 동안 타이머를 설정하여 일정에서 다가오는 전환에 대해 미리 알렸다.

212호실의 스태프들은 타이머를 사용하여 일정표를 따르는 것이 얼마나 효과적인지 금세 알아차렸다. 그들은 예측 가능한 일일 일정표를 일관되게 따랐을 때 교실에서 덜 방해적인 학생행동과 더 차분하고 조용한 학습 환경을 발견했다.

제3장

학급에서 일정표를 사용하기 위한 아이디어

시각적 전략

4

목표 : 시각적 전략이 무엇인지 설명하고 학생들의 이익을 위해 시각적 전략을 사용하는 것의 중요성을 강조한다.

생각의 함정

"나는 학생들이 내가 말한 대로 하길 바래. 그러나 그들은 내 말을 듣지 않아."
"그 아이는 자폐가 아니기 때문에 나는 어떤 시각적 자료도 사용하지 않아. 나는 그가 그냥 게으르다고 생각해."
"나는 그 아이에게 같은 것을 여러 번 말했어. 그 아이가 이해를 못 하는 거야."

교사들은 자주, 자신들이 학생들에게 지시하는 것을 학생들이 이해하고도 그대로 하지 않는 것에 대한 좌절감을 말한다. 교사들에게 던지는 우리의 첫 번째 질문 중 하나는 이것이다. "학생들에게 어떤 종류의 시각적 자료를 사용하는가?" 시각적 지원과 전략은 의사소통을 지원하고 고양하며, 행동을 증진하고, 조직화 기술을 개발하고 모든 교사가 중요하게 생각하는 독립성을 증가시킬 수 있는 연구 중심의 접근법이다.

참고 : 교사들과의 작업물, 이 주제와 관련된 다른 인쇄된 자료들, 연구물에서 우리가 발견한 것은 시각적 전략(visual strategies)과 시각적 지원(visual supports)이 일반적으로 혼용된다는 점이다. 이 책에서는 전체 장에 걸쳐 둘 다 사용되었다.

그림 4.1 친숙한 아이콘

Source : AIGA (www.aiga.org/symbol-signs/).

Source : AIGA (www.aiga.org/symbol-signs/).

Source : ™McDonald's Corporation (www.brandcenter.mcdonalds.com). Used with permission.

이론적 해석

매일매일 우리는 시각적 단서와 전략들을 사용한다. 운전할 때 저 멀리 노란색 아치들을 보게 된다면 우리는 즉시 맥도날드 매장이 가깝다는 것을 알게 된다. 우리는 레이블의 어떤 단어를 읽지 않아도 컴퓨터 아이콘을 클릭한다. 왜냐하면 우리는 아이콘의 의미를 알기 때문이다. 다른 언어로 된 것을 읽지 않아도, 이해하지 않아도, 말하지 않아도, 오직 국제적 지침에 따른 표지판(signage)의 시각적 단서만 사용하여 우리는 다른 나라에 가서 화장실을 찾을 수 있다.

우리 중 어떤 사람에게는 어떤 것을 보는 것이 듣는 것보다 더 강력하고 의미 있다. 연구에 의하면, 자폐 스펙트럼을 지닌 학생들과 작업할 때 시각적 전략을 사용하는 것은 중요하다. 자폐 스펙트럼 장애가 있든 없든 대부분의 학생은 시각적 전략을 사용할 때 더 긍정적으로 반응한다는 것을 우리의 경험을 통해 알고 있다. 우리는 우리의 경험으로부터 그리고 많은 전문가들로부터 피드백을 받는다. 시각적 지원과 전략을 사용하는 것은 학생들에게 기술의 획득을 더 촉진하고, 행동을 증진시키며, 의사소통을 향상시킨다는 것이다.

시각적 전략은 무엇인가?

아주 간단하게, 시각적 전략은 우리가 볼 수 있는 것 중 정보를 제공하는 것이다. 앞에서 언급한 것처럼 노란색 아치들은 거기에 음식이 있다는 정보를 우리에게 알려준다.

음식점 표지판은 음식점이 어디에 있는지 우리에게 알려주며, 지도는 우리가 있는 곳에서부터 우리가 가려고 하는 곳까지 어떻게 갈 수 있는지 알려주는 것을 돕는 시각적 자료이다. 그리고 신호등은 우리가 언제 멈추고 가야 하는지를 알려주는 다른 시각적 자료이다. 소위 시각적인 것들은 시각을 통해 정보를 제공한다.

시각적 형태로 정보를 제시하는 방법은 매우 다양하다. 하나의 실물은 우리에게 무언가를 나타낼 수 있는데, 사진은 정보를 전달할 수 있고, 막대로 그린 그림은 어떠한 이야기에 대한 정보를 우리에게 말해줄 수 있다. 우리가 보는 어떠한 것이든 시각적 정보를 제공하는 것을 시각적 지원이라고 할 수 있다.

> 학생들이 스트레스를 받아 폭발 직전일 때, 시각적 자료는 교사의 목소리보다 더 잘 학생들을 진정시킬 수 있다.

시각적 전략의 중요성과 유용성

많은 학생들은 청각적 채널보다 시각적 채널을 통해 더 효과적으로 배운다. 자폐 스펙트럼 장애 학생의 경우는 특히 그러하지만, 많은 다른 학생들도 마찬가지이다. 시각적 전략은 일관된 형식으로 정보를 제공한다. 우리가 반복해서 말할 땐 항상 같은 톤과 음량으로 말하는 경우가 거의 없다. 그러나 시각적 자료는 매 순간 정확히 같다.

어떤 학생들은 언어를 사용하거나 이해하는 타이밍이 다를 수 있다. 우리가 자주 사용하는 단어들은 쉽게 이해하기에는 어려운 중의적 의미를 가지거나 또는 미묘한 뉘앙스를 지닌다. 화자의 음성 톤과 보디랭귀지는 의도된 메시지를 만들 수 있는데 이는 많은 학생들이 이해하거나, 지시를 따르거나, 혹은 기억하는 데 있어 어려움을 준다. 시각적인 유용성 중 하나는 당신이 어떤 그래픽 또는 메시지를 만들든지 간에 언제든지 더 집중하고 쉽게 인식할 수 있도록 하는 데 있다.

학생들이 화를 낼 때, 그들의 듣는 능력은 저하된다. 학생들이 스스로를 통제하기 위해 애쓸 때는 우리가 그들에게 하는 말이 백색소음이 된다. 좋은 소식은, 학생들이 듣는 능력을 잘 처리하지는 못하더라도 그들의 시각적 채널은 그대로 남아 그들이 보는 것을 계속 처리한다는 것이다. 행동지원을 할 때, 우리는 시각적 촉구(prompt)가 언어적 단서(cue) 또는 지원보다 덜 방해적이라는 것을 알고 있다. 학생에게 더 이상 그것이 필요하지 않을 때, 언어적 촉구보다 시각적 촉구의 사용을 소거하거나 줄이기가 쉽다.

때때로, 학생들은 교사가 요청하거나 지시할 때 정확하게(혹은 전혀) 반응하지 않는다. 그래서 교사는 학생들에게 같은 것을 반복하여 말한다. 학생들이 반응하지 않을 때, 교사는 조금 다르게 말하거나 조금 더 크게 말한다. 학생들은 교사가 말하는 것의 핵심 사항을 골라내지 못하였는지도 모른다. 아마도 교사가 그들에게 요청하는 것의 단계들을 기억하는 데 힘든 시간을 보내는지도 모른다. 시각적 전략은 언어적 지시의 반복에 대한 필요성을 줄이고 많은 학생들이 이해하기 쉽게 만들 수 있다(그림 4.2).

그림 4.2 언어적 지시 이해의 어려움

시각적 전략이 어떻게 학생들에게 기대하는 것들이 무엇인지를 이해하고, 자조 기술을 돕도록 하며, 독립성의 수준을 증진시키는지에 대한 예가 있다.

이 이야기는 교사가 관찰하고 또 관찰하는 것에 대한 명확한 설명이다. 시각적 지원이나 리마인더(reminder)를 사용하는 것은 학생들의 의사소통, 행동 그리고 독립성의 수준 향상을 가능하게 한다.

노란 물 = 컴퓨터 할 수 있는 시간

잭은 언어 이전 단계에 있으며, 큰 미소를 가진, 지고는 못 사는 성격의 8세 학생이다. 잭은 모범 학생이고 매우 열심히 공부한다. 교실에서 그의 취미는 컴퓨터를 하는 것이다.

잭의 가장 중요한 목표는 배변훈련을 하는 것이다. 스태프와 나는 몇 가지 다른 시각적 전략들을 반영한 계획을 세웠다. 첫째, 우리는 잭의 일정에서 컴퓨터를 할 수 있는 시간을 모두 없앴다. 둘째, 우리는 그가 '화장실에서 노란 물 만들기'가 얼마나 컴퓨터 사용 시간을 버는지에 대해 잭이 예상할 수 있는 이야기를 작성했다. 다음으로, 우리는 잭이 이해할 수 있도록 우리가 원하는 것의 시각적 자료를 만들었다.

우리는 빈 세제통에다가 노란색 식품 착색제와 물을 함께 넣었다. 이제 우리는 우리가 원하는 것을 잭이 이해할 수 있도록 하는 데 필요한 시각적 자료로 무장했다. 우리는 계획을 실행할 준비가 되었다.

이 배변 기술을 가르치기 위해 변기에 노란 물을 부은 후, 우리는 잭에게 예상할 수 있는 이야기를 읽었고, 잭이 이해하기 시작했다. 그러고 나서 우리는 잭을 화장실로 데려가 변기에 노란 물을 뿌리고 잭에게 노란 물이 있는 변기 아이콘을 보여줬다. 우리의 목적은 우리가 노란 물이 의미하는 것을 설명하면 그가 명확하게 우리가 기대하는 것을 이해하는 것이었다.

이제, 우리는 그가 화장실에서 소변 누는 것을 실행할 기회가 필요했다. 자연스럽게 이 과정을 기다리기보다, 우리는 잭의 일정을 수정해 수분 섭취를 증가시키기로 결정했다. 잭의 새로운 일정은 다음과 같다.

(계속)

1. 수업 듣기
2. 음료 마시기
3. 화장실 가기
4. 수업 듣기
5. 음료 마시기
6. 화장실 가기

이에 더하여, 우리는 잭이 기대할 수 있는 이야기를 하루에도 여러 번 그에게 들려주고 매번 잭이 컴퓨터를 요청할 때마다 '변기의 노란색 물 = 컴퓨터'와 관계된 시각적 자료를 그에게 보여 줬다. 우리는 그가 화장실에 가서 소변을 보지 않는 한 컴퓨터 시간을 제공하지 않았다.

잭은 한 달 동안 집중적이고 다각적인 접근으로 훈련을 받았다. 그는 컴퓨터를 할 시간을 얻으면 흥분했다 — 사실, 우리 모두가 그랬다! 우리는 잭이 새로운 행동을 유지할 수 있도록 몇 달 동안이나 이 프로그램의 모든 부분을 유지했다.

다음 이야기는 상황이 엉망이 되는 것을 피하기 위해 시각적 전략이 어떻게 사용되는지에 대해 설명한다. (이번 사례의 경우, 필요한 정보를 받아 적으시오.)

주요 행사에 참여하기

교사인 나는 일곱 명의 남학생으로 구성된 학급에서 사회적 기술을 가르치고 있다. 몇 주 동안, 지역사회 중심 교수를 위한 현장학습을 이끌기 위해 다가오는 주요 행사인 실내 엔터테인먼트 센터를 방문하고자 학생들을 준비시켜야 하는 상황이었다. 나는 내가 이 모든 수업들을 다 할 수 있다고, 그리고 어떠한 문제도 일어나지 않을 것이라고 믿었다.

주요 행사 참석을 위해 도착한 후, 현장 활동을 위한 결제를 하기 위해 학생들이 카운터로 걸어갔다. 모든 활동을 하기 위해 10달러면 가능하다고 의논했다. 볼링이 첫 번째 활동이었다. 한 사람씩 결제를 했고, 직원에게 자신의 신발 사이즈를 말했다. 그리고 볼링을 할 수 있는 구역으로 이동했다. 글쎄, 일곱 명 중 여섯 명이 돈을 지불하고 그들의 신발을 받아 갔다. 토머스가 큰 소리로 말했다. "나는 내가 어렵게 번 돈을 쓸데없는 일에 쓰고 싶지 않아요! 난 레이저 태그 (laser tag) 놀이를 하고 싶어요. 나 갈 거예요!"

이때 교사는 무엇을 해야 하는가? 물론 나는 말하기 시작했다. 레이저 태그 놀이도 하러 갈 건데 그 전에 먼저 볼링과 골프를 하고, 그러고 나서 갈 것이라고 토머스에게 설명하기 시작했다.

토머스는 내 말을 충분히 들었으나 문으로 향했다. 이 센터가 고속도로에 있다고 언급했던가?

> 나는 매우 걱정이 되었다. 그가 정말 떠났다면?
>
> 마침내 나는 말을 멈추고 종이와 펜을 들어야겠다고 생각했다. 이것은 내가 종이에 쓴 것이다.
>
> "10달러 = 볼링, 미니골프, 비디오 게임, 그리고 레이저 태그"
>
> "오." 토머스가 침착하게 말했다. 그는 줄을 다시 섰고 돈을 지불했으며 친구들과 함께 참여했다.
>
> 토머스는 혼란스러웠다. 그는 10달러로 실제 무엇을 할 수 있는지 이해하지 못했다. 시각적 자료를 사용함으로써 상황이 명확해진 것이다.

이 사례에서, 시각적 자료들은 토머스가 명확하게 그가 여러 번 들었던 것을 이해하도록 돕는다. 그가 들은 것을 이해하는, 즉 수용언어 기술을 지닌 지적인 젊은 남자임에도 불구하고 그는 말을 완전히 이해하고 처리하지 못하였다. 그는 점점 더 참을 수 없었을 것이고 결국 그 장소를 떠나면 위험했을 것이다. 그가 이해해야 하는 것을 볼 수 있음으로써, 그는 더 나은 정보 처리를 할 수 있었고 일어날 수 있는 위험을 피할 수 있었다. 시각적 자료를 사용하는 것은 강력한 전략이 아닌가? 우리는 답이 명백히 그렇다는 것을 믿고 있다.

시각적 전략을 사용하는 것은 시각적 자료를 다음과 같은 촉구에서 사용할 수 있기 때문에 학생들에게 유용하다.

- 의사소통을 지원하고 향상시키는 것
- 학생들이 이해하기 쉽고 접근하기 용이한 리마인더로 과제에 집중하게 돕는 것
- 중요한 정보를 명확하게 강조하는 것
- 일관성 있게 스태프를 돕는 것
- 학생의 독립성을 향상시키는 것
- 환경에서 시각적 조직회를 제공하는 것
- 활동에서 연속된 단계별 절차를 보여주는 것
- 기대하는 대체행동을 설명하는 것
- 활동이 얼마나 오랫동안 지속되어야 하는지에 대한 정보를 제공하는 것

- 학생들에게 작업 시 강화제를 기억하게 하는 것
- 과제를 완료하기 위해 단계별로 조직화하는 것
- 오늘의 활동 순서를 나타내는 것

시각적 전략 만들기

시각적 자료 만들기를 시작하기 전에, 스스로에게 물어보라. "왜 학생들이 과제를 하거나 누군가에게 요청받을 때 어려워할까?" 만약 학생들이 작업을 하는 것, 요청을 준수하거나 특정한 일상행동 수행 또는 새로운 기술을 학습하는 것에 고군분투한다면 우리는 무엇이 문제인지 더 이해할 수 있는 상황을 조사할 필요가 있다. 왜 그런지에 대한 고려 없이 시각적 지원을 그냥 배치한다면 효과적일 수 없다. 다음 질문들을 통해 시작하면 좋다.

- 한꺼번에 너무 많은 과제를 하도록 학생들에게 요구했는가?
- 학생이 다음에 할 일을 기억하고 있는가?
- 학생이 짜증을 내고, 얼마나 더 오랫동안 활동이나 수업을 지속해야 하는지 알고자 하는 듯이 보이는가?
- 학생이 가지길 원하는 것이거나 하고 싶은 것 이외의 다른 것이 있는가?
- 작업을 하는 데 있어 학생의 능력이 간섭될 만한 감각적인 문제가 있는가?
- 학생이 현재 수업 상황을 회피하는 것 같은가?
- 잘못된 행동이나 과제 미수행이 주의를 끌기 위한 수단으로 보이는가?

이러한 질문들의 답은 우리가 학생을 위한 적절한 시각적 중재를 개발하는 데 도움을 줄 것이다. 시각적 지원을 사용하는 것은 광범위하며 그 목적들은 겹칠 것임을 항상 기억하라. 예를 들어, 시각적 일정은 학생이 다가오는 것을 예측하는 데 도움을 주기도 하고, 현재 과제를 재지시하며, 시간의 흐름을 가르친다.

다음은 학생들이 어려움을 겪는 이유를 유용한 시각적 전략과 짝 짓는 예이다.

- 만약 학생들이 무엇을 해야 하는지 잊어버렸다면, 체크리스트와 같은 시각적 자료들은 무엇을 해야 하는지를 보여줄 것이다.
- 만약 학생들이 어떻게 해야 하는지를 잊어버렸다면, 시각적 자료들은 어떻게 과제를 해야 하는지 설명해야 할 것이다.
- 만약 학생들이 해야 하는 단계의 순서들에 대해 혼동하고 있다면, 시각적 자료들은 분명하게 각 단계를 표시해야 한다.
- 만약 학생들이 다음 활동이 무엇인지에 대해 불안해한다면, 시각적 일정표는 정보를 제공할 것이다.
- 만약 학생들이 얼마나 오랫동안 이 활동을 지속해야 하는지 알지 못해 걱정하는 것으로 보인다면, 시각적 타이머는 학생들에게 활동이 언제 끝나야 하는지 이해하도록 도울 수 있다.

시각적 지원을 위한 정보를 모으고 아이디어를 개발한 후에 우리는 가능한 한 필수적인 자료들을 확보할 필요가 있다. 보관된 자료들을 관리하는 것은 시각적 지원을 만들 때 꽤 유용하다. 예를 들면, 코팅지(방수되거나 오염이 방지되는 플라스틱 필름), 벨크로, 포스터와 같은 두꺼운 종이, 네임펜, 그리고 이용할 수 있는 인쇄된 아이콘들이다. 보드마커에 붙일 수 있는 아이콘들은 모든 학생에게 적절한 것이 아닐 수 있다는 점을 기억하라. 어떤 학생들의 시각적 지원은 연령에 적절한 사진이나 사물을 필요로 할 수 있다. 우리는 이용할 수 있는 디지털카메라나 프린터를 가지고 있어야 할지도 모른다. 학생 일정을 위해 사용되는 특정한 물건을 포함한 시각적 전략들을 만들 때, 사용되는 실물들은 깨지지 않는 것이어야 한다. 왜냐하면 쉽게 교체 가능한 것들은 학생들이 잃어버리기 때문이다. 그리고 때때로, 인덱스 카드와 같은 가장 단순한 자료들은 시각적 전략을 만드는 데 사용된다.

학생의 의사소통 수준 고려하기

학생의 개별 일정을 만들건 혹은 손 씻기와 같은 기술의 일련성을 위한 시각적 지원을 만들건 간에 학생의 의사소통 수준을 고려해야 하는 것은 필수적이다. 어떤 시각적 지원을 만들든 간에, 그 전에 다음 질문에 대한 대답은 피할 수 없다.

- 학생은 어떻게 의사소통하는가?
- 학생이 대표 아이콘을 이해하는가?
- 학생이 사진 보는 것을 즐기는가?
- 학생이 읽을 수 있는가?
- 학생이 어른의 요청에 따라 사물을 가지고 오는가?
- 학생이 자신이 원하는 것으로 보이는 사물을 가지기 위해 어른을 잡아끄는가?

우리는 제3장 '일정표'에서 학생의 의사소통 수준을 고려하는 것의 중요성을 논의했다. 학생의 의사소통 수준은 수용과 표현 둘 다 학생의 시각적 자료를 만드는 데 있어 똑같이 중요하다. 우리는 의미 있는 시각적 지원을 만들기 위해 의사소통 상징의 위계에 각 학생들의 수준이 어디에 놓이는지 알 필요가 있다.

그림 4.3 상징적 의사소통 형식

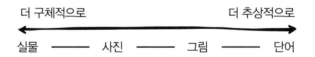

항상 인쇄된 글자를 사용하여 시각적 지원의 레이블을 붙인다. 많은 학생들이 읽지 못하는 것으로 보이지만, 실상 어떤 학생들은 우리가 알지 못하는 사이에 이해하며 읽는다. 또한 특정한 물건이나 사진 또는 그림으로 레이블을 만들 때, 스태프들은 특정한 물건을 부르는 정확한 단어와 그것이 의미하는 바를 안다.

학생들이 의사소통 요구에 따라 음료를 요청하는 시각적 지원을 어떻게 만드는지에 대한 예가 있다. 상징언어를 이해하는 초기에는 학생들에게 마시는 것에 대한 시각적 촉구로 "마시고 싶어요"라고 적힌 실제 사물(컵 또는 유리잔)을 사용할 수 있다. 다른 학생들에게는, 컵 또는 유리잔의 사진과 "마시고 싶어요"라는 단어를 사용할 수도 있다.

어쩌면 우리의 학생들은 그림이나 아이콘들의 선을 수용할 수 있어서 어떤 경우 심볼이 잘 이해될 수 있다. 어떤 학생들에게는, "마시고 싶어요"라는 단어를 읽는 것만으로 충분하다.

시각적 지원과 전략을 어떻게 사용하는가에 대해 밝힌 좋은 자료들을 몇 가지 소개하면, 이미 제3장 '일정표'에서 언급했던 McClannahan과 Krantz의 저서(2010) *Activity Schedules for Children With Autism: Teaching Independent Behavior*가 있다. 이 책에는 실용적이고 사용하기 쉽게 자료가 제시되어 있다.

그림 4.4 사진과 그림 예시

사물, 사진 또는 아이콘에 레이블을 붙이려면 단어(글자)가 항상 포함되어 있어야 한다.

시각적 전략 사용하기

시각적 전략이 사용되는 방식, 시각적 지원을 만들기 위해 사용된 자료들, 그리고 그것이 학생들에게 얼마나 도움이 되는지에 대해서는 논의가 끊이지 않는다. 다음 단락에서, 우리는 시각적 자료로 사용할 수 있는 여러 가지 방법들을 제공한다. 학생들의 요구를 바탕으로 우리의 상상력을 사용하여 만드는 시각적 지원은 특별하고 학생에게 맞춘 것들이 될 것이다.

상기(想起)하기

많은 학생들은 일과와 매일의 활동에 힘겨워하고 있다. 학생들이 매일의 일과들을 따라갈 수 없을 때, 교사와 부모들은 당황해하고 때때로 짜증을 낸다. 많은 교사들은 학생들에게 매일 아침 교실에 들어가거나 급식실에서 줄을 서는 것과 같은 일과를 따르는 것에 대해 가르치기 위해 시각적 리마인더들을 배치한다. 정보가 구체적이고 시각적인 방식으로 제공될 때 학생들은 무엇을 해야 하는지 상기할 수 있고, 과제에 집중할 수 있으며, 다음에 무엇을 해야 하는지 알 수 있다. 그래서 학생들이 다음 과제를 독립적으로 진행할 수 있다.

그림 4.5 학교에서의 아침 일과

Source : The Picture Communication Symbols ©1981~2012 by DynaVox Mayer-Johnson LLC. All Rights Reserved Worldwide. Used with permission.

시각적 리마인더들을 사용하는 것은 손을 씻거나, 화장실에 가거나, 옷을 입거나, 이 닦기와 같은 자조 활동을 하는 일과를 가르치는 데 있어서 중요한 부분이다. 거의 언제나, 시각적 전략을 사용하는 것은 이러한 기술의 습득을 향상시킨다. 또한 이러한 활동을 하는 동안 성인이 학생을 직접 감독할 필요가 없다. 시각적 자료들이 있는 곳에서 학생들은 더 독립적으로 이러한 활동들을 수행할 수 있다. 예를 들어 손을 씻기 위해 정확한 일련의 단계들을 끊임없이 상기할 필요가 있는 학생들에게 각 단계의 시각적 리마인더 사용은 성공을 이끈다.

그림 4.6 사물함에 레이블링하기

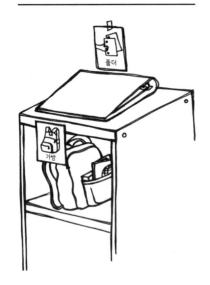

특정 물건이 놓이는 위치에 대한 시각적 단서는 학생들에게 더 높은 독립성을 길러준다. 그림 4.6에서 보듯이, 레이블링은 학생들이 가방과 준비물을 두는 장소를 상기하게 하는 효과적인 시각적 전략이다.

특정한 물건을 두어야 하는 시각적 리마인더로서 레이블링은 학교나 집에서 유용할 수 있다. 우리와 함께했던 한 어머니는 신발을 두는 바구니에 레이블링을 하는 것이 오랜 문제를 해결하는 간단하고 효과적인 해결 방법임을 알게 되었다.

신발을 두어야 하는 장소는 어디인가?

우리가 만난 한 어머니는 그의 아들 제이슨이 학교에서 집으로 돌아와 자신의 신발을 즉시 벗어 마루 중앙에 두는 문제에 대해 이야기했다. 어머니는 그에게 거실 마루 중앙에 신발을 두지 말라고 반복해서 말했다. 우리는 어머니에게 매우 중요한 질문을 했다. "제이슨이 신발을 어디에 두길 바라세요?" 어머니는 대답했다. "문 앞에 있는 바구니에요." 우리는 바구니 앞쪽에 붙일 시각적 자료를 만들었다. 그 어머니를 다시 만난 날, 우리는 제이슨이 어머니의 지시 없이 바구니에 신발을 넣었는지를 물었다. 어머니는 "정확하게 넣었어요."라고 대답했다. 어머니는 바구니와 레이블을 가리키며 제이슨에게 신발을 놓는 위치를 말로 상기시키는 데 며칠밖에 걸리지 않았다고 말했다.

우리는 시각적 타이머를 사용하는 것이 학생들에게 얼마나 오랫동안 이 활동을 지속해야 하는지, 이 과제를 완수하는 데 얼마나 시간이 걸리는지를 상기시키는 데 중요한 도구라는 것도 알게 됐다. 또한, 스태프나 학생들에게 하루 일정에서 다음번 일과를 시작해야 할 때 그것을 상기시키는 데에도 시각적 타이머가 도움이 된다.

일정표

이 책의 제3장에서 이미 언급했듯이, 학생 개인의 일정표를 사용하는 것은 중요한 시각적 지원이다. 일정표가 시각적 지원으로서 사용되는 데는 다양한 방법이 있다. 하나의 방법은 각 학생마다 사용할 수 있는 일정표를 만드는 것이다. 다른 형태는 특정 목표의 기간 또는 활동 안에서 완수해야 하는 일을 목록화하는 것이다. 이것을 일정 안의 일정(schedule within a schedule)이라고 부른다. 하나의 목표나 하나의 활동 시간 안에 무슨 활동이 일어나는지를 시각화해서 보여준다.

수학 수업에서의 일정 안의 일정에 대한 예를 살펴보자. 다음과 같은 목록이 학생에게 보일 수 있다.

수학

1. 추가된 플래시 카드들

2. 두 자릿수 덧셈에 대한 수업

3. 그룹으로 하는 칠판 작업

4. 앉아서 개별로 하는 작업

달력 시간(calendar time)을 배우는 일정 안의 일정을 표시하는 것은 그림 수준에 있는 학생들에게 다음과 같이 보일 수 있다.

그림 4.7 일정 안의 일정

Source : The Picture Communication Symbols ⓒ1981-2012 by DynaVox Mayer-Johnson LLC. All Rights Reserved Worldwide. Used with permission.

'먼저-다음에'라는 순차 일정 구조는 일정 안의 일정으로도 사용될 수 있다. 지금 무엇을 해야 하고 다음에 무엇을 해야 하는지 명확하게 이해할 수 있도록 해준다. 어떤 학생들에게는 시각적 지원을 위한 이러한 형태가 수업 중에 필요한 모든 정보에 대해 주의력과 행동을 유지하게 한다. 다른 학생들에게는 단순하게 현재의 과제나 주제에 대해, 그리고 다음에 할 것에 대해 시각적으로 상기시킬 수 있다.

그림 4.8 먼저-다음에

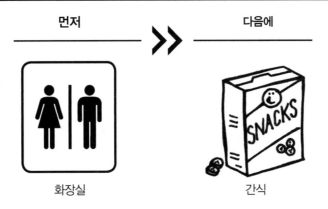

시각적 전략은 간단하게 작성된 목록이든 아이콘이나 단어이든 간에 학생이 일정표를 만들 때 사용된다. 시각적 일정표의 사용은 반복된 일과에서 변화된 부분을 보여주는 데 사용되는 도구일 뿐 아니라 다음에 무슨 일이 일어날지 예측하는 방법을 지도하는 데 있어 중요한 부분이다.

> 스스로에게 물어보라. "어떻게 하면 내가 말하는 것을 학생들이 볼 수 있는 것으로 만들 수 있을까?"

달력

달력은 시각적 지원의 또 다른 형태이다. 달력은 학생들이 다가올 중요한 이벤트나 특별한 기념회, 기한이 있는 과제들에 대해 알아야 할 것과 기억해야 할 것들을 돕는다. 달력은 경과된 시간을 가르치기 위해 사용될 수도 있고 학생들에게 계획표처럼 사용될 수도 있다. 시각적 지원은 다음의 경험적 예와 같이 매우 유용하다.

제이와 바이올린

달력을 시각적 도구로 사용하는 것은 내가 제이와 함께 일할 때 배운 교훈이다. 학기 마지막 몇 주에 제이는 다음 학년인 6학년 선택과목으로 오케스트라를 선택했다. 제이는 바이올린을 연주하길 원했고 고대했다. 중학교에서 온 밴드 선생님은 8월에 학기가 재개될 때 제이가 바이올린을 연주할 수 있다고 했다. 밴드 선생님이 떠난 후 바로 제이는 레슨이 언제 시작되는지 알기를

(계속)

원했다. 그리고 레슨이 시작되기 전에 세 달간 기다리는 것에 대해 이해하기 어려워했다. 그는 화를 내며 고집을 부렸다. 그 이유는 그가 바이올린을 연주한다고 결정했고 그럼 즉시 시작해야 한다는 것이었다. 제이가 항상 그랬던 것처럼 그의 화가 폭발할 것임을 나는 매우 분명히 느꼈다. 나는 재빨리 열두 달이 적힌 달력을 찾았다. 그리고 제이에게 5월을 보여주었다. 그리고 학기가 8월에 시작될 때까지의 달을 셌다. 우리는 학기가 시작하는 날짜에 원을 그렸다. 내가 8월까지 기다려야 할 필요가 있다는 것을 시각적 지원인 달력을 통해 설명하기 시작했고, 제이는 진정하기 시작했다. 그는 그제야 상황을 이해했고 바이올린 레슨을 시작할 수 있다는 것도 확신했다.

달력은 경과된 시간을 가르치거나 중요한 이벤트를 추적하는 데 유용하며, 학생들에게 다음에 무슨 일이 벌어지는지 예측하게 하는 데 도움을 준다.

행동 단서

조용한 손

사라는 평소 잘 웃고 항상 단정하게 차려입는 어린 여자아이다. 사라는 기꺼이 과제를 할 테이블로 온다. 의자에 잘 앉아있는다. 사라는 거의 말을 하지 않는 일반적으로 매우 조용한 아이다. 그러나 사라는 세상에서 제일 바쁘고 빠른 손을 가지고 있다!

수업이 무엇인지, 누가 가르치고 있는지는 상관없다. 사라는 주변에 있는 어떤 물건이든 손에 쥐고 있다. 선생님의 책일 수도 있고, 학생들의 학습지일 수도 있으며, 수업에 사용되는 조작물일 수도 있다. 사라는 또한 옆에 앉은 다른 학생들을 만지기도 한다.

내 교실에서 흔히 들을 수 있는 후렴구는 "사라야, 손 내려." 또는 "사라야, 만지지 마."이다. 사건들은 감소하지 않았다. 마침내 우리는 시각적 전략을 사용하기로 아이디어를 냈다. 즉 다음과 같은 것들이다.

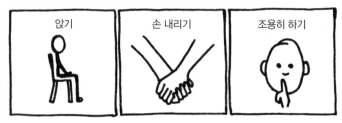

| 앉기 | 손 내리기 | 조용히 하기 |

Source : The Picture Communication Symbols ©1981–2012 by DynaVox Mayer-Johnson LLC. All Rights Reserved Worldwide. Used with permission.

사라는 테이블에 오고 앉는 것과 조용히 하는 것에는 어려움이 없음에도 불구하고 나는 사라가 잘하는 행동들 사이에 염려하는 행동을 붙여놓았다. 행동의 시작과 끝에 성공할 수 있는 행동들을 놓아서 행동의 연쇄를 만들고자 했다.

초기에는, 내 수업 시간에 모든 스태프들이 시각적인 지원을 빈번하게 사용했다. 우리는 각각의 아이콘을 지적했고 사라는 각각의 행동을 보였다. 시각적인 지원은 테이블에서 활동하는 모든 날과 모든 시간에 사라 앞에 있지는 않았다. 오히려 사라가 테이블로 올 때 사용했고, 활동하는 동안 필요할 때마다 사용했다. 우리는 몇 개의 복사본을 만들었고, 쉽게 접근하고 사용할 수 있도록 교실 주변에 배치했다.

이 시각적 지원은 사라에게 그다음 해에도 매우 도움이 되었고 의미가 있었으며, 새로운 학교의 새로운 선생님도 행동을 시각화한 스트립(visual strip of behaviors)을 즉시 성공적으로 사용할 수 있었다.

학생들에게 '행동을 중지'하고 행동을 증진하고자 반복해서 말하는 것은 행동을 변화하는 데 도움이 되지 않는다. 모든 학생이 쉽게 이해할 수 있는 방식으로 교실 규칙을 게시하는 것이 더 중요하다. 이것이 긍정적 행동지원을 위한 시각적 단서이다. 특수학급에 있는 많은 학생들은 규칙의 목록들을 아이콘화하거나 사진으로 만들면 더 쉽고 명확하게 그 의미를 이해할 수 있다.

시각적 전략과 지원을 통합하는 것은 학생들의 성취와 적절한 행동을 유지하는 데 큰 도움을 줄 수 있다. Linda Hodgdon(1999)의 *Solving Behavior Problems in Autism*이라는 저서에서는 이러한 전략들이 단지 자폐 스펙트럼 장애 학생뿐 아니라 많은 학생들에게 응용될 수 있다는 것을 지적한다.

우리가 추천한 다른 저서인 Kari Dunn Buron과 Mitzi Curtis(2003)의 *The Incredible 5-Point Scale*에서도 어떻게 시각적인 도구로 기대행동을 지원하는가에 대해 다루고 있

그림 4.9 교실 규칙들

Source : The Picture Communication Symbols ©1981-2012 by DynaVox Mayer-Johnson LLC, All Rights Reserved Worldwide. Used with permission.

다. 5점 척도는 여러 상황에서 응용될 수 있다. 5점 척도의 형태는 우리가 학생들에게 작은 소리는 낮은 점수로, 큰 소리는 높은 숫자인 5점으로 점수 매겨지는 방식을 시각적으로 제시함으로써 학생들에게 우리가 의미하는 것을 더 잘 이해하도록 도울 수 있다.

반면, 일정 안의 일정처럼 자주 사용되는 먼저-다음의 순차 일정 형태는 어떤 학생들에게 그들의 행동이 개선되는 데 더 많이 사용된다. 학생들이 지금 바로 해야 할 것들과 그다음에 해야 할 것들을 시각적 형태로 알게 두는 것은 학생의 행동 개선에 훌륭한 전략이다. 특히 만약 학생들이 다음 활동으로 그들이 원하는 것을 한다면 말이다.

시각적 단서를 사용하는 것에 대해 이야기하는 다음 내용은 시각적 지원을 사용하는 힘에 대한 좋은 예시이다.

포커칩*의 좋은 사용

나는 트로이를 유치원에서 만났다. 트로이는 언어를 거의 사용하지 않았고, 사회적 기술도 형편없었으며, 부적절한 행동을 보이는 아이였다. 그러나 학업적 기술은 그의 강점이었고 그는 수업에서 배우기를 좋아했다. 트로이에게 행동계획이 필요하다는 것은 의심할 여지가 없었다. 트로이를 위해 고안된 계획은 매우 간단했다. 세 개의 포커칩 ─ 빨간색 칩, 하얀색 칩, 그리고 파란색 칩 ─을 사용하는 것이다. 이 칩들은 트로이가 참여하는 모든 수업에 사용되었다. 각 교사들은 그것들을 어떻게 사용할 것인지에 대해 배웠다. 트로이의 강화제로 이 칩들이 수업에서 사용되었다. 하나의 칩이 회수되면 트로이에게 올바른 행동을 하라고 경고가 주어졌다. 트로이가 행동을 적절하게 하면, 교사는 칩을 칠판에 순서대로 다시 되돌려주었다. 두 번째 칩이 칠판에서 회수될 때는 또 다른 행동에 대한 경고가 있었다. 세 번째 칩이 회수될 때 트로이는 타임아웃을 받았다. 타임아웃은 그가 2분 동안 수업 활동에 참여할 수 없다는 의미이다. 칩이 회수되거나 되돌아갈 때마다 교사는 아무 말도 하지 않았다. 언어적인 경고도 수업도 또는 부탁도 없었다. 그 자체로 시스템은 트로이에게 말하고 있는 것이다. 트로이의 행동이 즉시 개선되기 시작했다.

하루는 트로이의 어머니로부터 학교에서 세 개의 포커칩이 어떻게 진행되는지 정확하게 설명해 달라는 요청의 전화를 받았다. 그녀는 트로이가 부모가 즐기는 카드나 포커칩을 보관하는 캐비닛으로 가려고 한다고 말했다. 그는 부모님의 포커칩세트에서 빨간색, 하얀색, 파란색 포커칩을 가지고 가족이 사용하는 커피테이블에 순서대로 정렬했다.

트로이가 부모에게 말하려던 것은 무엇일까? 그는 언어적 능력을 가지고 있지 않았지만, 이렇게 말하려고 했을 것이다. "엄마, 아빠, 아시겠지만 이건 제가 학교에서 사용하고 있는 행동 시스템이에요. 나한텐 정말 효과가 있어요. 구조적이고 내가 필요한 것을 예측할 수 있거든요. 내 행동을 개선할 수 있게 도와주고 있어요. 집에서도 해요."

나는 트로이의 부모님에게 학교에서 이 시스템이 어떻게 사용되고 있는지 설명했다. 시각적 전략을 사용하는 것은 트로이의 행동을 개선하고 변화하는 것을 분명히 돕는다.

* 포커칩 : 포커게임에서 현금 대신 사용되는 모조화폐

의사소통 지원

당신이 가르치는 많은 학생들에게 의사소통 능력의 향상은 최우선 순위다. 시각적 전략들을 사용하는 것은 종종 학생들의 의사소통을 개선시키는 주요한 열쇠가 된다. 비언어적 또는 구어를 사용하기 시작하는 학생들에게 시각적 지원은 의무이다. 제8장 '의사소통체계와 전략'에서 온종일 의사소통을 표현하는 것의 중요성에 대해 세부적인 정보를 얻을 수 있다.

학생들은 때때로 "휴식이 필요해요."라거나 "화장실에 가고 싶어요."와 같은 요청을 하기 위한 시각적 지원을 필요로 한다. 다음 예의 아이콘들은 학생들이 선택하는 것을 돕기 위해 쓰여진 글자들과 결합된다. 이 방식은 의사소통 지원과 시각적 전략 둘 다를 사용한 것이다.

그림 4.10 의사소통판

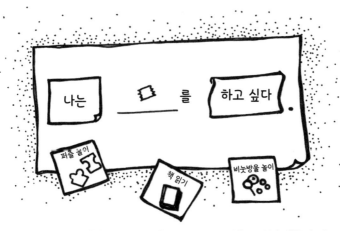

Source : The Picture Communication Symbols ©1981-2012 by DynaVox Mayer-Johnson LLC. All Rights Reserved Worldwide. Used with permission.

시각적 지원, 학생의 개별 일정표 그리고 학생의 의사소통을 증진시키기 위한 주제들은 모두 연결되어 있다. 이 장의 초반부에서 우리가 토론했던 것처럼 의사소통에는 위계—실물, 사진, 아이콘, 그리고 단어—가 있다. 학생들을 위한 의사소통체계를 만들 때, 우리는 시각적 지원을 사용한다. 학생의 일정표를 만들 때 우리는 시각적 지원뿐 아니라 의사소통 도구도 함께 사용한다.

요약

시각적 지원 방식들은 제한이 없다. 시각적 지원을 사용하는 것은 교사들의 필요에 따라 발생하며, 대개 새로운 기술을 배우거나 그들의 행동을 개선하는 것을 돕기 위한 것이다. 시각적 지원을 최후의 조치로 사용하는 대신에 각 수업에서 중요한 부분으로서 시각적 지원이 사용되어야 한다고 믿는다. 다음을 잘 기억하라.

- 시각적 전략을 만들기 전에 필요한 정보를 수집하기
- 시각적 전략을 만드는 데는 시간이 필요할 수 있다는 것을 알기
- 효과를 평가하기 전에 시각적 지원을 시도하는 데 다양한 기회를 허락하기

실생활 응용

수업에 시각적 전략을 어떻게 배치할 것인가에 대해서는 논의가 끊이지 않는다. 시각적 전략은 때때로 한 학생에게만 해당되며 그 학생이 교실을 떠난 후에는 다시 사용되지 않는다. 또 다른 경우, 시각적 지원과 전략이 많은 학생들에게 도움이 되었기 때문에 매년 수업에 사용될 수 있다. 다음의 사례는 어떻게 시각적 지원이 특정 학생들에게 사용될 수 있는가에 대한 것이다.

호세

제3장의 실생활 응용에서, 매일 시각적 일정표를 호세에게 사용하는 것은 호세에게 다음에 어떤 일정이 올지 가르치는 데 있어서 도움을 주었다. 부모-교사 회의 동안 호세의 부모는 교회에 그를 데려갈 때 어려움이 있다는 점을 말했다. 교사도 학교 조회나 대단위 수업을 할 때 호세를 참여시키는 데 같은 문제가 있다고 했다. 호세는 발표자를 바라보고 손을 가만히 두는 것을 어려워했다. 시각적 전략의 어떤 형태가 호세로 하여금 그러한 상황에서 하나 이상의 적절한 행동들을 보이게 할 수 있을까?

함께 고민한 결과, 호세의 교사와 어머니는 호세가 대단위 발표 모임에서 쓸 수 있도록 간단한 시각적 리마인더를 만들었다. 가로 2인치(약 5센티미터)와 세로 3인치(약 7.6센티미터)의 사이즈로 호세와 동반한 성인에 의해 조심스럽게 운반될 수 있도록 하였다. 그리고 발표자를 바라보고, 스퀴즈볼을 사용하는 것을 호세가 기억하도록 하는 아이콘을 만들었다. 행동을 기억하기 위한 시각적 전략의 사용은 참가자들이 조용히 해야 하는 환경에서 어른들이 호세에게 소리 내어 말할 필요를 없애준다.

킴벌리

제1장 '학급의 물리적 배치'의 실생활 응용에서 킴벌리를 소개했다. 킴벌리는 자폐를 지닌 학생으로 주로 일반학급의 또래들과 함께 지냈다. 그러나 수업이 시작될 때나 하교 시간에 그녀는 정해진 수업 일과를 따르는 데 어려움을 겪는다는 점이 쉽게 발견된다. 이때 킴벌리는 진짜 다음에 무엇을 해야 하는지 길을 잃어버린 것 같다.

킴벌리는 숙제를 제출해야 하는 위치나 하루 일과가 끝날 때 배낭에 물건을 넣는 순서에 대한 교사의 질문에 대답할 수 있다. 교사는 킴벌리가 이러한 작업 시 더 독립적으로 할 수 있도록 하기 위해 시각적 지원을 결정했다. 킴벌리가 당신이 만났던 과거의 학생이나 현재 교실에서 만나고 있는 학생을 상기시키는가?

킴벌리의 아침 과제를 돕기 위해 그녀의 교사는 아침 루틴을 위한 여러 단계들을 체크리스트로 만들었다. 킴벌리가 작업을 완료했을 때, 그녀는 교사에게 완성된 목록을 제출하고 교사는 킴벌리에게 아침 과제물을 건네주었다. 킴벌리는 더 독립적으로 지내게 되었고 제시간에 아침 과제를 시작할 수 있었다.

212호실의 스태프

212호실의 스태프가 학급에 배정되었을 때, 그들은 몇몇 특정 학생들의 요구 사항과 그들이 해결하고자 하는 문제에 대해 언급했다. 그들은 단순히 가구를 옮기는 것과 영역을 더 명확히 하는 것으로는 충분하지 않다는 것을 결정했다. 그들은 특히 여러 상황들을 해결하길 원했다. 한 학생은 책상에 앉아있는 것을 매우 어려워했다. 다른 학생들은 아침 동안 컴퓨터를 할 수 없다는 것을 이해해야만 했다. 남은 학생들은 과제 제출을 위한 확립된 장소를 필요로 했다.

이러한 사안을 해결하기 위해 시각적 지원에 대해 생각해 본 적이 있는가? 여기 그들이 212호실에서 한 것을 보자.

- 한 명의 학생을 위한 특정 작업 공간을 지시하기 위해 바닥에 빨간색 테이프를 붙였다. 그의 책상 주변의 큰 네모난 영역을 테이핑하여, 그가 책상에서 작업하는 시간 동안 있어야 하는 지정된 자리를 명확히 했다.
- 학급에서는 그들이 컴퓨터를 사용하지 않을 때, 간단히 '사용불가'라는 사인을 모니터 위에 붙여두었다. 이러한 간단하고 비싸지 않은 시각적 전략은 모든 학생이 컴퓨터를 지금은 사용하지 않는다는 것을 명확히 이해하게 하였다.
- 212호실의 스태프는 중고 가게에서 요일이 레이블링된 옷정리함을 구입했다. 그녀는 요일 레이블을 제거하고 대신 과목명을 붙였다. 이것은 학생들이 각 과제물을 제출해야 할 곳이 어디인지 명확히 이해하게 하였다.

● ● ●

제4장

학급에서 활용 가능한 시각적 전략에 대한 아이디어

행동 전략

5

목표 : 모든 학생에게 긍정적 행동지원 사용의 중요성을 강조한다.

생각의 함정

"왜 그 학생은 저걸 계속하지 못하지?"
"그 학생에게 무엇이 잘못되었는지 난 전혀 모르겠어."
"그의 행동을 보아 하니 내 수업에서 쫓겨나고 싶은가 보군."

교사들은 자주 이러한 질문들을 하고 다른 교사로부터 자주 이러한 이야기들을 듣는다. 교사들은 행동 문제가 귀중한 수업 시간을 빼앗을 수 있다는 것을 알고, 학생들이 더 나아지지 않거나 계획 없이 움직일 수 있다는 것도 안다. 문제행동을 보이는 학생들에게 매일 지속적으로 사용되고 개발되는 특별한 전략들은 학생행동을 변화시키는 데 효과적이다.

이론적 해석

여러 번, 한 학생이 교사와 다른 학생들의 삶을 방해하는 문제로 학급에 대한 상담을 요청받는다. 스태프들은 자주 한 학생이 학급에서 모든 문제를 야기하는 것으로 느끼지만, 반면에 우리는 그러한 경우를 거의 발견하지 못한다. 우리가 보통 발견하는 것은 잘못된 행동이 야기되는 학급 환경 구성에 대한 것이다. 10가지 핵심 전략이 잘 이행될 때, 우리는 문제행동이 줄어드는 것을 보았다. 학급의 배치, 우리가 얼마나 잘 조직화하였는가, 심지어 다음 활동을 위한 준비물을 찾을 때 소요되는 시간이 얼마나되는가에 대한 것들은 모두 학급 학생들의 행동에 효과가 있다. 그래서 자주 한 명의 학생이 고쳐야 하는 문제가 명확함에도 불구하고, 일반적인 진실은 모든 학생을 위한 학습 환경을 향상시키기 위해 조정되거나 수정될 필요가 있는 몇 개의 학급 퍼즐 조각인 것이다.

틀림없이, 다른 학생들보다 더 가르치기 힘든 학생이 한 명 있을 수 있다. 그러나 10가지 핵심 전략 중 어느 것도 단독으로 존재하지 않는 것처럼, 부적절한 행동도 단독 문제가 아니다. 모든 전략이 잘 실행될 때, 행동의 염려는 감소되고 학생행동은 증진된다.

행동중재의 필요성 결정하기

교사들은 때때로 궁금해한다. "학생에게 행동중재가 필요한지를 내가 어떻게 알지?" 이 문제에 대답하는 하나의 방법은 특수교육에 관한 법률을 참조하는 것이다. 미국 장애인교육증진법(Individuals with Disabilities Education Improvement Act, IDEIA)은 "자신이나 타인의 학습을 방해하는 아동"의 행동 문제를 해결하기 위해 긍정적 행동중재를 고려해야 한다고 명시한다(U.S. Department of Education, 2004a, Section 300.324[a][2][i]).

행동은 공식적 그리고 비공식적으로 해결될 수 있다. 일정 기간 문제행동을 해결하기 위해 중재계획을 세우고, 계획을 실행하는 학생의 교사에 의해 비공식적으로 해결될 수도 있다. 만약 교사의 계획하에 전략을 실행한 후에도 행동적 문제가 계속되면, 다음 단계는 개별화 교육 프로그램에 참여하는 것이다. IEP팀은 행동에 대한 정보를 모으고 실행하며, 무엇이 부적절한 행동을 유지하게 하는지, 그리고 어떤 중재가 이 부적절한 행동을 교정할 가능성이 있는지 공식적인 기능행동분석(Functional Behavioral Assessment, FBA)을 추천할 수도 있다. 행동중재계획(Behavioral Intervention Plan, BIP)은 일반적으로 부적절한 행동이 무엇인지 표적화하고, 행동을 변화시키기 위해 어떤 전략들을 쓸 것인가, 그리고 모니터링 및 보고는 어떻게 진행하는가에 대한 세부 사항으로 개발된다.

그림 5.1 FBA와 BIP

FBA 기능행동분석	BIP 행동중재계획
학생들의 부적절한 행동에 대해 알고 있는가?	변화를 바라는 특정 행동은 무엇인가?
왜 이러한 행동이 시간이 지남에 따라 발생하는가?	행동 변화를 위해 사용될 특정 기법과 전략들은 무엇인가?
이 행동이 어떻게 변화되고 있는가?	중재계획의 효과를 어떻게 모니터링하는가?

많은 교사들은 다른 사람을 때리거나, 교실을 이탈하거나, 저주를 퍼붓거나, 그렇지 않으면 학습을 방해하는 등 학급 환경을 방해하는 것과 같은 행동들을 손쉽게 식별한다. 또한, 관계나 취업에 있어 필요한 기본적인 기술 또는 학업적 기술을 미묘하게 방해하는 행동도 종종 있다. 예를 들어 한 학생이 도움을 거의 요청하지 않지만 계속해서 학습 과제를 잘하지 못하면, 학생은 도움을 요청하지 않아서 학업이 방해되는 것이다. 또는, 만약 한 학생이 그들의 생각을 본인이 속한 그룹에서 꼭 해야 하는 하나로 느끼기 때문에 다른 사람과의 활동에서 어려움을 가지고 있다면, 이러한 행동은 진행을 방해하기도 한다. 따라서 학생들의 학업에 방해되는 모든 행동들을 고려하길 바란다.

기능행동분석 실행하기

기능행동분석(FBA)은 특정 행동의 기능을 결정하는 것을 돕기 위해 일련의 단계로 개발된 것이다. 기능은 간단히 행동을 위한 목적이나 이유를 말하는 다른 방식이다. FBA는 형식적 사정으로 실행될 수 있고, IEP팀 회의 동안 사용되어 작성될 수 있으며, 또한 적절한 행동중재를 개발하여 사용하는 교사에 의해 비공식적인 절차로도 실행될 수 있다. 어느 쪽이든, 행동의 기능을 규명하는 것은 정확한 과학은 아니다. 행동과 그 행동이 발생하는 환경에 대해 정보를 모으는 것을 토대로 교육적인 추정을 하는 것이다.

행동중재를 개발할 때, 우리는 행동을 주의 깊게 연구할 필요가 있다. 여기 기능행동분석을 실행하기 위한 세 단계가 있다.

1. 행동 정의하기
2. 행동에 대한 정보 모으기
3. 행동 기능에 대한 가설 세우기

행동 정의하기

교사에 의해 특정 학생이 보이는 문제행동에 대해 상담을 요청받을 때, 가장 첫 번째로 교사에게 물어야 하는 것은 이것이다. "학생의 행동은 어떻게 보입니까?" 우리는 다음과 같은 답변을 자주 듣는다.

이러한 대답은 우리를 올바른 방향으로 안내하지만, 대개 너무 많은 정보를 주고 무엇이 문제인지 명시적으로 식별하는 데 도움을 주지 못한다. 왜? 어떤 행동이 다루어지고 있는지에 대해 모든 스태프가 동의를 하고 행동에 대한 데이터를 얻으려면, 특정 행동이 명확하고 관찰 가능하며 측정 가능한 용어로 명시되어야 하기 때문이다.

학생의 행동이 기술될 때, 다른 사람들이 마음속에 실제로 그 행동을 볼 수 있게 단어를 사용할 필요가 있다. 행동을 명확하게 기술해 누구든지 행동을 인지할 수 있도록 한다. 여기 모든 스태프가 행동을 인지할 수 있는 방법으로 분명하고 간결하게 명시된 설명의 예가 있다.

행동에 대한 정보 모으기

행동은 진공 상태에서 일어나지 않는다. 행동을 이해하고 중재계획을 개발하기 위해 고려될 필요가 있는 많은 요소들이 있다. 행동을 보이는 학생들, 행동 주변 상황, 그리고 행동이 발생하는 환경에 대해 배울 필요가 있다(Kling, 2013b). 학생행동에 대해 정보를 모으려면 다음을 해야 한다.

1. 기록 검토하기
2. 인터뷰 실행하기
3. 기초선 자료 수집하기
4. 행동 패턴 찾기

기록 검토하기

특수교육 대상 학생들은 학생에 대한 풍부한 정보가 포함된 적격성 폴더(평가서, IEP 팀 회의록, 가정과 가족에 대한 정보)를 가진다. 게다가 각 학생들은 교육력에 대한 서류철을 가지고 있다. 이러한 정보는 매우 중요하다. 학생의 행동을 변화시키기 위해 계획을 세울 때 먼저 해야 할 일 중 하나는 과거에 어떤 일이 있었는지, 가족력과 교육력에서 적절함은 무엇인지, 그리고 지난 사정에서 학생에 대해 알게 된 것은 무엇인지에 대해 결정하기 위한 기록들을 읽는 것이다. 학생의 기록을 읽는 데는 다음과 같은 이로움이 있다.

- 학생들의 고군분투를 통찰할 수 있다.
- 학생의 강점에 대한 정보를 제공받는다.
- 과거에 무엇이 효과적이고 무엇이 효과적이지 않았는지에 대해 보여줌으로써 귀중한 시간을 아낄 수 있다.
- 학생에게 효과적인 계획을 세우는 데 효율성을 증진시킨다.

인터뷰 실행하기

행동에 대한 정보를 모을 때 자주 최상의 자원 중 하나를 무시하는데, 바로 학생이다. 일부 학생은 특정 행동을 수행하는 이유에 대해 어느 정도 알고 있다. 그들의 관점을 아는 것은 행동계획 개발 시 전략을 수립하는 데 매우 도움이 될 수 있다.

학생의 부모, 학생을 담당하는 스태프와 인터뷰를 실행하는 것은 정보를 모으는 또 하나의 훌륭한 방법이다. 구조화된 인터뷰는 질문이 사전에 개발되어 있고 가족이나 교사로부터 통찰을 얻기 위해 사용될 수 있다. 구조적 인터뷰의 2가지 예로 Robert O'Neill과 그의 동료들(1997)이 개발한 행동분석인터뷰(Functional Analysis Interview)와 March, Horner, Lewis-Palmer, Brown과 그 동료들(Office of Special Education Programs National Technical Assistance Center on Positive Behavioral Interventions and Supports, 2013)이 개발한 교사와 스태프를 위한 기능적 사정 체크리스트(FACTS)가 있다.

부모와 여러 스태프들의 인터뷰는 매우 다른 두 환경에서 학생의 행동에 대한 정보를 수집할 수 있다. 이러한 다양한 자료들을 통해 정보를 비교하는 것은 중재를 가능하게 할 뿐 아니라 행동에 대해 가능한 도화선을 결정하는 데 도움을 줄 수 있다.

반면 직접적인 인터뷰 도구는 아니지만, V. Mark Durand와 Daniel B. Crimmins (1992)에 의해 개발된 동기사정척도(Motivation Assessment Scale, MAS)를 사용할 수 있는데, 이는 교사와 부모로부터 정보를 모으는 데 상당히 도움이 된다. 이 평정척도는 부모와 교사에게, 특정하게 진술된 상황에서 특정 행동이 발생할 가능성이 얼마나 되는지에 대해 점수를 매기도록 되어있다. 이러한 척도를 사용하는 방법에 대해 검토해 보는 것이 좋다. 학생이 행동을 하도록 동기를 부여하는 것이 무엇인지 결정하는 것은 우리들에게 도움이 될 것이다.

기초선 자료 수집하기

효과적인 중재를 계획하기 전에, 특정 행동에 대한 기초선을 수집할 필요가 있다. 기초선 자료는 중재를 시작하기 전에 지금 행동이 어떤지에 대한 정보를 담고 있다. 보유한 정보는 목표와 목적에 대한 숙달기준과 목표에 도달하는 데 요구되는 측정 절차를 설정할 때 필요하다.

기초선 자료는 다음 문제에 대한 답을 줄 수 있다.

- 행동이 언제 일어나는가?
- 행동이 어디서 일어나는가?
- 행동이 얼마나 자주 일어나는가?
- 행동이 얼마나 오랫동안 지속되는가?
- 행동이 일어날 때 학생과 무엇을 하고 있었는가?
- 행동이 어떤 상태에서 일어나는가?

이러한 문제에 대한 대답이 행동의 현재 상태에 대한 정확한 정보를 줄 수 있다. 이제 이후의 데이터 포인트와 정보를 비교할 시작점을 갖게 되었다. 만약 특정 행동과 중재계획의 효과에 변화가 있는 경우, 그 시작점은 더 나은 결정을 할 수 있게 해준다. 기초선 자료와 정보는 학업성취와 기능 수행(Present Level of Academic Achievement and Functional Performance, PLAAFP)의 현 수준을 개발하기 위해 추후 사용될 수도 있다. PLAAFP는 IEP 문서와 학생의 현재 기능 수행에 필요한 정보이기도 하다. 기초선 자료의 질문에 대답함으로써 구체적인 정보를 얻는 것은 학생에게 의미 있고 도달할 수 있는 연간 목표와 목적을 세우는 데 도움을 줄 수 있다. 이제 기초선을 어떻게 사용하는지에 대해 알았다면 어떻게 자료를 수집하는지에 대해 궁금해졌을지 모른다. 이러한 성격의 자료는 일반적으로 학생을 직접 관찰하여 수집된다. 측정하는 행동은 자료 수집 방법과 어떤 자료를 수집할지 부분적으로 결정할 수 있다.

짧은 기간이지만 자주 발생하는 행동의 경우, 발생 빈도는 대개 추적해야 할 가장 중요한 자료이다. 빈도 자료는 행동이 일어날 때 행동 발생 도표에 눈금 표시를 함으로써 간단히 수집될 수 있다. 도표 형식은 언제 행동이 발생했는지, 어디서 발생했는지를 보여줄 수 있다.

그림 5.2 빈도 기록

학생 : 앤드루

날짜 : 9월 14~18일

기록된 행동 : 허락 없이 말하기

빈도 기록
지정된 시간 내에 행동이나 기술이 발생한 횟수

시간	월요일	화요일	수요일	목요일	금요일
오전 8:00	╫	|||				
오전 8:15	|||	||	|||	||||	||
오전 8:30	|||	╫		||	||	||

Source : Kling (2013b). Used with permission.

우리의 동료이자 행동전문가인 Nancy Kling(2013a, 2013b)은 종종 자료를 수집하고 가르치는 것을 동시에 하는 교사에게 빠르고 쉬운 방법을 제안한다. 그녀는 교사에게 팔뚝에 마스킹테이프를 붙이고 모든 행동 발생에 눈금 표시를 해보길 요청한다.
그런 다음 테이프는 종이에 다시 붙일 수 있다. 테이프 옆에 학생의 이름, 날짜, 그리
고 관찰 시간을 기록하라. 이것은 자료를 수집할 수 있는 간단한 방법이다. 자료 수집
은 단지 이것만으로도 충분하다!

만약 행동이 자주 발생하지는 않지만 이를 해결하기 위해 가르치는 것을 멈추어야
하는 경우, 빈도 자료는 일반적으로 충분한 정보를 제공하지 않는다. 대신에, 짜증과
같은 행동에 대해서는 지속 시간이라는 자료를 수집해야 한다. 빈도 자료와 같은 도
표를 사용할 수 있지만, 눈금 표시가 아닌 지속 시간을 기록해야 한다. 지속 시간을 기
록하는 것은 특정 행동이 얼마나 오랫동안 유지되었는지에 대한 정보를 줄 수 있다.
다음 도표는 두 번의 짜증을 표시하고 있다. 하나는 30분 동안 지속된 것이고 다른 하
나는 10분 동안 지속된 것이다.

그림 5.3 지속 시간 기록

_____

학생 : 빌
_____

날짜 : 10월 11~16일
_____

기록된 행동 : 짜증 내기
_____

지속 시간 기록
행동 또는 기술이 발생한 시간의 길이

시간	월요일	화요일	수요일	목요일	금요일
오전 8:00 오전 8:15 오전 8:30 오전 8:45	8:20~8:50		8:30~8:40		

Source : Kling (2013b). Used with permission.

때때로 행동 발생 전에 행동을 실제 유발할 수 있는 어떤 사건(선행사건)과 행동 발
생 후 행동이 유지되는 어떤 사건(후속사건)에 대해 정보를 수집하길 바랄지 모른다.
이것을 A-B-C(Antecedent-Behavior-Consequence) 기록이라고 한다(Kling, 2013b).

앞서 언급했듯이 문서화되는 행동에 따라 가장 중요한 자료 유형과 수집 방법이 결정된다. 이 모든 정보는 행동의 기능 또는 이유를 결정하는 데 도움이 되고 행동계획을 수립하는 데 도움이 된다. 만약 분석해야 하는 특정 행동에 대해 어떻게 자료를 수집해야 하는지 결정하기 어렵다면, 학교심리학자나 행동분석가에게 연락하라. 이러한 전문가들은 보통 자료 수집에 대한 훈련을 받는다. 이 책에서는 제6장 '장기목표, 단기목표, 그리고 수업계획'에서 학생의 진전도를 관찰하는 것과 관련한 자료 수집에 대해 다룬다.

그림 5.4 ABC 기록

학생 : 수지
_____

날짜 : 10월 16일
_____

환경 : 수학 시간
_____

ABC 기록
특정 행동에 근거한 기록으로 행동 발생 직전과 직후에 일어난 사건에 대해 기록함.

시간	선행사건 : 행동 직전에 일어난 일	행동 : 무슨 일이 일어났는지 묘사	후속사건 : 행동 직후에 일어난 일
오전 8:00	독립적인 과제 수행	떠들기	교사의 재지시
오전 8:10	독립적인 과제 수행	떠들기	칠판에 이름 적기
오전 8:11	칠판에 이름 적기	싸우고 울기	타임아웃

Source : Kling (2013b). Used with permission.

행동 패턴 찾기

반복적으로 발생하는 행동은 종종 발생 패턴에 대한 정보를 제공할 것이다. 때때로, 발생 패턴은 대답해야 할 추가 질문을 만들 것이다. 패턴을 분석하는 것은 종종 어떤 중재가 배치될 필요가 있는지에 대한 열쇠를 쥐고 있다. 행동이 발생했을 때 어떤 상황이었는지, 언제 어디서 발생했는지에 대한 구체적인 사항을 포함하여 행동 패턴에 대한 중요한 정보를 가지고 있는 교사들의 진술을 살펴보자.

자료 수집의 중요성

우리는 5학년인 자폐 스펙트럼 학생에 대해 상담 요청을 받았다. 그는 초등학교에서 모든 일반 교육 수업을 듣고 있었고, 또한 영재교육 프로그램에도 참여하고 있었다. 세 명의 5학년 담당 교사들은 수업 시간에 부름에 손을 들지 않는 디에고를 걱정하고 있다고 했다. 대신에, 그는 수업을 방해할 정도의 말을 하거나 대답들을 하였다. 우리는 그의 행동이 얼마나 자주 발생했는지 물었다. 교사들의 대답은 "항상."이었다.

우리는 디에고의 교사에게 자료 수집표를 주고 그들에게 특정 행동에 대해 자료를 기록해 달라고 부탁했다. 또한 우리는 세 교사의 수업에서 디에고를 관찰하였다. 2주 뒤에 우리가 자료를 검토하기 위해 갔을 때, 결과는 놀라웠다. 한 교사의 수업에서 디에고는 손을 들지 않고 말도 거의 하지 않았다. 두 번째 교사의 수업에서는 항상 말했으며, 세 번째 교사의 수업에서는 자주 말하긴 했지만, 디에고뿐 아니라 다른 학생들도 그랬다.

어느 학생도 항상 그렇게 행동하지 않는다. 세 교사들이 수집한 기초선 자료는 디에고의 행동을 더 잘 이해하기 위한 시작점이다.

- 존은 매주 월요일 학교 일과에 참여하는 데 어려움이 있지만, 점진적으로 매주 나아지고 있어요.
- 라나는 매일 수학 시간 동안 집중하는 게 어렵지만, 다른 수업에서는 집중해요.
- 미겔은 주말에 아버지를 만나는데, 주말 다음 날인 월요일마다 극도로 졸려해요.

행동 패턴을 확인할 필요성이 있기에 우리는 노트에 일화 정보를 기록하는 것보다 표에 자료를 기록하는 것을 더 격려한다. "그가 이것을 하고 다음에 저것

> 자료를 수집하기 위해 인터넷에서 자료 수집을 위한 표를 찾을 수 있다.

을 했다."라는 페이지들은 어떤 정보를 주기는 하지만, 만약 정보가 자료화되어 있지 않으면 행동의 패턴을 쉽고 빠르게 확인하지 못한다. 그렇기 때문에 처음 시작할 때부터 정보를 도표화하라고 제안한다(Kling, 2013b).

그림 5.5의 빈도 기록에는 정보가 도표화되어 있어 누구든 행동의 패턴을 쉽게 볼 수 있다. 어떤 행동이 도표화되었는지 알 순 없지만, 이 도표를 보는 누구든 어떤 패턴을 볼 수 있다. 이 자료에서 대답해야 할 문제는 다음과 같다.

그림 5.5 행동 패턴

과목	월	화	수	목	금
수학	||	||			||
읽기	||	||	||		||
컴퓨터					
점심					
국어	卌	||||	||||	||	
체육	||				
과학					
사회	|		|		|

Source : Kling (2013b). Used with permission.

- 국어 수업에서 무슨 일이 벌어지는가? 수업이 너무 어려웠나?
- 국어 교사는 이 행동에 대해 예민한가?
- 점심 시간에 일어난 어떤 일이 계속 영향을 주는가?
- 학교에서 약을 복용한다면, 언제 복용했는가?
- 과학 시간과 컴퓨터 시간에는 무슨 일이 있는가? 행동이 나타나지 않은 것인가, 아니면 행동에 대해 교사들이 꺼려하지 않은 것인가?
- 목요일마다 행동이 왜 더 좋아지는가? 다음 3주간에도 계속 이렇게 패턴이 있을까?

> **다양한 환경에서 오랜 시간에 걸쳐 자료를 수집하라.**

행동에 패턴이 있는지, 아니면 이번 주에 있었던 임의의 이벤트 때문인지 확인하는 등의 질문에 대답하기 위해서는 몇 주간의 자료가 더 필요할 수 있다. 보통 2주의 자료면 행동 패턴에 대한 가설을 세우는 데 충분하다. 그러나 2주 중 1주 또는 2주 동안 비정상적인 상황(표준화된 검사를 치르거나 특별 학교 집회나 프로그램이 있거나 학생이 아픈 상황)이 발생한 경우, 더 많은 자료가 수집되어야 한다.

행동 기능에 대한 가설 세우기

학생 기록, 실행된 인터뷰 내용, 수집된 자료와 행동 패턴을 검토하고 난 후, 행동 기능에 대한 가설을 설정할 준비를 한다. 우리 학생들의 행동이든, 배우자의 행동이든, 아이들의 행동이든, 아니면 우리 자신의 행동이든 간에 우리가 특정 행동을 하는 데는 항상 이유가 있다. 우리가 직장에 가는 데도 이유가 있고, 이 페이지를 읽는 데도 이유가 있으며, 다른 사람을 만날 때 웃는 데도 이유가 있다. 행동의 기능을 결정하려 할 때, 우리는 그 사람이 이 행동을 함으로써 무엇을 얻고 있는지에 대해 결정하려고 한다.

행동의 기능에 대해 좋은 아이디어를 갖는 것은 성공하느냐 아니냐의 차이를 만들어 낸다. 자료를 연구하면 기능이 명확해지는 것은 자주 있는 일이다. 그러나 때때로 기능이 무엇인지 결정적으로 정하는 것은 매우 어렵다. 이러한 경우, 최선을 다해 추측하고, 중재를 개발하며, 기간 안에 실행할 수 있는지 확인해야 한다. 만약 그렇지 않으면 최선을 다해 추측하고 중재를 조정해야 한다.

행동에 관한 문헌은 종종 기능의 광범위한 분류로 나열된다. 행동전문가는 일반적으로 특정 행동이 동기(행동의 기능)를 가지며, 다음의 4가지 분류 중 하나라는 데 동의한다.

1. 관심(Attention) — 관심은 종종 다른 사람들에 의해 요구된다. 당신이 다른 성인과 이야기하고 있을 때나 저녁을 만드는 중에 아이가 자매와 실랑이를 하다가 당신을 부를지 모른다. 관심을 추구하는 행동은 또한 부모의 칭찬을 받을 목적으로 학교에서 좋은 성적을 달성하기 위한 노력일 수 있다. 또는 교사가 자주 좋은 행동이라고 말해 왔던 조용히 줄을 서있는 행동일 수도 있다. 대화를 중단하고 당신에게 관심을 주기를 바라며 대화하는 사람 옆에 서서 목을 가다듬어 본 적이 있는가? 목을 가다듬는 행동은 관심을 얻기 위한 행동이다.

2. 회피(Escape) — 상황을 회피하길 원하거나 그래야만 하는 것은 시끄럽고 제멋대로인 행동의 강한 동기일 수 있다. 고등학교 대수학 교사가 말하길, 수업 시간에 매번 배제되어야 할 정도로 다른 학생들을 찌르고 방해하는 학생이 있다고 한

다. 우리가 그 학생의 수학 수준에 대해 물었을 때, 그 교사는 그가 중학생 수준이라고 했다. 이 학생이 잘못된 행동을 배운 것은 수학 수업을 피하기 위함이다. 그러므로 그에게 너무 어려운 과제를 하게 해서는 안 된다. 이 학생에게는 회피가 행동의 동기일 가능성이 가장 크다.

3. 보상(Tangible) — 만질 수 있는 어떤 것을 만지거나 얻는 것은 우리가 학생들에게서 볼 수 있는 많은 행동을 유발하게 한다. 이는 아이들의 놀이에서 쉽게 볼 수 있다. 이것은 종종 다른 아이가 가지고 있는 장난감을 얻기 위해 학생들 사이에서 움켜쥐거나 밀치는 행동으로 나타난다. 어떤 것을 가져야만 하거나 얻으려고 하는 행동은 물건이나 활동이 거부되거나 제거될 때 자주 발생한다.

4. 감각(Sensory) — 때때로, 단순히 그 행동을 즐겨서 특정 행동을 보이는 학생들이 있다. 이러한 행동은 기분을 좋게 만들거나 내적 감각 요구를 충족시키는 행동들이다. 그래서 그러한 행동을 장소나 시간에 구애받지 않고 한다. 대개 학생들이 스트레스를 받거나 흥분했을 때도 더 자주 발생한다. 또한 이 감각적 동기는 자폐 스펙트럼 학생들이 깜빡이는 빛이나 반복적인 흔들림을 바라보거나 빠른 손가락 운동들을 할 때 자주 나타난다.

특정 행동이 하나의 기능보다 더 많은 기능을 가지는 것은 이상한 일이 아니다. 다른 아이가 가지고 있는 장난감을 원하는 한 아이는 또한 어른의 관심도 받길 원할 수 있다. 그 아이가 다른 아이를 밀치는 행동을 할 때, 특히 다른 아이가 소리를 크게 지르기 시작했다면 더욱 그 행동은 장난감과 성인의 관심을 동시에 얻을 수 있을지 모른다. 또한 그 기능은 우리가 다음 사례 속의 아이와 젖병의 일반적 상황에서 보듯이 시간에 따라 변할지도 모른다.

한 아이가 갑자기 그의 젖병을 바닥에 떨어트린 뒤 더 이상 손이 닿을 수가 없다는 것을 깨달았다. "와아-!" 주방에 있는 어머니가 젖병을 집으러 달려간다. 어머니가 아이에게 행복스럽게 호들갑을 떨며 젖병을 받침대에 올려주었다. 아이는 다시 젖병을 잡고 한 모금 마신다. 그러나 젖병이 다시 바닥에 떨어진다. "와아-!" 어머니는 다시 웃는 얼굴로 행복하게 소란을 떨며 젖 병을 집어준다.

아이는 젖병을 되찾아 행복하다. 여러 번 이런 일이 있은 후에 아이는 젖병을 바 닥에 떨어트렸을 때 젖병을 다시 받을 수 있을 뿐 아니라 어머니의 관심도 받을 수 있다는 것을 이해하게 된다. 어떤 경우, 아 이는 어머니의 관심은 젖병을 떨어트리며 울 때 받을 수 있는 것이라고 이해한다. 이 일이 더 자주 발생하기 시작한다. 아이는 아이가 원하는 어머니의 관심을 받는 한 바 닥에 젖병을 계속 떨어트릴 것이다.

그러면 이 행동의 기능은 무엇인가? 처 음에는 우연히 젖병이 떨어졌고, 울었고, 그래서 목이 마른 아이가 젖병을 받게 되

그림 5.6 행동 기능

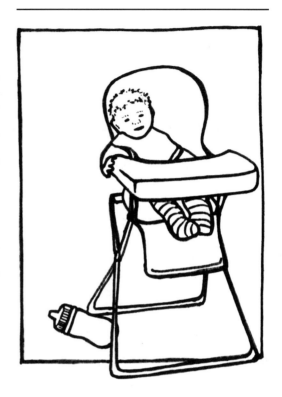

는 것이다. 계속 우는 행동은 실제 두 개의 기능을 얻게 된다. 젖병을 다시 돌려받는 획득과 어머니의 호들갑인 관심이다.

의사소통의 어려움은 행동의 기능에 영향을 줄 수 있다. 어떤 수준이든 의사소통의 어려움을 가진 학생에게 의사소통이 증진될 때 행동도 개선된다는 것을 우리는 발견 했다. 종종, 학생의 행동은 전적으로 또는 부분적으로 자신의 욕구나 필요를 전달하 려는 노력에 기반한다.

다음 시나리오를 읽으면서 의사소통과 행동 간의 연결을 고려해 보라. 비언어적 의 사소통을 하는 학생이 옆에 있은 친구를 때렸다. "아무 이유 없이" 말이다. 그가 친구 를 때릴 때, 교사는 다른 학생들로부터 떨어져 타임아웃 의자에 학생을 앉힌다. 그 뒤 학생이 책상으로 다시 돌아오는 것을 교사로부터 허락받고 얼마 지나지 않아 다시 친 구를 때리고 책상에서 나오게 되었다.

만약 그 학생이 "나는 친구 옆에 가까이 앉는 걸 좋아하지 않아요."라고 말했다면, 친구를 때리는 일은 발생하지 않았을지 모른다. 행동의 기능은 회피였고, 그 학생은 교사에게 말이나 의사소통 기술 대신 행동을 사용했다.

행동목표와 목적을 명확히 하기

지금까지 이 전략에서 논의한 모든 항목은 FBA의 절차 중 한 부분이다. 때때로 형식적 FBA는 IEP팀에 의해 추천되고 행동목표나 목적이 수립되거나 형식적 BIP를 수립하기 위해 진행된다. 그러나 다른 때에는, 조직화된 방법으로 학생행동에 대해 생각하거나 자료를 수집하는 것이 행동을 개선할 변화를 개발하고 배치하는 데 필요하다. 때때로, 시각적 지원을 개발하는 것, 교실 환경의 배치를 바꾸는 것, 또는 학생 일정을 변경하는 것은 학생행동이 변화하도록 촉진하는 데 충분하며 이것 이상 필요한 것도 없다.

명확하고 간결하며 관찰 가능하고 측정 가능한 용어로 된 바람직하지 않은 행동을 기술했듯이, 우리는 같은 방식으로 대체행동을 새롭게 정의해야 한다. 기억하라. 대체행동은 학생이 현재 하고 있는 것보다 이러한 조건에서 학생이 하고 싶은 것이다.

IEP팀이 필요한 행동목표와 목적들을 결정하면, 연간 행동목표와 목적을 작성하기 위해 수집하고 분석했던 정보를 사용해야 한다. 다음과 같이 할 필요가 있다.

- 학생의 현재 학업성취도와 행동과 관련된 기능적 수행(PLAAFP)을 결정하라.
- 가르치기 위해 계획한 행동으로 대체행동을 정의하라.
- 기초선 자료를 사용하여 각 목표가 숙달된 시점을 결정하기 위한 기준을 설정하라.

교육청은 연간 목표와 목적을 기술하는 방법에 대해 가이드라인을 제공할 것이다. 기술이나 행동이 발생하는 조건, 행동의 기능은 무엇인지(무엇을 바라는지), 그리고 숙달된 기준은 무엇인지와 같은 세부적 사항을 포함할 필요가 있다. 여기 행동과 관련된 목표와 목적의 예가 몇 가지 있다.

- 조앤은 두 번 이하의 언어적 촉구를 사용해 스태프의 지시를 따르며(언어적, 신체적 공격을 하지 않고), 연속 2주 동안 하루에 받을 수 있는 80%의 스티커를 얻을 것이다.
- 제임스는 교실 이동 시간에 두 손을 신체 옆에 붙이고, 매일 여덟 번 중 여섯 번 동안 다른 사람을 건드리지 않고 줄을 맞춰 서있을 것이다.

행동중재계획 수립하기

BIP는 FBA에서 확보한 정보를 기초로 학생의 IEP팀에 의해 요구된다. BIP가 필수가 아니라도, 교사는 사용했던 전략을 명확하게 하기 위해 행동계획을 작성할 수도 있다. BIP는 대체행동을 증가시키는 방법과 학생의 학습 또는 다른 학생의 학습을 방해하는 바람직하지 않은 행동을 감소시키는 방법에 대한 기본적인 수업계획이다.

BIP = 행동중재계획
FBA = 기능행동분석

비공식 BIP에 다음 항목이 포함될 수도 있지만, 공식 BIP에는 다음 항목이 반드시 포함되어야 한다.

- 증가하길 바라는 행동의 명확하고, 관찰 가능하고, 측정 가능한 정의
- 행동이 어떻게 측정되어야 하는지
- 행동에 대해 어떤 숙달기준이 설정되었는지
- 행동을 가르치고 강화하는 데 대한 세부적인 전략은 무엇인지, 어떤 각각의 전략이 사용될 것인지, 누가 그것을 사용할 것인지, 그리고 언제 사용될 것인지
- 새로운 행동을 구체적으로 배우고 학생의 동기를 높이기 위해 어떤 강화제를 사용할 것인지, 언제, 어디서, 얼마나 많이 강화제를 사용할 것인지에 대한 구체적인 사항들

BIP는 모든 스태프에게 무엇을 해야 하고 어떻게 해야 하는지 명확하게 설명한다. 작성된 계획, 계획의 일관된 구현, 수집된 데이터의 빈번한 확인은 모두 학생의 행동

을 성공적으로 변화시킬 가능성을 높인다(Kling, 2013b).

후속결과 정의하기

학교 현장에서는, 후속결과(consequence)라는 단어가 처벌과 동의어가 되었다. 이번 단락에서는 행동전문가가 사용하는 정의를 사용하려 한다.

1. 먼저 일어난 어떤 것의 효과나 결과 또는 산물
2. 효과나 결과 또는 산물로서 어떤 것 후에 따라오는 행위 또는 사례

후속결과는 행동 후에 그리고 그 행동으로 인해 일어나는 일이다. 그리고 후속결과는 긍정적일 수도 부정적일 수도 또는 중립적일 수도 있다. 후속결과에 대해 학생들이 생각하는 것은 강화를 받을 것인가 벌을 받을 것인가에 대한 결정이다. 교사로서 알 수 있는 하나의 방법은 만약 후속결과가 행동을 강화하는 것이면 행동이 증가하는 것을 볼 수 있다는 것이다. 다시 말해, 자료 수집은 정말 중요하다.

이것은 Nancy Kling(2013a, 2013b)의 비유로 자주 워크숍에서 사용되는 것인데, 하나의 특정한 후속결과가 어떻게 강화제일 수도 벌일 수도 있는지 설명한다. 만약 30분을 매일 걷고 체중이 5파운드(약 2.27킬로그램)가 준다면, 체중손실은 걷는 것의 후속결과이다. 만약 체중이 줄어드는 것이 좋은 일이라면 체중손실은 강화제이고 그것은 미래에도 걷는 행동을 다시 한다는 뜻이 된다. 만약 체중이 줄어드는 것이 행복하지 않다면 체중손실은 벌이 되고, 앞으로 걷지 않을 것이라는 의미이다(Kling, 2013b).

의미 있는 강화제

효과적인 강화제를 식별하기 위해서는 어떤 것이 좋은 것인지 알아내는 기술이 필요하다. 특정 학생에게 효과적인 강화제가 무엇인지 어떻게 결정할까?

여기 효과적인 강화제를 결정하는 데 공통적인 몇 가지 접근이 있다.

- 강화제 목록을 사용하라.
- 학생에게 물어라.

- 학생을 관찰하라.

학생이 선호하는 것과 선호하지 않는 것의 순위를 만들기 위해 학생의 가족에게 물어봄으로써 정보를 얻을 수 있고 강화제 목록을 만들 수 있다. 또는 학생이 관심을 가지고 있다고 생각하거나, 학생이나 성인이 순위에 두는 활동이나 물건들을 간단히 나열하여 목록화할 수 있다. 또한 온라인에서 사용할 수 있는 강화 목록도 있다. 이 책의 뒷부분 '부록'에 두 개의 다른 강화 목록을 마련해 놓았다.

학생 스스로는 종종 훌륭한 정보원이다. 학생에게 좋아하는 장난감이나 게임, 시간을 어떻게 보내는 것이 좋은지, 좋아하는 음식이 무엇인지 물어보는 것은 강화 메뉴를 만드는 데 유용한 정보를 준다. 기대행동을 위해 학생을 강화하는 더 좋은 방법은 학생이 좋아하는 물건이나 게임, 음식을 사용하는 것이다.

학생을 관찰하는 것이 강화제를 사용하는 아이디어를 줄지도 모른다. 주의 깊게 관찰하는 것은 학생에게 무엇이 강화제로 작용하는지에 대한 아이디어를 줄 수 있다. 이렇게 생각해 보라. 학생이 특정 행동을 반복적으로 수행하고 있다면, 그렇게 행동을 반복하게 만드는 요인은 무엇인가?

먹을 수 있는 강화제

특정 강화제에 대해 생각할 때, 첫 번째 드는 생각은 음식이다. 그리고 많은 학생들이 선호하는 음식의 작은 조각이나 선호하는 음료의 한 모금을 먹으려고 행동을 수행하는 것이 사실이다. 그러나 먹을 수 있는 강화제는 학생들이 배가 고프거나 특정 음식에 강한 욕구를 가져야 효과가 있다. 만약 학생들이 치즈크래커에 질리면, 강화제의 질은 떨어진다. 먹을 수 있는 강화제는 학생 IEP팀에 의해 동의를 얻을 필요가 있으며, 서류로 문서화되어야 한다는 것을 기억하라. 다음 이야기는 먹을 수 있는 강화제가 얼마나 강력한가에 대한 내용이다.

피자를 위한 변기

우리가 만난 맷은 5학년 학생이었다. 그는 하루의 일부는 전일제 특수학급에서 혼자 시간을 보내고 있었고 또 다른 하루의 일부는 일반학급에서 친구들과 시간을 보내고 있었다. 그는 독립적으로 일반학급으로 가거나 5학년 같은 반 친구들과 함께 급식실에서 점심을 먹었다. 맷은 매우 독립적이어서 스스로 팬티형 일회용 기저귀를 갈 수 있다! 그렇다. 그는 신발과 바지를 벗고, 젖은 기저귀를 빼어 쓰레기통에 넣고, 새로운 기저귀를 입고, 스스로 다시 옷을 입고 나서 학급으로 돌아왔다. 우리는 이 상황이 꽤 특이하고 매우 혼란스럽다고 생각했다. 만약 그가 이러한 자조 기술을 모두 독립적으로 할 수 있다면, 왜 그는 화장실을 사용하지 않는 것인가? 우리는 교사와 부모에게 단순히 맷은 화장실 사용에 관심을 갖지 않는다는 대답을 들었다. 우리는 그들에게 맷이 다른 뭔가를 좋아하는 것이 있는지도 물었다. 대답은 의심할 여지 없이 '피자'였다. 맷은 피자를 매일 급식실에서 점심으로 먹었고, 하교 후 집에 와서 간식으로도 먹고, 또한 저녁 식사로도 먹었다. 우리는 맷이 화장실 훈련을 하는 동안에는 더 이상 그에게 피자를 주지 말 것을 제안했다. 맷은 점심 시간에 피자를 살 수 없었고, 집에 와서도 간식과 저녁으로 피자를 먹지 못했다. 맷은 학교나 집의 화장실에서 소변을 볼 때만 매번 작은 피자 조각을 받았다. 그리고 그때가 피자를 받는 유일한 때였다. 맷이 화장실을 독립적으로 이용하는 데는 오랜 시간이 걸리지 않았다. 결국 그는 피자를 사랑했던 것이다!

먹을 수 없는 강화제

강화제의 범위는 먹을 수 있는 강화제를 훨씬 능가한다. 많은 학생들은 빠른 간지럼 타기나 선호하는 활동을 2분 정도 하는 것에 매우 높은 동기를 가지고 있다. 다른 학생들에게는 자신이 잘한 일에 대한 교사의 관심과 흥분이 큰 힘이 된다. 10분의 컴퓨터 시간이나 15분의 독서 시간을 얻기 위해 다섯 개의 별점을 모아야 한다고 이해하는 학생들에게는 토큰 시스템이 적절하다. 어떤 강화제든 효과적일 정도만 강화제를 사용하고 더 이상은 사용하지 않아야 한다. 만약 학생이 행동 도표에 표시되기 위해 열심히 할 경우, 먹을 수 있는 강화제를 사용하지 않아야 한다(Kling, 2013b).

벌

이 단락이 끝나기 전에, 벌에 대해 간단히 논의해 볼 필요가 있다. 많은 학교에는 교사들이 더 또는 덜 사용할 것으로 예상되는 벌에 대한 체계가 있다. 벌은 일반적으로 재지시나 아마도 경고, 그리고 칠판에 학생 이름을 적거나 행동 도표나 노트에 표시되는 일, 또는 학급의 행동순위 도표에 학생의 클립이 다음 칸으로 이동하는 것과 같은 시각적 벌의 종류를 포함한다.

그런 벌이 사용된다면, 가능한 한 적은 감정과 에너지, 그리고 시간으로 전달되어야 한다. 잘못된 행동을 지속하는 많은 학생들은 어른과 일대일 시간을 즐거운 결과(심지어 부정적임에도)로 인식한다. 목소리를 높이는 강의, 기타 감정적 반응들은 소거하려는 행동을 강화시키며 이는 실제로 위험하다.

일반적으로 실제 방해적이고 위험한 행동이 아니라면, 가장 효과적인 벌 중 하나는 계획된 무시이다. 이는 그가 부적절한 행동을 할 때 어떠한 관심을 주지 않고, 그가 부적절한 행동을 하지 않을 때는 관심을 주는 방법이다.

확실히, 학생이 위험한 행동을 한다면 어떤 대응이든 모든 학생의 안전을 보장하기 위해 필요하다. 만약 부적절한 행동이 극도로 수업에 방해가 되면, 학생은 그 행동을 중지할 때까지 즉각적으로 공간에서 분리되어야 할 필요가 있다. 마지막으로 벌에 대해 알려줄 것이 있다. 우리는 학생이 얻은 강화를 제거하는 것이 일반적으로 도움이 되지 않는다는 것을 믿는다. 사실 강화를 제거하는 것은 학생에게 혼란을 주거나 잘못된 행동을 강화하는 경우가 많다. 이런 이유에서 우리는 학생이 노력해 가지게 된 어떤 강화제도 학생이 포기하게 할 필요가 없다는 것을 충고한다.

기억하라. 후속결과에는 두 종류가 있다. 강화와 벌이다. 잘못된 행동에 벌을 줌으로써 미래에 그 행동이 덜 일어날 것이라고 생각할 수 있으며, 그것은 어느 정도는 사실이다. 그러나 행동과 관련된 문헌들에는 벌은 단기적으로, 그리고 벌주는 사람이 벌을 줄 때만 행동을 감소시키는 역할을 한다는 것이 명시되어 있다. 긴 시간 동안 행동을 변화시키기 위한 가장 좋은 방법은 우리가 일고 있는 대체행동을 강화하는 것이다. 그리고 잘못된 행동이 일어날 때는 가능한 한 적은 에너지로 벌을 주어야 한다. 학생이 잘못된 행동을 멈추고 대체행동을 보이는 즉시 학생의 성공을 인정해야 한다(Kling, 2013a).

행동을 변화시키기 위한 전략들

학생의 특정 행동을 변화시키기 위해 사용할 전략들을 고려할 때, 먼저 행동의 기능에 대한 가설을 수립하는 것을 기억하라. 이러한 전략을 개발하기 시작하면 다음 질문에 대한 대답이 도움이 될 것이다.

1. 교사가 학생에게 무엇을 하길 바라는지 학생이 아는가?
2. 학생이 교사가 원하는 것을 할 기술을 가지고 있는가?
3. 교사가 목표한 현재의 행동을 학생이 하고 있다는 것을 학생이 인지하는가?
4. 학생이 부적절한 행동을 함으로써 무언가를 얻는가?

모든 행동계획에서 대체행동 강화를 위한 전략은 분명하고 알기 쉬운 언어로 진술된 세부적 지시를 포함해야 한다. 기대행동은 즉시, 일관적으로 자주 강화되어야 한다. 교사가 제공하는 구체적인 강화 외에도 학생의 성공에 대해 구체적이고 의미 있는 언어로 인정하는 것도 포함한다.

> **BIP의 일관성 있는 실행이 중요하다.**

학생의 긍정적 행동 변화를 만들기 위한 일련의 전략으로, Howard Glasser(2011)가 개발한 Nurtured Heart Approach보다 더 효과적인 것은 없다고 믿는다. 이 접근은 초기엔 심각한 주의력 결핍 과잉행동장애(ADHD) 아이들을 위해 개발되었다. Nurtured Heart Approach는 모든 학생에게 유용하다. 이 접근의 기본적인 개념 중 하나는 학생들이 그들의 행동적 경험을 인식하는 것을 돕는 것이다. 교사에게 기본이 되는 원칙은 교사로부터 학생에게 흐르는 에너지의 흐름을 조절하는 것을 배우는 것이다. 그래서 부적절한 행동은 교사의 관심(에너지)을 덜 받는다. 교사가 좋아하고 반복해서 보길 바라는 학생의 행동은 교사의 엄청난 관심(에너지)을 받는다. 또한 Howard Glasser의 접근에서 중요한 것은 한계를 설정하고 일관성 있게 하는 것과 같은 기본 원칙이다. Nurtured Heart Approach에 대해 알아본다면, 그것이 교사와 학생들에게 얼마나 유용한지 알 수 있을 것이다.

강화제는 항상 학생이 새로운 행동을 사용하기 위해 배우고자 하는 동기를 필요로 한다. 강화제는 빈번하게 제공되어야 하고 오랜 시간 사용되어야 한다. 학생이 대체행동을 유창하고 능숙하게 한다면, 강화제의 빈도는 점진적으로 줄일 수 있다.

학생의 행동을 변화시키고 기대하는 행동을 보이도록 독려하는 전략들은 끝이 없다. 각 학생마다 행동을 변화시키고 다른 행동을 배우기 위한 특별한 전략들이 필요할 것이다. 행동을 변화시키는 전략들에 포함되어야 하는 것은 다음과 같다.

- 일정을 포함한 시각적 전략 사용
- 학생의 요구를 충족시키기 위한 학급의 물리적 배치
- 일정의 한 부분으로서 자연적 강화제 사용
- 학생에게 대체행동을 어떻게 해야 하는지 가르치기
- 새로운 행동을 독려할 수 있는 선행사건 조정
- 강화제 사용

때때로 학생들은 교사가 학생이 친구의 학습을 방해한다고 생각하는 그 행동의 빈도를 깨닫지 못한다. 예를 들어, 한 학생이 수업 시간 내내 답을 미리 말해버리고 의견을 낼 수도 있다. 학생의 행동에 대해 학생과 개인 면담 시간을 가진 후에, 학생이 부적절한 행동을 보일 때마다 조용히 책상에 있는 표에 표시를 할지 모른다―행동에 대해 벌을 주는 것이 아니라 학생이 행동을 더 많이 알도록 말이다. 결국 학생은 교사의 신호에 따라 스스로 표에 표시를 할 수 있을 것이다. 학생은 수업 시간에 허락 없이 말하는 빈도를 줄이는 행동계획 중 하나의 목표를 가질 수 있고, 목표가 달성되면 강화제나 보상이 따르게 된다(Kling, 2013a).

우리와 함께하는 어떤 교사는 적은 양의 과제를 완성한 후에는 과제를 그만둬 버리는 학생을 담당하고 있었다. 그 교사는 학생이 무엇을 좋아하는지, 학생이 좋아하는 강화제에는 어떤 종류가 있는지를 유심히 조사하였다. 맥도날드의 점심 식사와 같은 가장 흥미로운 것을 포함하여 엄청난 가격을 가진 것까지 말이다!

학생을 위한 강화제 메뉴는 이렇게 나타낼 수 있다.

그림 5.7 강화제

보상 목록

1표	금요일에 1분의 자유 시간 가지기
10표	날씨 지도 간식
15표	컴퓨터에 대해 이야기 나누기 날씨에 대해 이야기 나누기 주제를 선택하기 게임을 마스터한 이야기 나누기
30표	모범상 수상
50표	맥도날드에서 점심 먹기 친구와 함께 점심 먹기

학생이 과제를 계속하기를 원한다면 기대되는 대체행동을 할 때마다 플라스틱 바구니에 표를 넣어둘 수 있다. 즉 학생이 과제를 수행하고 완료하는 동안 표는 계속 부여된다.

교사는 학생이 더 발전하도록 하였다. 학생은 맥도날드에서 점심을 먹기 위해 매우 노력하였다. 그러나 매번 얼마나 표가 모였는지 알고 싶어 했다. 학생은 계속해서 표를 세기 위해 바구니의 뚜껑을 열 것이다. 학생이 동기를 가지는 데는 훌륭한 시스템이지만, 표를 계속해서 세는 새로운 행동은 과제를 완료하는 데 방해가 된다. 교사는 이 방식을 버리는 대신 계획을 수정하는 방법에 대해 생각했고, 그 결과 바구니의 표 대신에 도표에 스티커를 붙이는 간단한 방식으로 변경했다. 이 방식은 학생으로 하여금 자신이 얼마나 많은 강화제를 받았는지 한눈에 볼 수 있게 했다. 학생의 과제 수행은 증가했고, 맥도날드에서 몇 번의 점심도 즐겼다.

행동의 발생을 증가시키는 후속결과는 행동을 강화한다.

강화제는 언제 주어야 하는가?

우리는 초등학교 1학년 학생인 루크 때문에 스태프와 상담을 하였는데, 루크는 몇 가지 도전적 행동을 보이는 학생이었다. 스태프들은 그가 학교에 처음 입학했을 때부터 행동에 진전이 없다고 보았다. 우리가 방문했던 그날은 학기의 첫 6주 중 마지막 날이었다.

우리는 교사에게 루크에 대한 강화제 사용에 관해 물었고, 교사는 오늘이 평가 기간의 마지막 날이라서 모든 학생이 6주 동안 바른 행동에 대한 보상으로 보물 상자에 간다고 하였다. 그러나 루크는 보물 상자로 가기에 점수가 부족했다. 루크는 목표에 근접하지도 않았다. 우리는 교사를 이해하지 못해 담당 학급에서 강화제 시스템이 어떻게 이루어지는지 물었다. 그 교사는 학생들이 평가 기간 마지막 날에 보물 상자에 가기 위해서는 6주 동안 수업을 잘 받으면 된다고 재차 말했다.

우리는 교사에게 루크(와 많은 담당 학생들)는 자주 강화제를 필요로 한다고 설명했다. 루크는 6주 마지막 날에 보상을 받을 필요는 없다. 한 주의 마지막 날에 보상을 받을 필요도 없다. 하루의 끝에 보상받을 필요도 없다. 언제든지 자신의 행동을 바꾸려는 노력을 했다면 루크는 보상을 받아야 한다.

스태프는 루크에게 의미 있는 기회를 주고 매일 빈번한 강화제를 제공해 주기 위해 새로운 계획을 만들었다. 시간이 지남에 따라 모든 스태프가 일관적으로 진행한 계획에 의해 루크의 행동이 향상되기 시작했다.

행동중재계획 실행하기

계획 수립이 끝났다면, 계획을 실행하기 전에 계획이 어떻게 작동하는지 학생에게 가르치는 것이 중요하다. 단순히 조용한 분위기에서 학생을 앉히고, 행동계획과 강화제에 대해 설명할 수도 있다. 학생을 담당하는 모든 스태프들에게 계획을 완벽하게, 그리고 철저히 설명하는 것은 중요하다. 스태프들은 문서화된 계획이 효과가 있으려면 자료가 어떻게 수집되어야 하는지 알아야 한다. 학생의 부모와 만나 최종계획에 대해 의논해야 한다는 것도 기억하라.

일반교육 현장에는 학업적 그리고 행동 진전도를 관찰할 책임이 있는 일부 학생들이 있을 수 있다. 이러한 학생들에게는 체크인-체크아웃 형태의 배열이 필요할 수도 있다. 교사가 학생이 하루를 시작하는 것을 체크하고, 학생의 행동계획을 점검하며,

학생의 하루가 끝날 때 다시 체크하는 것이다. 체크인-체크아웃 시스템을 사용하는 다른 학생들은 등교일에 더 자주 체크하고 더 자주 강화제를 사용해야 할지 모른다. 또한, 하루에 여러 번 학생과 만나야 할 일정을 가질 수도 있다.

이 부분에서 주요한 관심사는 계획을 이해하고 그것을 일관성 있게 사용하는 데 동의하는 모든 학생과 스태프이다. 스태프에게 질문이나 우려 사항이 있는 경우 당신에게 연락하도록 권장하라. 나타난 행동을 언제, 어떻게 문서화해야 하는지에 대해 설명을 해주어야 한다.

여기 행동계획의 성공적 실행을 위해 기억해야 할 몇 가지 사항과 팁이 있다.

1. 새로운 중재계획이 시작될 때 더 나빠질 행동에 대비하라.
2. 시작 날짜를 정하고, 수립된 계획을 사용하는 데 혼란스럽거나 주저하는 스태프들이 있다면 그들을 만나라.
3. 모든 사람이 계획을 적절하게 따르고 있는지 확인하기 위해 시행일로부터 며칠 후 스태프들과 상의하라.
4. 정확히 기록된 자료임을 확인하기 위해 스태프들이 가져온 서류를 점검하라.
5. 학생과 스태프가 익숙해질 때까지 적어도 2주 동안 수립된 계획을 지속적으로 실행하라.
6. 표적행동이 빈도나 지속 시간에서 증가했는지 아니면 감소했는지 자료가 알려 줄 것이기 때문에 최소한 매주 자료를 점검하라.
7. 처음 2주는 학생의 진전도를 극대화하기 위해 필요한 계획을 미세하게 조정하라.
8. 학교에서 일어나는 변화에 대해 부모와 긴밀하게 연락을 유지하는 것을 기억하라.

학생의 행동 변화를 위해 행동중재계획을 수립하는 것은 시간을 들이는 일이다. 계획, 시각적 지원, 체크리스트, 또는 강화제들이 표적행동에 영향을 주는 것처럼 보이지 않을 때 실망스럽고 답답할 수 있다.

최선의 계획이 효과가 없는 것 같으면, 다음과 같이 자문해 보라.

- 충분한 시간을 들여서 계획하였는가?

- 강화제가 정말로 강화되는가?

- 강화제가 충분히 자주 주어지는가?

- 강화제가 학생이 그것을 얻기 위해 들인 노력과 충분히 동일할 정도의 의미를 가지는가?

- 학생들이 다른 곳에서 강화제를 얻을 수 있는가?

- 학생들이 강화제를 질려 하는가?

- 학생들은 그 계획에 지루해하는가?

- 학생들이 교사가 요구했을 때 그 행동이나 기술을 정말로 수행할 수 있는가?

다시 말하지만, 우리는 이 주제의 좋은 자료로 Linda Hodgdon(1999)의 *Solving Behavior Problems in Autism*을 안내한다. 저자가 제시한 아이디어들은 장애 유무와 관계없이 모든 학생에게 적용 가능하다. Kari Dunn Buron과 Mitzi Curtis(2003)의 *The Incredible 5-Point Scale*은 우리가 선호하는 또 다른 자료이며, 도전행동에 대해 학생을 어떻게 도울 것인가를 고려하는 사람들에게 도움이 될 것이다. Beth Fouse와 Maria Wheeler(1997)의 *A Treasure Chest of Behavioral Strategies for Individuals With Autism*에는 다양한 상황에서의 풍부한 전략이 제시되어 있고, 중재계획의 예시와 자료 수집 형식의 예시들이 삽입되어 있다.

요약

부적절한 행동을 바로잡는 것과 대체행동을 가르치는 것은 학습이 실행되는 환경을 만들고 유지하는 데 있어 매우 중요한 일이다. 행동의 이러한 전략이 가장 중요한 전략이라고 생각하고 싶을 것이다. 그러나 지금으로서는 당신도 알다시피, 모든 선략이 동등하게 중요하다는 것을 우리는 믿는다. 제5장의 정보는 다른 전략을 실행함으로써 도움을 받아야만 유용한 것이다. 신중하게 작성된 계획은 학생의 의사소통 요구사항이 해결되지 않거나, 교실의 특정 관심사를 충족하도록 배치되어 있지 않거나,

시각적 지원이 실행되지 않거나, 부모의 관심이 반영되어 있지 않는 한 학생의 행동을 변화시키는 데 한계가 있다.

실생활 응용

여기 몇 가지 학생행동을 추적함으로써 기대행동을 강화하고, 자료를 수집하며, 학생의 행동을 변화시킨 실생활 응용 예가 있다.

제프리

제프리는 자주 사람이나 자신의 것이 아닌 물건을 잡는다. 우리는 교사가 집단 수업을 시작할 때 그가 앉아야 하는 특정 장소의 수업 환경을 마련하는 제1장의 실생활 응용에서 처음 제프리를 만났다. 선행사건 전략은 제프리가 잡는 행동을 더 어렵게 하고 그 행동을 줄이는 데 맞추어져 있다.

표적행동은 제프리의 교사와 부모가 소거하고 싶어 하는 행동 중 하나이며, 다른 중재가 실행되기 전에 얼마나 자주 이 행동이 일어나는지에 대해 아는 것은 중요하다. 얼마나 자주 이 행동이 일어나는지 알려면 교사는 어떻게 해야 하는가?

제프리의 교사는 학생의 좌석을 변경하기 전에 자료를 수집했더라면 그 움직임이 제프리가 물건을 잡는 행동을 줄이는 데 도움이 되는지 비교해 보는 데 좋았을 것이라고 인정했다. 이것은 행동을 감소시키는 특정 중재들이 무엇인지 스태프에게 지시하는 데 도움이 될 것이다.

호세와 킴벌리

호세와 킴벌리에게는 제4장 실생활 응용에서 우려하는 행동인 표적행동을 해결하기 위해 시각적 전략을 적용한 바 있다. 그 두 학생은 자폐 스펙트럼 장애를 가지고 있다. 그들의 교사는 스펙트럼에 있는 학생들에게 시각적 전략을 사용하는 것이 도움이 된다는 점을 기억하고 있었다.

기억할지 모르지만, 학생들 각각의 행동은 신체적 공격성의 문제가 아니었다. 발표 시간에 적절한 행동을 할 수 없는 호세의 어려움은 어떤 것을 해야 하는지 상기시키는 촉구 카드를 통해 해결되었다. 유사하게 아침 일과를 따르는 킴벌리의 어려움은 체크리스트 형태의 시각적 촉구를 통해 또한 해결되었다.

교사와 함께 일했던 학생들의 행동이 공격적이지는 않지만 새로운 기술을 배우는 과정을 더디게 했을 수 있을지 생각해 보라. 학생들의 행동이 다른 학생들의 학습과 기술을 배우는 데 방해가 되었을지 모른다. 어떤 특정 행동을 보았는가? 필요할 때 도움을 요청하지 않았는가? 또는 아마도 코를 후비는 행동으로 인해 친구들이 기피하는 학생이 있었는가?

어떤 식으로든 방해가 되는 행동은 신체적, 언어적으로 공격적인 것에서부터 과제 시작을 거부하기까지 다양한 행동으로 나타날 수 있고 이러한 행동은 많은 학생들이 도움을 필요로 하는 행동이다. 학습을 방해할 수 있는 행동을 하는 담당 학생들에 대해 생각할 때 호세와 킴벌리를 염두에 두길 바란다.

212호실의 스태프

212호실의 스태프들이 새로 구성된 교실로 들어가며 정리되고 접근 가능한 자료들로 얼마나 순조롭게 하루가 진행될 수 있는지에 대해 감탄했다. 스태프들은 게시된 일일 일정표를 준수하기 위해 함께 일했다. 그들이 만든 시각적 전략들이 변화를 만들기 시작했다. 타이머를 사용하고 있었기 때문에 다음 활동이나 수업으로 전환할 시간이 되었을 때, 일부 학생들의 멍한 상태는 줄어들었다.

교실에서 행동을 개선하기 위해 타이머를 사용하는 것 외에도 두 명의 학생을 위해 지속적으로 BIP를 실행해야 하는 것도 알고 있었다. 두 개의 다른 계획들을 세부적으로 기억해야 한다는 것은 어려운 것이라는 점도 깨달았다. 교사는 스태프들이 자료를 효과적으로 수집할 수 있도록 어떻게 정보를 쉽게 사용할 것을 보장할 수 있을까?

212호실의 교사는 각 학생들의 BIP를 따라하기 쉽게 요약하여 3링 바인더의 앞 포켓에 넣었다. 각 학생들의 바인더 안에 교사는 수집 자료들과 다른 중요한 정보들을 보관했다. 바인더들은 항상 학생과 함께 일하는 스태프의 손이 닿을 수 있도록 하루 종일 학생들과 함께 있었다.

• • •

제5장

학급에서 행동 문제를 해결하기 위한 아이디어

장기목표, 단기목표, 그리고 수업계획

목표 : 각 학생들의 일일 교육 프로그램 초석으로서 연간 목적과 목표의 중요성을 탐색한다.

생각의 함정

"커피 마실 시간이 없어! 한 시간 안에 IEP 회의가 있고, 학생을 위한 새로운 목적과 목표들을 작성해야 해."

"내 수업이 유연했으면 좋겠어. 수업계획을 따르는 게 너무 갑갑하게 느껴져. 나는 내 학생들이 무엇을 배워야 하는지 알고 있다고."

"성적표? 내 학생들은 특수교육을 받아. 그들은 점수를 받을 수 없지만, 나는 그들이 발전하고 있다는 것을 알아."

우 리는 교사들이 종종 연간 목적과 목표, 수업계획과 성적 시스템을 개발하기 위해 실제적이고 견고하며 실행 가능한 접근 방법을 가지고 있지 않다는 것을 발견했다. 학년별 핵심 성취기준(Common Core State Standards, CCSS)은 고등학교 이후의 삶을 위해 학생들이 더 잘 순비해야 하는 틀을 제공하는 것으로 다루어져야 한다. 의미 있는 장기목표와 단기목표들을 개발하는 것은 특수교육 학생들이 개별화 교육을 받는 것을 보장하는 데도 매우 중요한 것이다. 학년 수준 CCSS와 학생 수행에 기초한 현재 자료들은 IEP 회의 시 개별화 교육 프로그램을 준비할 때 사용되어야 한다. 학생을 위한 장기목표와 단기목표들은 IEP팀의 모든 구성원들에 의해 개발되고 받아들여져야 한다. 수업계획은 각 학생이 목적을 향해 나아가고 있는 과정을 문서화한 IEP와 시스템에 기초하여 수립되어야 한다. 이것은 특수학급에서의 지도를 위한 기초석이다.

이론적 해석

이 전략은 매우 중요하지만 많은 교사는 각 학생에게 잘 계획된 장기목표와 단기목표가 얼마나 중요한지 제대로 이해하지 못하기 때문에 이 주제가 무심코 다루어지는 것이다. 특수교육에서 학생을 위한 개별계획은 법에 명시되어 있고, 세부 사항과 측정 가능한 장기목표와 단기목표를 포함하고 있다. 그 너머에 이러한 목적과 목표들은 교사가 준비한 매일의 수업계획에 포함되어야 하는 것을 안내해 놓고 있다. 매일의 수업계획들은 IEP를 구현하는 수단이며, 각 학생의 목표를 가르칠 수 있도록 수업계획에 무엇을 포함해야 하는지 아는 것이 중요하다.

법적 근거

1975년 가정법 94-142(전장애아동교육법, Education for All Handicapped Children Act)가 통과된 이후, 어떤 장애를 가진 학생이라도 비장애 학생들처럼 교육을 받을 동등한 법적 권리를 가지게 되었다. 특수교육에 관한 법률은 수시로 변경되며, 가장 최근에는 IDEA(Individuals with Disabilities Education Act)가 2004년에 IDEIA로 재승인되었다. 특수교육 서비스를 받을 자격이 있는 것으로 확인된 학생들을 위해서 IEP를 구성하는 개별화 프로그램과 교육목표들이 요구된다. IEP의 장기목표와 단기목표들은 각 학생별로 매년 작성된다. IEP 회의는 진전 상황을 논의하고, 이듬해를 위한 교육적 계획을 개발하며, 계획의 실행 방법에 대해 동의하기 위해 매년 열린다. 이러한 회의에 학생의 부모나 법적 보호자 또는 대리인, 특수교육 교사, 일반교육 교사, 학교 관리자가 참석해야 한다. 가능하다면, 학생 자신이 연간 회의에 참석할 수도 있다. 종종 학생과 함께할 전문가들도 참석한다.

법률이 변경되면, 각 교육청은 현재 요구 사항을 파악하는 데 중요한 역할을 할 것이다. IEP 진행을 위해 정부와 주에 필요한 요구 사항들을 이해하는 것은 중요하다. 특수교육법이 친숙하지 않을지도 모를 사람들을 위해, 그림 6.1에 IEP 절차의 주요 요소들을 간단히 요약해 놓았다. 우리는 당신에게 법에 따른 책임이 무엇이며, 각 교육청이 이러한 요구 사항을 어떻게 실행하는지에 대해 이해하는 데 도움이 되도록 지식이 풍부한 스태프를 찾을 것을 권장한다.

학생을 위한 IEP 개발요건은 구체적이며 장애를 가진 각 학생이 최소 제한적 환경(LRE)에서 적절한 무상 공교육(FAPE)을 받을 수 있도록 하기 위한 것이다. 특수교육을 받는 각 학생들의 IEP는 사정을 통한 학업성취도와 기능적 수행(PLAAFP)의 자료를 기본으로 하고 IEP 회의에서 위원들의 동의를 받는다.

장기목표와 단기목표

이번 단락에서, 우리는 IEP 절차의 요건인 장기목표와 단기목표를 집중적으로 다루고자 한다. IEP에는 학생의 PLAAFP에 대해 기술하고, 장기목표와 단기목표를 PLAAFP에 기반하여 수립하며, 이러한 장단기목표를 성취하기 위한 학생의 진전도를 관찰하는 것을 포함한다. 특수교사는 학생의 장기목표와 단기목표를 수립하는 데 안내를 해줄 사람으로 찾게 될 IEP팀의 일원이다.

그림 6.1 IEP 절차 흐름도

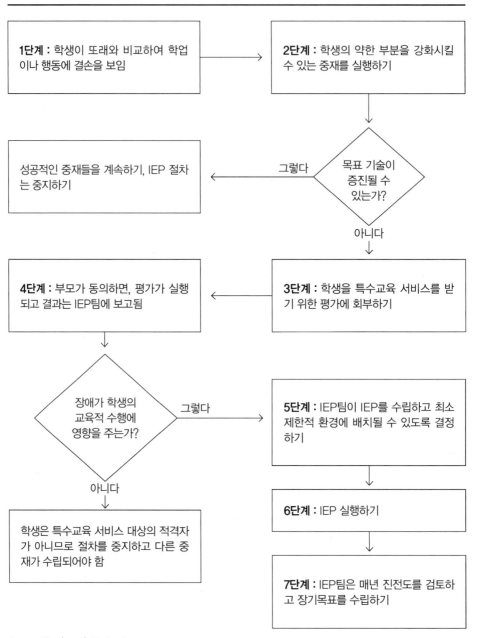

Source : Kling(2013a). Used with permission.

그림 6.2 학생의 필요에 따라 수업계획과 학생의 진전도를 조정하기 위한 단계

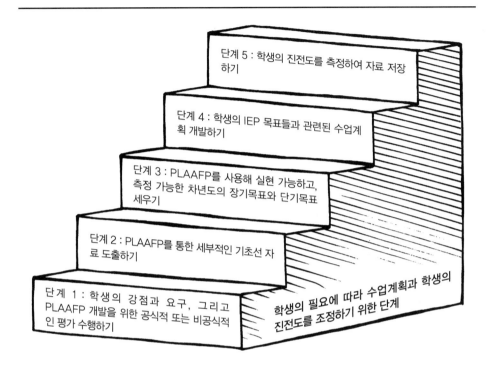

단계 5 : 학생의 진전도를 측정하여 자료 저장하기

단계 4 : 학생의 IEP 목표들과 관련된 수업계획 개발하기

단계 3 : PLAAFP를 사용해 실현 가능하고, 측정 가능한 차년도의 장기목표와 단기목표 세우기

단계 2 : PLAAFP를 통한 세부적인 기초선 자료 도출하기

단계 1 : 학생의 강점과 요구, 그리고 PLAAFP 개발을 위한 공식적 또는 비공식적인 평가 수행하기

학생의 필요에 따라 수업계획과 학생의 진전도를 조정하기 위한 단계

학업적 성취와 기능적 수행의 현행 수준 높이기

장기목표를 작성하는 것은 잘 개발된 PLAAFP에서 시작된다. PLAAFP는 교육의 모든 부분에서 학생의 수행을 정확하게 설명하고 장애에 의해 영향을 받는 기능적 수행에 대한 설명을 제공한다. 더 구체적으로, 다음 질문에 대한 대답들이 있다.

1. 학업적 성취와 기능적 수행 모두에서 학생의 현재 강점은 무엇인가? 학업적인 것뿐만 아니라 성인기로의 생활 기술, 행동, 운동 기술, 의사소통, 사회화, 그리고 전이를 포함한다.
2. 일반교육 교육과정에서 학생의 장애가 참여와 진전노에 어떤 영향을 주는가?
3. 일반교육 환경과 교육과정에 학생이 참여하는 것을 돕기 위해 어떤 프로그램의 수정, 조절, 학습 전략, 자립 수준, 그리고 일반적인 도움이 필요한가?

4. 이러한 문제를 해결하는 데 있어 함께할 다른 전문가들과 상의가 필요할 것이다. 틀림없이 교사는 학부모의 관심사에 맞추어야 한다. 그리고 가장 중요한 것은 학생의 학업적이고 기능적인 기술과 행동에 대한 자료를 수집하는 것이다. 그리고 학생에 대한 명쾌하고 정확한 설명을 위해 PLAAFP를 개발할 수 있다.

다음은 PLAAFP의 예들이다. 이 중 어느 것도 어떤 학생에게 완전한 예는 없다. 이 예시들을 통해 필요한 정보의 유형에 대한 아이디어를 얻기를 바란다.

- 1학년 교사의 사정과 관찰에 근거하여 조는 일대일 대응, 숫자 5까지의 인지를 설명할 수 있고, 10까지 숫자를 셀 수 있다. 1학년은 대부분 100까지 수를 세고, 한 자릿수를 더하고, 시간을 말하며, 화폐를 알고 있다. 이러한 정보를 기반으로 조는 수학 영역에서 집중적인 특수교육을 요구할 것이다.
- 리로이에 대한 6학년 교사의 보고에 따르면, 그는 반 친구들의 놀림에 큰 소리로 욕하고 고함을 지르며 반응한다. 기록에 의해 하루에 다섯 번에서 여덟 번 이러한 행동이 일어난다고 보고되었다. 이러한 행동은 리로이로 하여금 수업 중단 없이 교실에서 적절하게 상호작용하지 못하게 한다. 리로이의 부적절한 반응 때문에 그는 상담 서비스의 지원 없이는 일반교육 환경에 참여할 수가 없다.
- Woodcock-Johnson 개정판의 종합 읽기 지수에 근거해, 아널드는 9학년 수준의 친숙하지 않은 단어들을 해석하는 것을 힘들어한다. 그는 자신이 읽은 글에 대한 간단한 질문에 대답하길 어려워했다. 그가 지속적으로 읽는 자주 사용되는 영어단어 목록(Dolch)의 대부분은 98% 정확하게 읽을 수 있었다. 아널드의 학년 수준에서 학생들은 친숙하지 않은 단어를 소리 내어 읽을 수 있고, 복잡한 이해력이 필요한 질문에도 대답할 수 있었다. 아널드는 읽기 영역에서 특수교육 서비스가 필요할 것이다.

자료 수집의 필요성

학생의 PLAAFP를 정확하고 객관적으로 설명하고 학생이 어느 수준에 있는지 아는 하나의 방법은 이러한 단기목표에 대한 정확한 자료를 수집함으로써 현재 목표와 단기목표들이 이루어지도록 하는 것이다. 현재 자료는 교사가 학생의 강점, 필요한 점, 그리고 단기목표를 향한 진전(또는 진전에 부족한 부분)에 대해 최신 정보를 제공할 수 있게 한다. 이러한 정보는 학년 성적표뿐 아니라 진도 보고서를 결정하는 초석이 된다. 모든 보고서는 가정에 발송되며, 비장애 학생들과 동일한 일정으로 진행된다.

우리는 제5장 '행동 전략'에서 구체적으로 자료 수집에 대해 언급했다. 이 장에서도 똑같이 자료 수집은 중요하다. 수집하는 데이터는 PLAAFP 개발뿐 아니라 장기목표 및 단기목표를 작성하고, 1년 내내 학생의 진행 상황을 모니터링하는 데도 사용되기 때문에 능숙해야 하는 영역이다. 가능한 한 자료 수집에 있어서 다양한 방법을 가지는 것이 중요하다.

> 특수교육을 받는 학생은 일반교육을 받는 학생처럼 같은 일정으로 진도 보고서와 카드로 된 학년 보고서를 받는다.

자료 수집 방법

학생 프로그램과 진전도를 결정하기 위해 자료를 기록하고 자료를 보는 것의 중요성은 아무리 강조해도 지나치지 않을 것이다. 학생 수행과 기술에 대한 정확한 최신의 정보는 행동계획을 개발(제5장)하고 효과적인 의사소통체계를 평가(제8장)하는 것뿐 아니라 단기목표와 장기목표를 개발하는 데 필요한 것이다.

자료 수집은 두 개의 분류로 나눌 수 있다. 직접적인 방법과 간접적인 방법이다. 이 두 개의 분류 안에 많은 기법과 방법들이 있다. 우리가 찾고자 하는 정보를 위해 가장 최선의 방법 또는 방법의 조합을 결정할 필요가 있다.

자료를 수집하는 몇 가지 직접적인 방법들은 다음과 같다.

- 빈도 세기 — 설정된 시간 안에 행동 또는 기술이 발생하는 횟수를 세는 것이다.

그림 6.3 빈도 기록

시간	소리 내어 부르기	연필 두드리기	다른 곳 쳐다보기
오전 8:00	₩ l	lll	l
오전 8:15	lll	llll	lll
오전 8:30	ll	₩ lll	llll
오전 8:45	l	ll	l

- 선행사건-행동-후속사건(ABC) — 특정 행동을 기초로 행동 직전과 직후에 무슨 일이 일어났는지 기록하는 것이다.

그림 6.4 ABC 기록

시간	선행사건 : 행동 직전에 일어난 일	행동 : 무슨 일이 일어났는지 묘사	후속사건 : 행동 직후에 일어난 일
오전 8:00 오전 8:10 오전 8:11	독립적인 과제 수행 독립적인 과제 수행 칠판에 이름 적기	떠들기 떠들기 싸우고 울기	교사의 재지시 칠판에 이름 적기 타임아웃

- 영구적 산물 — 한 해 동안 학생이 작업했던 다양한 주제와 여러 유형을 대표하는 샘플을 가지고 있다가 다음에 학생을 담당한 교사에게 이 샘플을 전할 수 있다.
- 환경분석 — 행동이 일어나는 위치와 관련해 행동이나 기술을 추적하는 것을 수반하는 것이다.

그림 6.5 환경분석 기록

행동 또는 기술	복도	집단 수업	휴식 시간	점심 시간	수학 시간
다른 사람 만지기		ll	lll	ll	

Source : Kling (2013b). Used with permission.

- 과제분석 — 학생이 수행할 수 있는 과제에서 설정된 단계의 자료를 수집하는 것이다.

여기 컵이나 잔에 있는 음료를 마시는 기술에 대해 자료를 수집하는 예가 있다.

그림 6.6 자료 수집 기록

	예/아니요	비고
1. 탁자에 컵 놓기	예	언어적 촉구 제시
2. 컵에 가까이 다가가기	예	독립적으로
3. 컵 잡기	예	독립적으로; 두 손을 사용함
4. 컵 들기	아니요	신체적 촉구
5. 입에 컵 가져다 대기	아니요	신체적 촉구
6. 컵 기울이기	아니요	신체적 촉구
7. 입에서 컵 내리기	아니요	신체적 촉구
8. 탁자에 컵 내려놓기	예	언어적 촉구 제시

때때로, 간접적인 자료 평가와 수집은 유용하다. 다음과 같은 몇 가지 예가 있다.

- 인터뷰 — 적절할 경우, 학생의 부모 및 스태프를 인터뷰하여 자주 또는 직접 관찰할 수 없는 환경에서의 행동이나 기술에 대한 정보를 얻어라.
- 발행된 설문지 — Mark Durand 박사에 의해 개발된 동기사정척도(MAS; 1992)와 같은 설문지는 특정 행동이 왜 발생했는지 알아보는 데 유용하다.
- 학생의 기록 검토 — 학생의 특수교육 파일은 학생의 사전 정보, 진전도 그리고 과거 평가와 같은 필수적인 정보를 담고 있다.

자료 수집의 필요성은 PLAAFP를 작성하기 위해 정보를 모으는 것에만 국한되지 않는다. 자료 수집의 방법은 행동의 문제와 학업 수행, 그리고 기능적 기술을

하루 동안 다양한 시간대의 자료를 수집하라.

추적하는 데 사용될 수 있고 사용되어야 한다.

특수요인과 개별화 교육 프로그램

IDEIA는 IEP팀이 각 학생의 IEP를 개발하고 검토하며 수정할 때 고려되어야 하는 5가지 특수요인을 목록화한다. 이러한 고려 사항들은 학생의 장기목표와 단기목표를 작성할 때 직접적으로 영향을 줄 수 있다. 5가지 특수요인들은 다음과 같다.

1. 행동 간섭
2. 제한된 언어 능력
3. 점자교육의 요구
4. 언어와 의사소통의 요구
5. 보조공학 기기와 서비스의 요구

특수요인과 관련된 주요 문제는 바로 이것이다. 학생이 적절한 무상 공교육을 받기 위해, 그리고 특수교육 프로그램의 혜택을 받기 위해 특별한 기기 또는 서비스를 필요로 하는가?

만약 대답이 '사전에 언급된 5가지 영역에서 어떠한 것이라도 필요하다'라면, 어떤 것이 IEP 서류에 포함되어야 하는지 명시되어야 하고 장기목표와 단기목표에 반영해야 한다. 고려해야 할 각각의 5가지 특수요인에 대해 구체적으로 들여다보자.

행동 간섭. 만약 아이의 행동이 다른 사람의 학습을 방해한다면, IEP팀은 행동 문제를 해결하기 위해 긍정적 행동중재를 포함한 전략 개발을 고려해야 한다. 행동중재계획(BIP)의 개발을 위해 기능행동분석(FBA)이 실행될 필요가 있을지 모른다. 장기목표와 단기목표에 목표행동을 증진하기 위해 가르쳐야 할 기술이 포함될 필요가 있다. 제5장 '행동 전략'에 FBA와 BIP의 더 구체적인 정보가 있으니 참조하라.

제한된 언어 능력. 이 요인은 제한된 언어 능력과 학생의 IEP와 관련해 언어 요구에 대해 고려 사항을 가지고 있는 학생들과 관련되어 있다. 1964년 시민권리법(Civil Rights Act)의 VI장에는 제한된 언어 능력을 가진 학생에게 언어 능력을 갖게 하기 위해 대안적인 언어 서비스를 교육청이 제공하도록 하고 있다. 또한 이러한 학생들에게는 모든 학생이 이용할 수 있는 교육과정의 내용에 대한 의미 있는 접근이 제공되도록 하고 있다. 이러한 사항은 특수교육(U.S. Department of Education, 2004a)을 통해 서비스가 제공되도록 하고 있다. 주요한 문제는 이것이다. 학생의 언어 능력 수준이 학생이 필요로 하는 특수교육과 관련 서비스에 영향을 주는가? 만약 그렇다면 언어 능력의 수준이 어떻게 서비스 제공 방식에 영향을 주는가? 예를 들어, 통역이 필요할지도 모르고, 우리말이 아닌 다른 언어로 쓰인 자료가 필요할지 모른다. 만약 이러한 경우, 장기목표와 단기목표에 작성될 필요가 있다.

점자교육의 요구. IEP팀은 평가 후 시각장애가 있는 학생에게 적합하지 않다고 판단되지 않는 한, 점자 및 점자 사용에 대한 교육을 제공해야 한다. 시각장애인 교사는 일반적으로 담임교사와 함께 일하거나 시각장애 또는 심각한 시각손상이 있는 학생의 주 교사가 될 수 있다. 시각장애인 교사는 장기목표와 단기목표를 작성하기 위한 주요 정보원이 될 수 있다.

언어와 의사소통의 요구. IEP팀은 5가지 특수요인들 중 하나로서 학생의 의사소통을 고려해야 한다. IEP팀은 다음을 포함하여 질문할 수 있다. 학생이 학습을 방해할 정도의 의사소통 수준을 지니는가? 학생이 특정한 의사소통 기술과 전략을 배울 필요가 있는가? 만약 이 질문 중 하나라도 그 대답이 '그렇다'라면, 필수적으로 장기목표와 단기목표에 표시될 필요가 있다. 학생의 교육 프로그램에 전문가로서 언어병리학자를 포함하는 것이 중요하다. 의사소통의 특정 요소는 또한 청각장애인이나 청력에 어려움이 있는 학생들을 포함할 수도 있다.

보조공학 기기와 서비스의 요구. IEP팀은 학생에게 보조공학 기기와 서비스가 필요한지를 고려해야 한다. 보조공학 기기는 어떤 물건이나 장비 또는 시스템을 의미하는데, 이는 장애를 지닌 학생의 기능적 능력을 키우고 유지하며 향상시킨다. 만약 보조공학이 필요하다면, 특정 장기목표와 단기목표에서 필요하다고 진술되어야 한다. 예를 들어 학생이 펜슬그립을 사용할 필요가 있다면, 단기목표에 "펜슬그립을 사용하여 학생의 이름을 쓸 수 있다."라고 작성할 수 있을 것이다(U.S. Department of

Education, 2004c).

장기목표와 단기목표 작성하기

표준 기반 IEP는 IEP팀이 학생의 연간 장기목표와 단기목표를 개발할 때 종종 학년 별 핵심 성취기준, 즉 CCSS라고 하는 미국 각 주의 기준을 통합한 것이다. 표준 기반 IEP는 장애 학생에 대한 높은 기대치를 만들기 위한 교육적 모범사례이다. 표준 기반 IEP는 학생이 일반교육 교육과정에 접근할 수 있도록 보장한다.

표준 기반 IEP는 다음 단계들을 필요로 한다.

1. 학생의 현재 기능적 수준과 IEP의 숙련도를 고려하여 (공식적, 비공식적 둘 다 의) 자료를 수집하고 검토하기

2. IEP에서 학년 수준을 포함하기 위해 학년 수준의 교육과정 안내서와 CCSS를 리뷰하기

3. 현재 IEP의 자료를 분석하고, 학생의 강점, 요구, 진전도, 학생의 장애가 일반교 육 교육과정에 참여하는 데 어떻게 영향을 주는지에 대해 진술하기

4. 함께 자료를 수집하고 다음 질문인 "학생은 지금 무엇을 해야 하는가?"에 대답 함으로써 학생에 대한 요약(PLAAFP) 만들기

5. 다음 질문에 대한 대답으로 PLAAFP의 정보에 기초해 장기목표 작성하기. "학 생이 해야 하는 것은 무엇인가? 학생이 일반교육 교육과정에 참여하기 위해 직 접적으로 영향을 미치는 학생의 요구는 무엇인가?"

장기목표와 단기목표를 작성할 때, 다음 정보를 포함해야 한다는 것을 기억하라.

• 특정 단기목표들의 숙련도를 측정할 수 있는 시간대
• 단기목표를 실행하기 위한 조건
• 측정되어야 하는 행동 또는 기술
• 숙련도의 준거

어떤 교사들은 장기목표를 다음과 같이 쉽게 생각한다. 학생은 _____ 상황(표적행동이 일어나는 상황)과 _____(시간) 안에 _____의 수준 또는 정도로(준거) _____ (구체적으로, 측정 가능하고 관찰 가능한 행동 또는 기술)을 할 것이다.

장기목표와 단기목표라는 문구는 명료해야 하며, 만약 학생이 다른 학교로 전학을 가더라도 새로운 교사가 장기목표와 단기목표를 쉽게 이해할 수 있어야 한다. 스스로에게 "학생이 목표가 성취되었을 때 하는 행동 또는 기술을 나 또는 다른 사람이 명확하게 이해할 수 있을까?"를 자문해 보라.

IDEIA의 2004년 권고에 따른 변화 중 하나는 IEP에서 단기목표나 (성과를 평가할 때 기준이 되는 지표인) 벤치마크를 위한 필수요건들을 명시하고 있다는 것이다. 과거에는 벤치마크나 단기목표는 연간 IEP의 목표에 따라 개발되어야 했다. 이러한 단기목표들은 학생이 장기목표 또는 단기목표의 숙련을 위해 방법을 배우는 데 무엇이 필요한지를 측정하기 위해 사용되었다. 현재 벤치마크나 단기목표는 대체학업성취기준에 맞춰 대안적 사정을 해야 하는 장애 학생에게만 요구된다. (미국의 각 주에는 연방의 요구 사항을 넘어서는 벤치마크 또는 단기목표를 요구할 권한이 있다.)

부모 참여는 중요하며 매년 IEP 회의를 준비할 때 부모 참여가 요구된다. (부모를 포함한) IEP팀이 학생 IEP를 승인하고 마무리하지만, 교사는 일반적으로 IEP팀이 검토하고 논의할 수 있도록 IEP 초안을 회의에 가져온다. 단기목표의 초안에는 부모를 포함하는 것이 좋다. IEP 회의 며칠 전에 IEP 초안을 제공하여 검토할 시간을 갖도록 하라. 경험한 바로는, 부모가 이 과정에 필수적인 부분으로 참여하게 될 때 회의는 더 생산적이고, 더 효과적이며, 더 협력적이게 된다. 분위기는 종종 더 편안해질 것이고, 부모는 더 여유를 가질 것이다. 부모와 학교 스태프들은 실질적으로 학생의 이익을 위해 계획을 개발하는 네 공동의 목직을 가진 팀이 되어야 한다.

IEP 회의 전에 장기목표와 단기목표의 초안을 가정으로 보내라.

수업계획

학생의 IEP는 수업을 만들고 학생의 진전도를 측정하는 기초이다. 의미 있는 PLAAFP를 작성하기 위해 모은 자료와 장기목표와 단기목표의 개발은 수업계획을 만드는 데 견고한 기초가 되며 이로 인해 학생은 발전할 수 있을 것이다. 학생의 강점을 알고 개인의 단기목표를 담는 것은 의미 있는 수업계획을 만드는 데 중요한 일이다.

예를 들어 읽기 수업에 열 명의 학생이 있다면, 열 개의 다양한 읽기 수업 계획을 만들 수 있거나, 학생의 요구에 맞춘 하나의 계획안에 다양성을 줄 수도 있을 것이다. 여기 우리가 수업계획에 대해 몇 가지 생각한 것들이 있다.

- 일반 수업에서 따르는 범위(scope)와 계열성(sequence)을 최대한 활용한다. 범위와 계열성은 특정한 교육과정의 폭과 깊이를 말한다. 범위는 한 학기 또는 1년 내의 교육과정에 맞춘 주제에 대해 얼마나 많이 가르쳤는가를 의미한다. 계열성은 수업을 할 때 가르치는 순서이다.
- 매주 새로운 수업계획을 작성하라.
- 주별로 다양한 활동을 계획하라.
- 각 수업에 대해 필요한 자료들을 목록화하라.
- 다양한 환경에서 하루 종일 IEP의 목표들을 다루어라.
- 수업계획을 파일화하거나 수업계획을 표시함으로써 대체교사가 쉽게 찾을 수 있도록 하라. 대체교사의 폴더를 만들고 보관할 것을 제안한다. 폴더에는 구체적으로 일일계획을 알려줄 수 없을 때 현재 수업계획과 복사본, 그리고 학생의 일정표와 비상시 수업 내용을 담을 수 있다.
- 주별 수업계획의 복사본을 보조교사에게 제공하라.

수업계획의 요소들

수업계획의 형식은 보통 교육청이나 학교, 교육부의 요구 사항에 따른다. 이 주제에 관해 연구하고 여러 형식들을 보기도 했으나 아직 완벽한 형식을 찾지는 못했다! 형식에 상관없이, 수업계획을 작성하는 것은 학생들의 IEP에서 요구되는 것을 알아가고 이해하는 것이다. 이것은 또한 수업을 위해 학생들을 그룹화하는 방법에 영향을 미치며 이에 대해서는 제7장 '교수 전략'에서 언급한다.

수업계획을 작성하고 수업을 위한 전달 모델을 구성하는 방법은 Madeline Hunter의 작업에 큰 영향을 받았다. Hunter는 미국인 교육가로서, 20세기 말에 교수 및 학습 모델을 개발하고 그 모델을 학교에 광범위하게 적용한 사람이다. 수업계획을 작성하는 방법에 대한 그녀의 지대한 영향은 실천으로 가는 교수이론(Instructional Theory Into Practice, ITIP) 교수 모델로 발전시키는 과정에서 진전되었다. Hunter(1994)는 교사가 일반적으로 효과 있는 수업에 사용하는 7가지 구성 요소를 확인했다.[*] 이 요소들은 수업설계에서 빈번하게 사용되고 있다. 7가지 요소는 다음과 같다.

1. 수업목표 — 학생이 수업이 끝날 때 무엇을 할 수 있고 무엇을 이해할 수 있는지 구체적으로 아는 것

2. 예상 활동 — 학생이 수업의 목표에 집중하고 배울 주제에 대해 관심을 가질 수 있는 간단한 활동이나 짧은 예고

3. 수업하기 — 학생이 이 수업에서 배울 것이 무엇인지 시범이나 예를 보여주고 새로운 단어, 용어, 개념들을 소개하는 것

4. 연습 안내하기 — 교사의 안내 혹은 관리감독을 통해 학생들이 그날의 수업과 관련된 활동이나 연습을 해보는 것

5. 이해했는지 확인하기 — 학생이 수업에서 개념이나 생각, 기술을 이해했는지 비공식적으로 평가하는 것

6. 독립적 수행 — 학습을 강화하기 위해 수업에서 배웠던 개념이나 기술을 반복 연습하는 것

7. 마무리 및 요약 — 수업을 검토하거나 마무리하는 것. 또한 교사가 학생의 이해도를 더 확인할 수 있는 시간이기도 함

----

[*] wessman@hope.edu; Used with permission.

Madeline Hunter의 가이드라인을 사용해 특정 주제나 기술을 위한 수업계획을 작성하기 위해 이 책의 '부록'에 안내된 형식을 사용하길 바란다.

수업계획은 개별 학생의 장기목표와 연결되어야 한다.

당신이 가르치는 각 수업에서 모든 요소가 사용되지 않을 수도 있다. 예를 들어 학생에게 안내되기 전에, 그리고 학생이 독립적으로 실천할 준비가 되기 전에 몇 개의 수업이 실시될 수 있을 것이다. 계획과 수업에 이러한 요소를 포함하는 것은 효과적인 수업이 되도록 지원한다. 여전히 이러한 일은 교사에게 달려있으며, 살아있는 수업이 되게 하고 학생에게 성공적인 학습이 되게 한다. 가장 확실하게 잘 전달될 수 있게 주의를 기울여 작성된 신중한 수업계획은 학생들의 학습을 위한 기초가 된다.

학생의 진전도 점검하기 : 성적 시스템

교사들은 모든 과목에서 각 학생들의 진전도를 추적해야 한다. 이러한 자료는 단기목표를 정확히 최신 정보로 수정하는 데 중요하다. 또한 이 일은 매년 IEP 회의에서 학생이 앞으로 나아가는 방법과 새로운 장기목표와 단기목표를 작성하는 데 필요하다. 자료 수집은 학생의 장기목표와 단기목표에서 측정된 진전도와 숙련도의 설명과 일치해야 한다.

일반교사는 성적표에 학생의 성적을 전자로든 서면으로든 기록한다. 특수교사의 경우에도 성적을 잘 기록할 필요가 있다. 보관된 성적은 자료 형태이다. IEP의 단기목표에서 학생의 진전 사항을 채점하기 때문에 단기목표가 장기목표에서 설명된 방식으로 따라가도록 자료 수집 시스템이 개발되어야 한다. 진전에 관한 보고서나 학생 진전에 대한 의사소통의 다른 수단은 교육청이나 교육부에 의해 일반적으로 결정되지만, 부모도 학생의 성적 향상을 위해 어떻게 자료가 수집되었는지 알아볼 수 있도록 요청할 권한이 있다.

컴퓨터의 스프레드시트상에 자료를 입력하건, 노트에 표시를 하건 간에 자료를 보관하는 것은 중요하다. 예를 들어 어떤 IEP의 경우, 기술 향상이 7회 중 5회가 성공적으로 진전되었다고 적혀있다. 다른 IEP의 경우, 기술이 6주 동안 80% 이상 성공적으로 나타날 필요가 있다고 적혀있을 수도 있다. 진전도가 측정되기 위해 다양한 상황과는 관계없이 자료 수집 시스템을 만드는 것은 필수적이다.

자료 수집은 많은 다양한 환경에서 수집되어야 한다. 예를 들어 만약 학생이 개인 공간을 유지하도록 IEP의 목표가 적혀있다면, 행동에 대한 자료는 복도, 급식실, 체육관, 그리고 교실에서 다양하게 측정될 필요가 있다.

이러한 모든 중요한 자료가 누구에 의해 기록되는가? 무엇을 찾아야 하고 어떻게 자료를 기록하는지 교육받은 모든 스태프가 될 수 있다. 일반교육 학생에게 적용되는 것처럼 특정 또는 기밀 정보, 성적 및 자료는 교실의 안전한 위치에 보관되어야 한다.

매일 또는 매주 노트 또는 컴퓨터 스프레드시트에 저장될 수도 있다. 이 장의 초기에, 우리는 자료 수집 전략의 다양성과 방법에 대해 구체적으로 살펴보았다. 그림 6.7과 유사한 도표를 사용할 수도 있다. 각 자료에 입력한 백분율 또는 등급은 학생이 숙달에 도달할 것임을 나타내는 장기목표 및 단기목표와 일치해야 한다.

그림 6.7 주별 자료 정리문서

과목	날짜	날짜	날짜	날짜	날짜
수학					
1. 둘 또는 더 적은 언어적 촉구를 통해 10까지 세기					
2. 촉구 없이 동그라미, 네모, 세모 명명하기					
3. 주어진 실제 사물에서 두 개의 사물을 비교해 어느 것이 더 크고 작은지 말하기					
읽기					
1 5초 안에 보이는 단어들을 따라서 읽기 : 그리고, 그것, 빨간, 남자, 공, 가다					
2. 두 번 읽은 이야기를 들은 후 이야기의 주요 캐릭터를 식별하기					
3. 이야기를 나타내는 그림 그리기					

요약

각 학생의 장기목표와 단기목표는 교육 프로그램의 근간이다. 잘 계획된 수업을 제작하고 실행하는 것은 모든 학생의 발전을 확고하게 하는 도구이다. 계속 자료를 수집하고 학생의 성취를 관찰하는 것은 학생들이 목표를 달성하기 위해 충분한 진전을 이루고 있는지에 관한 중요한 정보를 제공할 것이다. 학생의 목표에 대한 진전도를 종종 비교함으로써 수업 전략과 수업이 학생을 충분히 진전시키는지 알 수 있을 것이며, 전략이나 방법을 수정할 필요가 있다는 점도 알 수 있을 것이다.

실생활 응용

장기목표, 단기목표, 그리고 수업계획은 항상 많은 시간과 관심을 요하는 뜨거운 주제이다. 실생활 응용은 이 장에서 어떤 정보가 학생의 교육적 프로그램에 초석이 될 것인지를 설명한다.

조이

조이가 1월에 새로운 학교로 전학 왔을 때, 그의 부모는 다른 주에 소재한 이전 학교에서 사용했던 IEP를 가지고 왔다. 조이의 새 교사는 전에 측정된 단기목표가 무엇인지, 조이가 단기목표 중 어떤 조건에서 일부를 수행할 것으로 예상되는지 파악하는 데 매우 어려운 시간을 보냈다.

조이가 새로운 학생이라면 무엇부터 할 것인가? 이 경우, 교사는 조이의 전 학교에 전화를 걸어 전 학교의 관리자로부터 승인을 받아야 한다. 조이의 전 교사와 대화를 하는 것은 매우 유용할 것이고 조이의 새 교사가 IEP에서 장기목표와 단기목표를 명확히 하는 데 도움이 될 것이다.

새로운 학생이 학급에 오면, 전 학교의 IEP를 승인할 것인지 아니면 새롭게 IEP를 만들 것인지에 대한 결정을 30일 안에 해야 한다. 이 기회를 사용해 목표를 변경하여 다른 모든 사람이 학생에 대한 기대치가 무엇인지 이해할 수 있도록 하라. 30일이

지나 조이에게 실행할 IEP 회의 때 스태프는 모든 사람이 조이가 달성해야 하는 것이 무엇인지 더 명확하게 이해하는 데 도움이 되는 새로운 장기목표와 단기목표를 부모에게 제시할 수 있었다.

212호실의 혼란 상황

212호실의 교사는 금요일 오후에 아파서 갑자기 조퇴를 해야 했다. 그날 밤 늦게, 그녀는 응급실로 갔고 심한 감기로 인해 병원에 입원해야 했다. 화요일까지 그녀는 상태가 점점 나아졌고, 집에 돌아가도 되었으나 한 주 동안 출근을 하지 못했다.

일요일 저녁에 매주 수업계획을 작성하는 게 교사의 습관이었다. 그러나 애석하게도 그녀의 학생과 스태프들은 그녀가 아팠던 그 주의 수업계획을 받을 수 없었다. 또한, 두 보조교사 중 한 명의 남편이 차 사고가 나는 바람에 그녀도 마찬가지로 그 주의 이틀을 출근하지 못했다.

동시에 몇 명의 스태프가 결근한다면 교실이 어떻게 될까? 실행할 대체계획이 있는가? 212호실의 교사는 학교로 돌아와 한 주 안에 교사나 보조교사가 예상치 못하게 결근하게 되는 경우를 위해 대체계획을 세웠다. 그녀는 즉시 사용할 수 있는 일주일 분량의 수업계획이 포함된 폴더를 만들었다. 세 달마다 폴더를 업데이트한다. 폴더 안에는 교사의 부재 시 학급 기능이 유지되도록 특정 학생 정보, 일정, 그리고 다른 중요한 정보에 대한 내용이 들어있다.

트리샤의 부모

두 번째 9주 평가 기간이 끝났을 때, 트리샤의 부모는 교장과 교사 모두와 함께 회의를 갖기를 요청했다. 부모는 아이의 성적과 진행 기록에 대해 우려했다. 부모는 트리샤가 220개의 기본 단어를 읽지 못하고 두 자릿수를 덧셈하는 것도 그들이 받은 최근 업데이트된 IEP에 명시된 대로 한 번에 80%의 정확도만 갖는다고 확신했다. 회의에서 트리샤의 부모는 트리샤의 최근 성적을 결정할 때 사용한 자료를 보길 요청했다.

즉시 보여줄 IEP 진전도를 가지고 있었는가? 애석하게도 트리샤의 교사는 부모에게 보여줄 것이 거의 없었다. 그녀는 성적과 진전 사항에 대한 어떤 자료나 과제물도 가지고 있지 않았다. 오직 트리샤가 잘하고 있고 진전을 보인다는 것이 그녀가 일을 마무리하기 위해 처음 한 말이었다.

약간의 논의 후에, 교장은 3주 뒤 교사가 수집한 자료와 과제물에 대한 내용을 가지고 다시 만나자고 제안했다. 또한 교장은 매주 교사와 만나 어떻게 교사가 자료를 수집하는지를 검토하고 그녀가 담당하는 모든 학생의 과제물을 검토하려 했다. 교사는 모든 학생의 자료를 수집하고 과제물을 보관함으로써 교장과의 주간 검토를 피할 수 있었다.

제6장

학급에서의 장기목표, 단기목표, 그리고 수업계획을 위한 아이디어

교수 전략

7

목표 : 당신이 지도하는 학생의 다양한 학습 요구를 충족해 주는 전반적 교수 전략들을 검토하고, 나아가 세부적 고려 사항으로 학생들이 학습 흥미와 열정을 가지는 방법과 함께 궁극적으로 독립적인 학습자가 될 수 있는 학습 환경 등을 논의한다.

생각의 함정

"나는 보통 컴퓨터를 활용해 가르쳐서 학생들은 내 수업에서 쉴 새 없이 바빠."

"내가 매일 비슷한 방식의 수업을 진행하는 이유는 학생들에게 반복학습이 필요하기 때문이야."

"내가 가르치는 학생들을 그룹으로 만들어서 가르치라고? 그들은 각자 다른 IEP 목표를 가지고 있어 불가능해."

다 양한 학생의 학습 요구와 필요를 충족하기 위해서는 교사의 다양한 교수 전략과 교수 방법에 대한 역량이 필요하다. 또한, 학생들의 개인적 목적과 목표를 고려한 흥미롭고 혁신적인 수업을 만드는데는 깊은 고민과 창의적인 계획이 수반되어야 한다. 교사가 학생들의 학습과정에 적절한 교수·학습 전략이 무엇인지 알고, 부단한 노력으로 실제 교실에서 전략을 실행할 때 학생은 학습 활동에 더욱 몰입해 학습 기술과 성취 수준이 향상한다.

이론적 해석

이 장에서는 교사의 교수 전략과 교수 방법들을 집중적으로 분석해 학습을 촉진하는 교실 환경 구성과 실제 환경에서 독립성을 기르는 방법 및 전략을 살펴보고자 한다. 교사는 모든 학생의 성공적인 학습을 지원하기 위해 학생들이 학습에 흥미롭고 즐겁게 참여할 수 있도록 교수 전략과 방법을 사용해야 한다. 직접적 전략과 방법으로는 바로 지역사회 중심 교수, 그리고 교실에서 연령에 적합한 교수 자료를 사용하는 것이 있다. 이 장에서, 우리는 당신이 활기 넘치며 유의미한 학습이 진행되는 교실을 만들 수 있도록 우리의 지식과 경험을 공유하고자 한다. 즉 이 장의 목표는 학생들이 학습 기술을 배워서 적용하고, 기능적 기술을 선보이며, 그리고 최종적으로는 이 둘을 모두 독립적으로 행하게 하는 것이다.

교육적 고려 사항

우리가 지도하는 학생은 다양한 특성을 가진 학습자로, 일부는 특정 시청각적 정보를 필요로 하고, 일부는 움직임을 통해 정보를 수용하며, 또 다른 일부는 구체물을 제공받아야만 한다. 이들의 개인적 요구와 장애 특성을 고려한 교수 전략을 실행했을 때 학습 효과가 높을 것이다. 하지만 특정 과제의 주의집중, 짧은 기억, 아주 기초적인 학습조차 수행하기 힘든 학생도 있다. 결국 수업에서 다양한 수준의 학생에게 다양한 교수 전략을 사용해 활기차고 의미 있는 학습 환경을 만들어 주는 것은 모든 학생에게 교육적 효과가 있다.

당신의 교구함(toolbox)에는 무엇이 있는가?

연령에 적합한 교수 자료와 활동들

수업에서 연령에 적합한 활동과 도구 사용은 특별한 교수 기법이 아니지만 교사가 학생을 존중하는 모습을 보여주는 것과 더불어 비장애 학생의 장애 학생에 대한 긍정적 인식과 행동을 유도할 수 있다. 학생의 인지 · 발달 · 행동적 연령에 상관없이, 장애 학생이 수업에서 비장애 학생과 같거나 최대한 비슷한 수업 도구와 활동을 접하도록 하는 것은 중요하다. 특히 일반적 학습 환경(일반교육 환경)에서 대부분의 시간을 보내는 학생들에게는 같은 학습 자료와 활동으로 익힌 행동과 의사소통이 동일한 연령의 친구들에게 자연스럽게 받아들여질 가능성이 크다.

예컨대 고등학교에 재학 중인 특수교육 대상자가 평소 좋아하는 바니 캐릭터 가방을 메고 등하교하는 모습을 상상해 보면 이해하기 쉽다. 이 학생이 지닌 장애로 비장애 학생들과 일상적인 통합이 이루어지진 못하더라도, 최소한 생활 연령에 적절하지 않은 지도로 다른 학생들로부터 놀림의 대상이 되는 것은 예방해야 한다.

다른 측면에서도 비장애 학생이나 스태프가 보라색 바니 가방을 멘 장애 학생을 본다면, 장애 학생이 유치원생 정도의 지능이나 행동 수준을 가졌을 것으로 추측할 수 있다. 그것이 바니 가방을 멘 장애 학생의 실제 지능 수준에 따른 자연스러운 행동일지라도, 현재 고등학생 정도의 생활 연령이므로 유치원생으로 취급되어서는 안 된다. 그렇다면 어떻게 해야 할까?

첫째, 동일 연령의 비장애 학생이 평소 사용하는 물품을 사용하도록 부모와 협의하는 것을 추천한다. 부모 역시 자신의 자녀가 '바니'보다는 동일 연령의 고등학생이 관심을 두는 유명 가수와 관련된 물건을 더 가까이하기를 바랄 것이다. 부모와의 협의에서 중요한 것은 연령에 적합하지 않은 물품을 사용하는 것에 대해 비판할 것이 아니라, 이를 장애 학생의 행동을 지지하거나 이해해 주며 생활 연령에 적절한 행동을 할 수 있는 방안을 모색할 기회로 삼아야 한다는 점이다. 즉, 장애 학생의 정신 연령을 강조하는 것보다 고등학생이라는 현재 생활 연령에 적합한 기술을 갖도록 방안을 찾는 공동의 노력이 필요하다는 것이다.

하지만 일부 부모는 '바니' 관련 물품이나 비디오를 보며 만족해하는 장애 학생의 행동을 지지하거나 그것에 관심이 없을 수도 있다. 이 경우, 교사가 먼저 '바니'를 학교에서 최대한 멀리할 수 있도록 숨기는 등의 노력이 중요한데, 특히 학생이 학교에 도착하면 '바니' 가방을 생활 연령에 적합한 가방으로 바꾸어 멜 수 있도록 해야 한다. 이것을 성공적으로 수행할 방법은 학생마다 다르지만, 달력에 바니 가방을 착용할 수 있는 마지막 날에 동그라미를 치는 시각적인 전략이나 다른 가방을 멜 때 칭찬해 주는 차별 강화를 사용하는 전략이 도움이 될 수 있다.

연령에 알맞은 물건을 사용하는 것은 초등학생, 중학생, 고등학생 즉 모든 연령대의 학생에게 중요하다. 그림 7.1에 그려진 장난감은 유아의 행동 기술을 발달시키고 인과 관계에 대한 인식을 길러주기 위해 사용하는 대표적인 장난감이다.

하지만 그림 7.1과 같은 미취학 아동용 장난감은 이미 그 나이가 지난 학년에는 어울리지 않으므로, 실제와 유사한 스위치로 화면을 구성하거나 스위치를 활성화할 때 다양한 기능으로 작동하는 기기를 사용해야 한다. 흔히 학생의 미세 운동 기술을 발달시키기 위해 장난감과 스위치를 연결해 스위치를 누르면 장난감이 움직이거나 음성으로 출력되게 하는 기구를 볼 수 있다.

그림 7.1 도구의 연령 적합성을 판단하라

그림 7.2 연령에 적합한 물건

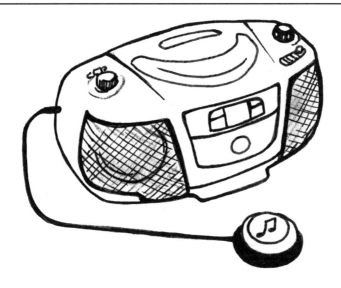

색상이나 모양을 지도하는 것은 1,000여 개의 방법이 있을 정도로 다양하게 가르칠 수 있는데, 그중 귀엽고, 작고, 화려한 색이 칠해진 플라스틱 곰돌이 인형은 중고등학교보다는 유아 학급에 배치하는 것이 적합하다. 역시 형형색색의 사탕이나 플라스틱 컬러 수저를 사용해 수를 세거나 정리하는 것은 유아보다 조금 더 학년이 높은 학생에게 적합하다. 고등학생이 될 때까지 색을 구분하거나 인지하지 못한다면, 그 단계에 머물기보다는 학생의 의무교육 기간이 끝나기 전, 아직 습득하지 못한 더 다양하고 많은 기능적 기술을 가르치기 위해 노력해야 할 것이다.

결론 : 교사는 학생에게 발달척도에 근거하기보다 그들을 존중하고 존엄한 존재로 인식하는 노력을 기울여야 한다. 그러한 노력의 하나로 학생의 연령에 적합한 물건들과 활동들을 생활 환경에 배치해 연령에 적합한 기술을 습득하도록 지원해 궁극적으로 또래들과 통합되어 잘 어울릴 수 있도록 하라.

다양성은 흥미를 기른다

학생들에게 매일 단순한 숫자 플래시 카드만 사용해 수 개념을 가르치는 것은 동기유발이 되지 않아 지루할 수 있다. 만약 수 개념을 가르칠 때 2월에는 하트 등 계절을 연상하는 모양의 학습 도구를 사용하거나 밸런타인데이라는 주제를 사용한다면 수학을 더 재미있게 가르칠 수 있다. 수학뿐만 아니라 다양한 교과를 활용해 수 개념을 지도할 수 있는데, 예컨대 매달 마지막 날에 비가 왔거나 해가 뜬 날의 수를 세도록(과학) 한다거나, 혹은 대통령 선거 전까지 남은 날의 수를 세도록(사회) 하는 것이다. 일상생활을 활용한 예로, 우편함이나 기숙사 방 번호 등 실제 생활에 볼 수 있는 물건이나 운동선수의 등번호, 순위 등 흥미로운 분야를 활용해 가르칠 수 있으므로 이러한 방법을 고려해 볼 필요가 있다.

그림 7.3 학생들의 관심을 활용해 수업을 더 재미있게 만들어라

전일제 특수학급에서는 매일 고정된 일정으로 일일계획 정하기, 원형 그룹 활동 시간 그리고 아침 만남 시간 등을 수행한다. 이 시간 동안 학생들은 하나의 그룹으로 모여 같은 주제를 다루는데, 이 시간 동안 다루어지는 공통 주제는 일정 관리 기술, 날씨, 특별한 활동 등이다. 그리고 그날의 일정이나 일상적인 활동을 검토하거나, 변경을 논의할 수도 있다.

이 시간에 실용적인 기술을 가르치거나 흥미로운 정보를 제공할 수도 있지만, 매일 같은 주제들을 같은 방식으로 거론한다면 학생들은 지루하게 느껴 관심을 가지지 않을 수 있다. 전일제 특수학급에 있는 학생들은 몇 년 동안 같은 교사와 같은 교실에 소속되므로 이 학급을 지도한다면 교사는 항상 같은 주제들을 같은 방식으로 다루는 잘못을 저지르지 않아야 한다.

> 만약 당신이 특수학급에서 매일 같은 주제와 지루한 방식으로 개인 일정 확인 등의 활동을 한다면, 학생들 역시 지루해할 확률이 높다.

학생 등교 후 교실에서 만남 활동(조회)이나 이후 개인 시간표에 따른 교사와 학생과의 만남(수업)은 상호작용이 중요한데, 이때 상호작용이 일어날 수 있도록 반 전체 모두에게 흥미 있거나 개별 학생 자신과 관련된 중요한 정보가 담긴 정보를 제공해야 한다. 특히 학생 개인별 지도를 위해 아침 조회 일지나 다이어리를 쓰는 것은 학생의 관심을 유도할 뿐만 아니라 각 학생의 요구에 맞는 학습이 될 수 있도록 하는 개인화된 지원을 돕는다. 학생의 학습 정보와 개인 일정, 개인별 특성에 적합한 학습 자료가 포함된 교사 제작 다이어리는 교사의 필요에 따라 유연하게 활용할 수 있다. 그 예로 다이어리 내 일부 페이지를 투명 비닐로 코팅하여 학생들이 작성된 글이나 그림 위에 보충해 쓸 수 있게 하거나 수업 주제에 적절한 아이콘을 붙이거나 그릴 수 있도록 해 준다거나 독해가 필요한 학생은 자신의 독해 수준에 맞추어 글로 된 정보들을 수록할 수 있도록 구성하는 것이다. 중고등학생들은 비장애 학생들이 쓰는 플래너를 활용하여 아침 조회 시간에 학급에서 다룬 정보나 학습 내용을 기록할 수 있다.

다이어리에는 다음과 같은 내용이 포함될 수 있다.

- 월간 달력
- 계절 아이콘과 단어
- 학생 개인 정보
- 일일 일정
- 숫자, 색, 모양
- 현재 중요한 이벤트
- 학교에서 중요한 사람들의 사진과 이름

감각적 요구

특정 감각 자극이 필요한 학생, 환경에 민감하게 반응하는 학생, 남들보다 더 많은 신체적 활동 기회가 필요한 학생을 지도하는 데 있어 작업치료사는 중요한 인적 자원이다. 다음에 제시되는 감각 자극 활동들을 경험하도록 하는 지침이나 하루 일정에 그 활동들을 적절히 배치하는 데 조언을 함으로써 학생들의 수업 집중도와 활동 참여율을 높이고 지속하도록 한다.

감각 자극을 위한 활동의 예로 피젯 박스(fidget box)를 추천할 수 있는데, 이는 감각 자극 도구가 담긴 도구함 안에 손을 넣어 물건을 만지거나 쥐는 활동을 하도록 제작된 것이다. 피젯 박스는 신발 상자 정도 크기의 투명한 박스로, 상단에 학생 이름을 쓰고 학생이 필요로 하거나 좋아하는 특정한 물품을 도구함 안에 넣으면 된다. 학생들의 손을 바쁘게 움직이게 할 교사 추천 아이템으로는 쿠시공, 작고 유연한 공들, 신발 끈, 그리고 파이프 닦이 등이 있다. 학생별 도구함을 제공하는 것은 학생 간 공유로 인한 세균, 감기 전염을 예방하기 위함이다.

그림 7.4 감각 박스

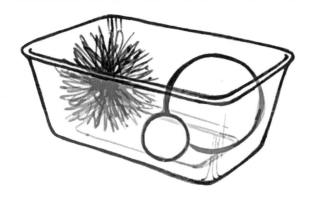

감각 자극이 필요한 학생을 위해 개발된 피젯 박스는 학생의 하루 일정에 포함해 활용해야 하며, 작업치료사의 자문을 통해 학생 개인별 특성에 맞게 감각 자극 횟수나 휴식을 제공해야 한다. 다음 두 권의 책은 감각 문제를 다루는 데에 유용한 자료가 될 것이다. A. Jean Ayres(2005), *Sensory Integration and the Child-25th Anniversary Edition* 그리고 Carol Stock Kranowitz(2005), *The Out-of-Sync Child: Recognizing and Coping With Sensory Processing Disorder*.

교수 방법과 전략들

특수교육에서 모든 학생에게 통하는 하나의 절대적 전략이나 방법은 존재하지 않는다. 교사들은 최선의 결과를 가져오는 다양한 교수 방법과 전략에 익숙해져야 할 뿐만 아니라 교수 방법과 전략을 잘 선택하는 것도 중요하다. 특수교육에서 강조되는 모든 교수 방법과 전략을 다루는 것은 이 책의 범위를 벗어나는 일이지만 당신의 교구함에 넣을 만한 중요한 교수 방법과 전략들을 다음과 같이 소개하고자 한다.

직접교수

직접교수는 학습목표 달성을 위해 학생들이 이해할 수 있는 언어로 교사가 직접 명료하게 학습 내용을 가르쳐 주는 것이다. 이 교수법은 교사 주도의 잘 설계된 일련의 활동과 특정 목표를 달성하는 데 필요한 단계를 제공한다. 학생들은 목표 달성 여부를 판단하기 위해 단계별로 계속해서 과제를 이해하는지를 질문받는다. 직접교수는 교사의 개입 정도에 따라 구분되는데, 가장 개입 정도가 높은 것으로 교사가 직접 학생들에게 보여주는 시연과 모델링, 필요한 만큼 재지시와 재교수 등을 제공하는 안내된 연습(guided practice) 그리고 피드백이 기의 제공되지 않는 독립된 연습 단계로 활용할 수 있다. 이 책 제6장에서는 수업계획 양식과 관련하여 직접교수 요소를 다룬다.

연구에 의하면, 직접교수는 학생들이 배울 내용을 명확히 설명하고, 특정한 학습 과제를 가르치기 위해 구조적으로 일정 과제와 단계를 제공해 학생의 학습 수준을 높일 수 있는 좋은 방법이다. 즉 직접교수를 체계적으로 사용하는 것은 학생들이 새 기술이나 과제를 배우기 위해 교사가 사전 계획된 학습 단계를 반드시 거쳐 반복적으로 익히도록 한다는 것을 의미한다. 당신이 교실에서 수업 중 다른 어떤 전략을 사용하든지, 직접교수는 당신의 교구함 속 가장 크며 중요한 도구라는 것을 기억하라.

응용행동분석

훌륭한 교사라면 교과나 기능적 기술을 가르칠 때, 혹은 문제행동을 다룰 때 응용행동분석(Applied Behavior Analysis, ABA)의 원리를 활용한다. 응용행동분석은 학생이 습득해야 할 기능적 기술을 작고 분절된 과제로 나누어 매우 구조화된 방식으로 가르치므로 기능적 기술 습득에 도움을 얻을 수 있다. 교수를 위한 학생 정보 수집과 강화제 사용은 응용행동분석뿐만 아니라 모든 효과적인 교수법의 주요 요소로 볼 수 있는데, 응용행동분석에서는 이들이 가장 중요한 구성 요소이다. 이러한 요소와 함께 응용행동분석에서 활발히 활용되고 학교 현장에도 잘 알려져 있으며 응용행동분석을 정확한 방법과 절차에 따라 사용하지 않을 때 사용할 수 있는 기법을 소개하고자 한다.

- 행동 형성은 목표로 하는 (도달점) 행동이 현재 나타나지 않는 학생에게 점진적으로 강화제를 제공해 목표로 하는 표적행동을 발생시키게 하는 방법이다. 특히 목표행동으로 이어지는 단계나 진전되거나 비슷한 수준인 행동들에 대해 강화하는 것이 필요하다. 예를 들어, 학생이 의자에 앉아 교사의 설명을 들어야 하는 상황에서 학생이 의자에는 앉지 않지만 책상 근처에서 우두커니 서있다면, 교사는 학생이 의자 주위에 서있는 것만으로도 차별 강화함으로써 특정한 행동 형성 지도를 시작할 수 있다. 이후 학생이 계속 의자 옆에 서있다면, 교사는 그 행동을 보강(차별 강화)하는 것을 그만두고 목표했던 의자에 앉는 행동에 더 근접한 다음 동작이나 중간행동의 강화를 시작해야 한다. 예컨대 의자에 앉기 전 단계인 학생이 허리를 숙여 의자를 만지는 것 등으로, 이러한 목표에 근접하고 진전된 행동의 차별 강화로 학생은 표적행동에 가까워진다.

- 행동 연쇄는 목표행동을 일정한 절차나 순서로 구분해 한 단계씩 지도하는 것으로, 학생이 달성한 하나의 단위행동은 다음 행동의 단서가 된다. 학교 현장에서 교사가 행하는 모든 행동은 행동 연쇄의 일부라고 할 수 있다. 예를 들어 알파벳을 외울 때, A로 시작하는 것은 자연스럽게 B를 불러오는 단서가 되고 이는 다음으로 C를 말할 수 있는 자극이 된다. 아침에 행하는 서너 단계의 루틴은 각 단계가 다음 단계를 위한 단서이므로 행동 연쇄라고 할 수 있다.

- 촉구체계는 학생이 새로운 기술을 습득할 때 정반응이 일어날 수 있도록 교사가 여러 부가 자극을 제공하거나 자극을 수정하는 방법이다. 촉구(prompt)는 행동이 일어날 확률을 증가시키는 것인데, 촉구의 목표는 학생이 촉구 없이 독립적으로 목표 기술을 수행할 수 있도록 하는 것이다. 촉구의 예시로는 신체 접촉으로 도움을 주는 촉구, 기대행동에 대한 모델링을 제공하는 촉구, 무언가를 가리키거나 제스처 등 몸짓을 하는 촉구, 학생한테 무엇을 해야 하는지를 말해주는 것과 같은 언어적 촉구, 사진이나 그림을 사용하는 시각적 촉구 등이 있다. 촉구체계는 최대-최소 촉구, 최소-최대 촉구 등 상황에 맞게 전략적으로 사용할 수 있다. 일반적으로, 최대-최소 촉구체계(most to least prompting hierarchy)는 가장 개입 정도가 높고 적극적인 촉구 순으로 제공하는 것으로, 신체적 지도, 가벼운 신체적 접촉, 모델링 혹은 제스처, 마지막으로 가장 촉구 수준이 낮은 언어적 촉구가 있다. 이러한 체계는 주로 바람직한 반응을 보이는 데 실패하거나 도움을 많이 필요로 하는 학생에게 새로운 행동이나 기술을 가르칠 때 사용한다. 비슷하게, 최소-최대 촉구체계(least to most prompting hierarchy)는 학생이 바람직한 반응이 없어 교사가 촉구의 강도를 높이는 것으로 언어적 촉구에서 시작하여 제스처나 모델링, 가벼운 신체 접촉 그리고 마지막으로 촉구 수준이 높은 신체적 지도로 이어진다. 최소-최대 촉구는 주로 이미 습득한 기술이나 학습과정에서 실수가 나타나 높은 강도의 도움보다는 적은 도움으로도 정반응을 할 수 있는 학생에게 사용된다.

- 강화는 학생이 수행한 행동을 반복하도록 하거나 교사가 원하는 행동을 알 수

있도록 하는 데 필요한 행동 지도 방법이다. 교사의 급여 역시 강화로 볼 수 있는데, 급여를 통해 노동을 소중히 하며 강화를 받기 위해서 교사는 지난달과 같은 노력을 지속해 나간다. 물론, 모든 강화가 학생에게 물질적인 보상을 주는 것을 의미하지는 않는다. 우리가 제5장 '행동 전략'에서 언급했듯이, 열심히 노력한 과제를 언어로 인정해 주는 것 역시 강화이다. 이처럼 강화는 행동을 성립하게 하거나 반복하게 하는 열쇠이다.

- 그림 강화 계획은 바람직한 행동을 이끌어 내기 위해 일과 중 행동 지도 과정에서 시각적 강화제를 사용하는 것이다. 예컨대 학생이 교실 간 독립적으로 이동하도록 지도하기 위해, 학생이 좋아하는 다음 활동이 그려진 사진을 학생의 일과 중 자연스럽게 활용할 수 있다.

- 비연속 개별 시도 교수는 구조화된 환경에서 작고 복잡한 행동보다는 간단한 과제들로 분리된 기술을 가르치는 좋은 방법이다. 우리는 학교 현장에서 교사들이 응용행동분석을 알지 못함에도 비연속 개별 시도 교수를 쓰고 있는 것을 흔히 볼 수 있다. 이는 주의집중을 일으킨 후 자극과 촉진을 제공해 특정 행동 기술을 가르칠 때 유용한 것으로, 학생행동의 과정과 결과에서 보인 반응 등의 정보를 차트에 기록한다.

교사의 내공에 의한 교수 기술들은 모든 교실에서 일어날 수 있지만, 이러한 기술이 응용행동분석 기법의 일부라는 것은 알지 못한다.

그룹 구성하기

보통 특수학급은 일반학급보다 인원수가 적으나 나이, 개인 능력 그리고 학습 방식이 다양하므로 학생 각각의 학습 목적과 목표 역시 다양하게 설정해야 한다. 특히 학생들을 한 학급 내에서 그룹을 구성해 가르친다면 반드시 모든 학생의 교육적 요구와 필요를 충족시켜 주기 위한 노력이 선행되어야 한다. 무엇보다도 그룹 구성 시기와 방식에 대한 심도 있는 고민과 계획이 필요하며, 더불어 이를 적용해 교실에서 세밀한 교수가 필요하다.

일과 중 학급 내 그룹은 다양한 방식으로 구성할 수 있다. 교사는 그룹 지도 시 전체 학생을 위한 지도 시간을 가져야 하지만 특정 학생을 위한 개별 지도 시간도 필요하다. 여러 학생이 보조교사의 지도를 받거나 특정 워크 스테이션(individual work station)에서 활동 중일 때, 당신에게는 다른 학생 혹은 다른 몇 명의 학생들과 활동하거나 그들을 지도할 시간적 여유가 생긴다. 이때 학생들에게 여러 가치 있는 기술들을 가르칠 기회를 얻게 되는데, 예를 들면 교사가 다른 학생을 지도할 때 특정 학생은 자신의 차례 기다리기, 혼자 활동하기 등을 자연스럽게 학습할 수 있다. 또한 이러한 활동은 학업적 지원이 필요한 학생에게 개별화된 지원을 할 수 있게 된다.

일부 교사들은 시각적으로 한눈에 파악할 수 있는 IEP 목표 도안이 모든 학생의 수준을 한눈에 파악할 수 있어 효율적이라고 생각한다. 이러한 차트는 그림 7.5처럼 제작할 수 있다.

그림 7.5 그룹 내에서 IEP 목표에 따른 구분 예시

수학적 기술 분석

	존	애니	시드	캐시	채드	윌
숫자 10까지 세기	×	×			×	
1에서 10까지 순서 맞추기	×	×			×	
1에서 10까지 순서대로 쓰기		×		×	×	
20까지 세기		×	×		×	
1에서 20까지 순서 맞추기				×		×
1에서 20까지 무작위로 쓰기			×	×		×

교사가 학생별 IEP와 함께 이미 성공적으로 달성한 개인별 교육목표를 확인하는 것은 중요하다. 이를 통해 일상생활 능력 향상 등 유사한 목표를 가진 학생을 별도의 그룹으로 편성할 수 있을뿐더러 수업 지도안 작성 시에도 유사한 분야의 목표를 달성할 수 있는 수업으로 구성할 수 있기 때문이다. 중요한 것은 그룹별 유사한 자료와 활

동으로 구성하지만 그룹 내에서도 개인의 필요에 맞도록 차별화 교수가 필요하다는 것이다.

그룹학습에서 차별화 교수는 그 그룹 구성원이 두 명이든 열 명이든 필요한 것이지만 학습 양식과 IEP 목표가 학생마다 다양해 쉽지만은 않다. 하지만 특수교육은 학생의 학습 필요에 대한 적극적인 반응이므로 단일한 교육 환경을 제공하기보다는 차별화 교수를 지향해야 한다. 수준과 발달 단계의 차이는 독해, 수학 혹은 자립 기술 중 무엇을 가르치든 힘들 수밖에 없으므로 교사의 수준에 맞는 세밀한 지도가 필요하다.

> 그룹 구성은 학생들의 학업적, 사회적 학습 기회를 극대화한다.

당신이 세 명의 학생에게 1에서 10까지 세는 것을 가르친다고 생각해 보자. 그중 한 학생, 실비아는 숫자 인식을 공부하고 있으며 다른 학생인 맥스와 라이언은 1부터 10까지를 문자로 읽는 법을 배우고 있다. 이러한 그룹 활동은 학생별 IEP 목표와 기술 수준은 다르지만 그룹 활동을 통해 학업적 기술을 신장하고 기회를 극대화하는 단적인 예가 될 수 있다.

예를 들어, 실비아는 1부터 10까지 적힌 카드를 가지고 있다. 맥스와 라이언은 각 숫자의 명칭이 적힌 카드(일, 이, 삼 등)를 가지고 있다. 실비아는 자신의 카드에 있는 숫자 기호를 노트에 그리거나 숫자를 읽을 수 있다. 그동안, 맥스와 라이언은 실비아의 카드에 있는 숫자와 일치하는 숫자 명칭을 찾아 읽을 수 있다.

이처럼 그룹 수업은 개별 학생의 IEP에 맞는 수업을 진행하는 방법으로 조리 기술을 배울 때도 활용할 수 있는데, 어떤 학생들은 큰 숟가락을 들고 휘젓는 것을 연습한다면 또 다른 학생들은 요리 절차를 읽는 법을 배우거나 여러 학생이 모인 그룹에서 차례를 지키는 행동이 담긴 IEP를 달성하도록 지원할 수 있다.

사회적 상황 이야기

Carol Gray는 학생들에게 문제나 특정한 상황에서 사회가 기대하는 행동이나 표현을 가르치는 '사회적 상황 이야기(social story)'를 개발했다. 이것은 특정 사회적 상황에서 학생이 잘 대처할 수 있도록, 구체적인 사회적 상황이나 문제와 이를 해결하거나 사회적으로 용인되는 적절한 대응을 이야기 형태로 제공해 주는 것이다. 사회적 상황 이야기는 학생에게 특정 상황에서 가치 있는 행동 정보를 제공해 사회적 상황과 타인의 관점을 이해할 능력이 부족한 학생, 또는 시각적 자료에 흥미를 갖는 학생에게 적절한 반응을 할 수 있도록 한다.

우리는 Carol Gray의 사회적 상황 이야기 관련 학술 발표와 워크숍에 참석하였다. 그녀가 제안하는 사회적 상황 이야기 작성법을 배워서 학급의 많은 학생들과 함께 사용하게 된다면 좋은 학습 도구가 될 수 있을 것으로 기대되므로 이를 추천한다.

많은 교육자가 그러하듯, 우리는 학생들이 특정한 상황이 닥치면 학생 스스로 잘 대처하는 방법을 습득해 적절히 반응할 수 있도록 특정 상황과 관련된 이야기를 활용한다. 이러한 이야기들은 Carol Gray의 사회적 상황 이야기와 비슷하지만, 그녀가 개발한 구체적 절차를 따르지 않고 언어적 설명으로 전달할 수도 있다. 이처럼 사회적 상황 이야기는 학교 현장에서 일상적인 이야기 교육 자료인 information stories, expectation stories, specific story 등으로 부른다. 영유아 교육과정에 있는 학생들에게는 이야기와 관련된 사진을 활용할 수 있으므로 이야기를 사용하는 것은 나이와 장애 정도에 관계없이 모든 학생에게 유용하다. 다음 사회적 상황 이야기는 학생이 교사의 결석에 대해 인지할 수 있도록 해준다.

새로운 교사와 공부하기

응우옌 선생님은 가끔 결석을 한다. 그녀는 아플 수도 있고 혹은 새로운 교수법을 공부 중일 수도 있다. 그녀가 학교에 없을 때는 새로운 대체교사가 온다. 대체교사가 온다는 것은 새로운 사람에게서도 무엇인가를 배울 기회를 얻는 것을 의미한다.

나의 대체교사는 응우옌 선생님처럼 친절하려고 노력하며 약간 긴장할 수도 있다. 그녀는 응우옌 선생님과 다른 방식으로 지도할 수도 있지만 다 괜찮다. 나는 응우옌 선생님의 규칙을 따르려고 노력하고, 오늘 하루도 즐겁게 보낼 것이다.

브래들리는 과거 특정 상황을 이해하는 데 사회적 상황 이야기로 많은 도움을 받은 학생으로, 그와 학부모는 우리가 쓴 이야기를 담은 노트를 정리하여 보관하기까지 하였다. 그들은 제공한 이야기뿐만 아니라 집이나 지역사회에서 발생하는 일상적인 상황들에 관한 이야기를 더한 자료를 만들기도 하는 등 열정적으로 사회적 상황 이야기를 활용하였다.

이야기 글의 힘

나는 당장 급식실로 오라는 다른 교사의 연락을 받은 적이 있다. 급식실로 가보니 브래들리는 화가 나 이성을 잃으려 하고 있었다. 화가 난 이유는 양호실에 응급 상황이 발생해, 평소와는 달리 점심 전 그의 약을 양호실에서 받아 가지 못해 브래들리의 하루 일정에 변화가 있었기 때문이다. 급식실로 가던 중 나는 종이와 펜이 필요하다는 것을 알아차리고, 교실로 돌아와 종이와 펜을 챙겨 다시 급식실로 갔다. 브래들리가 점심을 거부하고 앉아있는 것을 볼 수 있었다. 다행히 브래들리는 그의 일정의 변화나 다가오는 문제 상황에 대해 이해하기 위해 작성된 이야기들에 대해 잘 반응하는 학생이었다. 브래들리는 읽는 것을 좋아했고, 특히 내가 적은 것은 무엇이든 잘 읽었기에 나는 재빨리 가지고 온 종이에 이야기를 써 내려갔다.

약물 복용
평소 나는 나의 약을 먹고 점심을 먹는다. 오늘 나의 일정은 다르다. 오늘 나는

1. 점심을 먹고
2. 약을 먹을 것이다.

내일은 아마도 일정이 평소대로 돌아가 있을 것이다.

브래들리가 그것을 읽으며, 그가 점점 긴장을 풀고 있다는 것이 몸짓에서 느껴졌다. 몇 분 내로 그는 점심을 먹을 수 있었다. 이처럼 특정 학생들에게는 이야기 글이 매우 강력할 수 있다는 것을 기억하라.

워크 스테이션

워크 스테이션은 이미 제1장 '학급의 물리적 배치'에서 언급했었다. 이것은 모든 교실에 꼭 설치해 활용할 수 있어야 한다. 워크 스테이션은 다양한 연령이나 수준의 학생에게 독립적인 활동 습관을 가르칠 때 효과적인 방법이다. 워크 스테이션은 세 단계로 학생이 특정 과제를 시작하고, 과제를 끝내고, 언어적 혹은 신체적 지원 없이 다음

과제로 넘어가는 기술을 가르칠 수 있는 구조화된 프로그램이다.

워크 스테이션 시스템을 만들려면 학생들이 수행해야 할 과제를 담은 박스, 폴더, 바구니 등이 필요하다. 폴더에는 손글씨 과제, 독서를 위한 작은 책자, 혹은 학습지 등을 넣을 수 있다. 각 폴더는 학생들이 구별할 수 있게 표시해야 하는데, 각 폴더에 숫자로 1, 2, 3을 적거나 초록 동그라미, 파란 네모, 빨간 세모 등으로 디자인할 수도 있다. 학생들에게 더 많은 관심을 유도하려면, 학생의 연령에 적절하고 학생들이 흥미 있어 하는 동물이나 자동차 등을 각 폴더에 붙일 수도 있다. 워크 스테이션에서 폴더에 넣을 수 없는 큰 물건을 사용하거나 조작하기 위해서는 앞에서 언급했던 박스나 바구니도 사용할 수 있으며, 폴더와 마찬가지로 학생이 과제를 담고 있는 박스나 바구니의 용도 차이를 알 수 있도록 표시해야 한다.

다음으로, 당신은 학생들에게 활동 순서, 활동의 결과물이나 종료를 알릴 수 있는 리스트를 만들어야 한다. 만약 당신이 폴더에 숫자를 붙여 사용한다면, 학생이 가장 먼저 수행해야 하는 활동을 직관적으로 알 수 있도록 1이 리스트 가장 위에 있어야 하며 2, 3이 뒤따라야 한다. 리스트 마지막에는 학생이 다음에 할 활동을 가리키는 시각적 아이콘이나 그림이 있어야 하는데, 교사에게 수행결과 확인받기 혹은 독해 센터(일과표를 확인하는 공간)로 가기 등이 있다. 수행 리스트 디자인은 학생이 시각적으로 이해하기 쉽도록 벨크로를 활용해 리스트에 부착할 수 있으며, 과제가 끝날 때마다 끝난 과제는 리스트에서 뗄 수도 있다. 과제를 완수할 때마다 하는 이 활동이 일부 학생에게는 자료를 보고 읽는 방법을 연습하는 효과도 있다.

워크 스테이션은 기본적으로 좌에서 우로 수행하도록 구성한다. 즉 완성할 과제는 학생의 왼쪽에 있고, 학생은 어떤 과제를 먼저 해야 하는지를 리스트에서 확인한 후 그것을 자신이 일하는 공간으로 가지고 온다. 과제가 끝나면, 학생은 완료된 과제를 오른쪽에 있는 수행결과함에 넣는다. 학생은 자신의 과제를 다시 한번 체크한 후, 이미 완성한 과제는 리스트에서 아이콘이나 그림을 떼고 다음 과제가 무엇인지 또 확인한다. 리스트의 세 번째 과제가 사라지면, 학생은 다음 활동으로 이동한다.

워크 스테이션 시스템 초기에는 성인의 지도가 필요한데, 사용 초기에는 과제를 빠르고 쉽게 완수할 수 있는 성공 경험을 제공하여 워크 스테이션의 효용성과 다음 워크 스테이션으로 이동하는 것을 이해할 수 있도록 조력해야 한다. 학생이 워크 스테이션을 잘 활용할 수 있게 된 다음에도, 학생이 이미 습득한 과제나 활동만을 사용하되 과제는 교사의 재교수나 강화 없이 혼자 할 수 있는 과제여야 한다. 언어적 강화는 가능하면 사용하지 않는 것이 좋은데, 신체적 강화보다 언어적 강화가 없애기 더 어렵기 때문이다.

학생들이 혼자 일하는 데에 익숙해지고 적극성이 증가하면, 어른(교사)은 학생에게 존재감을 줄이며 서서히 과제의 복잡성을 증가시킨다. 즉, 세 개의 폴더나 박스에 제시된 과제는 학생의 수준과 능력에 따라 난이도가 조정되어야 한다. 중요한 것은 일의 양보다는 항상 세 개의 숙제나 과제를 제시해 성공 기회를 제공하는 것이고, 더욱이 학습에서 좌절하지 않도록 하는 것이다.

자주 움직여야 하는 학생에게는 학생이 교실 곳곳을 움직이도록 하는 과제 제시로 박스나 파일을 가져오도록 물리적 공간을 구성할 수 있다. 혹은 학생의 활동 공간과 완료된 과제가 놓인 공간에 약간의 거리감이 있는 것도 가능하다. 둘 중 어느 방법이든, 당신은 학생이 과제를 수행하면서 의도적인 움직임을 할 기회까지 덤으로 제공해 준다.

그림 7.6은 교사가 워크 스테이션에서 흔히 제시할 수 있는 조작 활동이다. 각 과제는 시작과 끝이 명확하고 과제를 완성하기 위한 시간이 오래 걸리지 않아야 한다. 다시 한번 강조하건대 과제들은 학생의 연령에 적합해야 하며 학생이 혼자 완성할 수 있는 것으로 구성해야 한다.

그림 7.6 워크 스테이션과 활동들

스테이션 순환

스테이션 순환은 수업을 구조화하는 하나의 방법이다. 이 부분에서 다루는 많은 교육 기법 혹은 주제들은 교실에서의 스테이션 순환 시간 동안 활용할 수 있다. 스테이션 순환은 다음과 같은 교수 기법들을 포함한다.

- 다른 여러 스테이션과 활동을 사용하기
- 비슷한 요구를 가진 학생들을 묶기
- 미리 스테이션을 계획하고 준비하기

스테이션 순환은 교사, 보조교사, 혹은 언어병리학자, 작업치료사 등 다른 지원전문가들이 순환 동안 작은 그룹 혹은 일대일로 지도할 기회를 제공해 준다. 이 스테이션 순환을 사용하는 동안 학생들은 개인적으로 과제를 완수하는 기회를 얻으며, 일정에 따르는 것을 연습하고 다양한 활동을 체험하는 기회를 얻는다.

스테이션 순환을 세팅하는 과정을 보자.

1. 함께 잘 일할 수 있거나 비슷한 교육적 요구 또는 학습 양식을 가진 학생들을 생각해 보라. 세 개의 학생 그룹을 만들고(학생이나 스태프 수에 따라 달라질 수 있음) 각 그룹에 빨강, 파랑, 초록 등의 명칭을 부여하라. 중고등학생들에게는 독수리, 매, 까마귀 등도 가능하다. 만약 모든 학생에 대해 스테이션 순환 동안 그룹 학생들이 달라진다면 그룹명을 사용하지 않아도 된다. 대신, 스테이션을 이동하는 동안 각 학생이 어떤 순서로 순환해야 하는지 순환 일정표에 정리해야 한다.

2. 학급의 하루 일정 중 스테이션 순환 시간을 필수적으로 마련하라. 각자 일정에 따라 스테이션 순환 시간은 다르겠지만, 20분씩 3회로 진행되는 예시를 들어보겠다. 한 회기의 순환이 얼마나 지속될지는 학생들의 집중력에 달려있다.

3. 각 스테이션에 이름을 붙여라. 창의적인 것도 좋지만 스테이션 1, 2, 3처럼 간단해야 한다. 각 스테이션의 이름은 학생이 재학하는 동안 유지하는 것이 좋다.

4. 가능하다면 보조교사나 다른 교사에게 한 스테이션에 위치해 지도할 수 있도록

요청하라.

5. 각 스테이션에서 어떤 활동들이 진행될지를 결정하라. 이때는 학생들이 각 스테이션에서 얼마나 오래 있으며 학습할지 고민해 결정해야 한다. 다음의 한두 개 정도를 스테이션에 넣는 것도 좋다. 예로, 새로운 개념에 관해 교사가 직접적으로 지시(교수)하는 공간, 자기 주도적 학습 활동 공간, 감각 자극 활동 공간, 혹은 개인 위생을 점검할 수 있는 활동 공간 등이다.

6. 만약 당신 혼자 지도한다면 스테이션 중 하나를 혼자 하는 활동 스테이션으로 만들어라. 이 스테이션에서, 학생은 교사가 감시하거나 직접적인 지시를 하지 않아도 혼자 활동하게 된다.

7. 학생별 스테이션 순환 일정표를 만들어라. 학생들이 배정된 스테이션들을 따라가며 체크리스트를 완성하는 형태로 만드는 것도 가능하다. 학생이 순환하는 동안 항상 같은 그룹과 이동하지 않아도 된다.

8. 한 스테이션에서 다른 스테이션으로 이동해야 하는 시간을 알려줄 방법을 결정하라. 시청각적 자극을 주기 위한 디지털 타이머를 쓰는 것을 권장한다.

교사는 212호실 벽면에 색 명칭을 사용해 조직한 활동 그룹과 활동 그룹별 스테이션 순환 일정을 알 수 있도록 게시하였다.

그림 7.7 스테이션 순환 일정표

시간	빨강 그룹	파랑 그룹	초록 그룹
오전 9:00	스테이션 1	스테이션 2	스테이션 3
오전 9:20	스테이션 3	스테이션 1	스테이션 2
오전 9:40	스테이션 2	스테이션 3	스테이션 1
오전 10:00	홈 베이스에서 일정 확인하기		

이 스테이션에서, 각 그룹은 주어진 시간 동안 각 스테이션에 머물러야 한다. 스테이션 1에는 그림 7.8에 보이는 것처럼 일정이 나열되어 있다.

그림 7.8 스테이션 순환의 스테이션 1

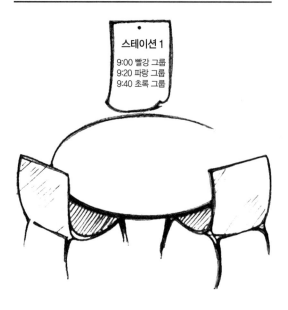

한 교사는, 자신과 보조교사만 있기에 스테이션 3은 학생이 혼자(자기 주도 학습) 하는 활동으로 제작하였다. 교사가 스테이션 1에서 학생들과 활동하는 동안 보조교사는 스테이션 2에서 필요한 지도를 하였다. 각 스테이션의 활동들은 IEP 목표에 따라 계획과 실행이 이루어졌다. 이후, 언어치료사가 9시와 10시 사이에 방문해 스테이션 3에서 학생들과 함께 준비한 활동을 수행하였다.

이 교사는 자신이 지도하는 수업 시간에 스테이션 순환을 활용한 수업 구성이 매우 효과적이라고 생각해, 오전과 오후 시간에 한 시간씩 배치하여 구성하였다. 오전과 오후의 스테이션 위치 등 배치는 같지만, 수업 내용과 활동이 달라졌다. 예를 들어 오후에는 한 스테이션이 가까운 신체 활동(운동) 교실에서 진행되는 신체 활동으로 구성되었다.

지역사회 중심 교수

자연스러운 환경에서 행동과 기술을 배우고 연습하는 것은 학생들에게 의미 있는 수업을 만들어 준다. 가게에서 실제로 구매를 진행하는 것과 교실의 그룹 활동에서 계산하는 것을 비교하면 어떤 것이 더 의미 있을까?

> 학생이 학교 내부의 다양한 화장실을 이용하는가, 아니면 교실 안 혹은 주위에 있는 화장실만 이용하는가?

지역사회 환경에서 더 심화한 기술 학습이 이루어지기 전에 학교 수업에서 특정 기술을 학습하는 것이 이상적이다. 하지만 학생이 필요한 기술을 완벽하게 과제분석해 숙지해야만 지역사회 환경에서 연습을 시작할 수 있는 것은 아니다.

사실, 교실 밖에서 학생이 만나는 첫 사회 환경은 바로 학교 공간이다. 학교 공간에

서 자신의 행동을 통제하고 배운 기술을 사용하는 것이야말로 학교 건물 밖에서 지역
사회 중심 교수로 여행을 떠나는 첫걸음이다.

학교 내에서의 지역사회 중심 교수와 관련해 고려해 볼 만한 활동들은 다음과 같다.

- 매점(급식실)에서 구매하기
- 매점(급식실)에서 식사하기
- 학교 내 가게에서 물건 사기
- 다른 교실이나 교무실로 물건 배달하기
- 학교에서 손님 맞이하기
- 도서관에서 책 대출하기
- 학교 내 다양한 장소에서 화장실 이용하기

지역사회 중심 교수에서 중요한 것은 우선 학생들의 필요와 IEP에 기반해야 한다
는 것과 함께 교수목적이 구체적이며 의미 있어야 한다는 것이다. 학생들에게 학교와
사회 환경을 두루 활용하는 것은 수업을 유익하게 할 뿐만 아니라 상호작용 기회를
늘려 수업을 의미 있게 만드는 또 다른 방법이다.

요약

우리가 지도하는 학생들의 궁극적인 목표는 학업적인 지식과 기술을 습득해 성인이
되었을 때 일상생활에서 독립적으로 기술을 사용하는 것이다. 일부 학생들은 학습 내
용의 수정이나 변경 없이 또래들과 같은 독립된 기술 수준에 도달할 수 있지만, 많은
학생에게는 여전히 '독립적'으로 되기란 그들의 연간 IEP 목표를 하나씩 달성하는 것
을 의미한다. 다음 질문에 "예."라고 대답한다면 당신이 지도하는 학생들이 일상생활
에서 가능한 한 독립적으로 행동할 수 있도록 하는 데 필요한 정보와 기술 습득을 잘
가르치고 있다고 할 수 있다.

이 수업이 다음과 같은 질문을 충족하는가?

- 학생들의 IEP 목표를 채울 수 있도록 필요한 기술이나 사실을 가르치는가?
- 학생들이 성인이 되었을 때 독립적으로 생활할 수 있게 도와주는 기술을 가르치는가?
- 다양한 환경에서 쓰일 수 있는 기술을 가르치는가?
- 소통과 사회적 기술을 증진하도록 하는가?
- 학생들이 직업을 가지거나 유지할 수 있도록 하는 정보나 기술을 가르치는가?

다양한 교수법, 활동, 그리고 자료를 혼합하면 학생들에게 다양한 학습 기회를 제공할 수 있다. 교사가 역동적인 수업을 계획하고 실행하면 학생이 성인이 되어 사용할 수 있는 유용한 기술을 흥미롭게 배울 수 있다. 전략과 다양한 접근 방식의 레퍼토리가 많을수록 학생의 요구를 충족시킬 준비가 더 잘된 것이라 할 수 있다.

실생활 응용

우리는 이 장에서 다양하게 활용할 수 있는 교수법을 다루었다. 다음 이야기들은 당신에게 앞으로 흥미롭고 의미 있는 수업을 위한 좋은 제안이 될 수 있다.

리넷

리넷은 닥치는 대로 물건을 입에 넣거나 물건들을 마구잡이로 버리는 아이였다. 그녀의 교사는 행동 형성의 원리, 최대-최소 개입으로 강화 사용하기, 효과적으로 강화 줄이기에 대해 잘 알지 못해 리넷에게 ABA 교수를 지도한 적이 없었다.

리넷의 교사는 ABA를 들어본 적은 있었지만, 비연속 시행을 진행하는 방법은 알지 못하였다. 당신은 ABA 관련 훈련을 받은 적이 있는가? 다음은 리넷의 지도교사가 받은 연수 방법이다.

학교와 지역교육청의 행정적 지원으로, 주변 대학교에 근무하는 ABA 인턴 전문가가 근무 시간에 리넷과 함께 교실에서 시간을 보내게 되었다. 인턴의 역할은 교사에게 ABA 교수의 방법과 그것이 학교에서 어떻게 사용될 수 있는지를 가르치는 것이었다. 리넷의 교사는 비연속 시행을 그녀의 수업 기술 목록에 담아 앞으로 활용할 수 있게 되자 매우 기뻐하였다.

호세

호세는 자폐 스펙트럼을 가진 학생으로 환경과 계획된 일정의 변화를 어려워하는 학생이었다. 그의 특수교사는 변화가 예측될 때 미리 호세에게 알려주는 것이 효과적이라는 것을 알아차렸다.

호세의 교사는 Carol Gray의 워크숍에 참석했었고 호세의 독해 수준과 같거나 약간 낮으면서도 그에게 특정 상황에 대한 유용한 정보를 줄 수 있는 이야기를 작성하는 것을 즐겨 활용했다. 이 방법들이 얼마나 효과가 좋았는지, 호세는 집과 학교에 이야기 모음을 간직하고 있다. 호세의 교사와 부모는 특정 교수법에 대한 정보를 나누거나 함께 소통하며 일상적으로 협력해, 호세와 그들 모두가 더 나은 삶을 만들 수 있었다. 이 책의 제9장 '부모와의 소통'에서 다룰 전략이 학생 지도에 긍정적인 영향을 줄 수 있다는 굉장한 예시이다.

212호실에서의 간식 시간

한 예로, 212호실의 스태프는 새 교실의 잘 구조화된 자료와 일정표 그리고 스테이션 순환, 시각적 교수 자료들로 효율적인 수업을 하기에는 시간적 여유가 부족했던 이전과 다르게 여유 있는 수업 진행을 할 수 있게 되었다. 예를 들어, 더는 간식 시간 동안 다음 수업이나 활동을 위해 헐레벌떡 뛰어다니지 않아도 돼 간식 시간을 어떻게 더 효과적이고 재미있게 사용할지 고민하였다.

스태프들은 언어적 의사소통, 그림교환 또는 가리키기를 사용하여 각 학생이 무엇을 먹고 싶은지 요구하도록 하였다. 그들은 항상 음식이나 음료를 약간만 주었고, 학생들이 먹고 싶은 음식을 더 달라고 말하게 유도하였다. 스태프들은 간식 시간 동안 학생들이 수학적 용어나 주제를 가능한 한 많이 사용하게 하도록 노력하였다. 예를 들어 그들은, "너는 크래커 세 개를 요구하였는데 나에게는 한 개밖에 없어. 세 개의 크래커가 되려면 몇 개가 더 필요할까?"라고 질문하였다.

만들기 시간에, 활동 그룹은 미술 프로젝트뿐만 아니라 숫자와 언어 인식 활동에도 참여하였다. 직접교수 후 학생들이 제작한 숫자와 글자들(판지로 만들었다)을 앉거나 쉬는 플레이스 매트(방석)로 활용하였다. 플레이스 매트는 학생들의 이름에 숫자나 그림을 그려 디자인하도록 했다. 플레이스 매트는 곧 재사용할 수 있도록 코팅 처리해 매일 간식 시간에 활용되었다.

더욱 여유로워진 간식 시간은 학습이 이루어지는 시간이 되었다.

제7장

학급에서 활용 가능한 교수 전략에 대한 아이디어

의사소통체계와 전략

8

목표 : 당신이 지도하는 학생의 기능적 의사소통과 화용론적 언어 사용의 중요성을 인식하고, 이러한 능력의 진전을 위한 풍부한 언어 습득 환경을 제공한다.

> **생각의 함정**
> "그는 말을 하지 않아. 의사소통이 필요할까?"
> "아이패드는 당장 넣어둬. 아이패드는 오직 간식 시간 동안에만 사용하는 거야."
> "대화? 그는 항상 무슨 이야기든 하고 있어."

교사는 흔히 학생과의 소통에 대해 다른 교사와 이같이 대화하기도 한다. 하지만 당신의 학생이 유창하게 언어를 사용하거나 오직 몇 단어만 말하거나 심지어 말을 하지 않더라도 의사소통 기술을 개선하고 보조하는 교육은 학업, 태도, 사회적 상호작용에 뚜렷한 발전을 유도할 수 있다.

이론적 해석

학생들이 자신의 욕구와 필요를 의사소통할 수 있을 때 독립성은 증가하고, 그들의 삶은 의사소통으로 형성되는 사회적 유대를 통해 더 윤택해질 수 있다. 학교에서도 의사소통 능력 향상은 학습에 대한 참여와 긍정적 생활 태도 형성에 기반이 된다. 학교에서 언어를 활용한 학생과의 의사소통이 매 시간 다양한 상황과 장소에서 이루어지는 만큼 의사소통 개선 전략을 성공적 특수학급 운영을 위한 핵심 구성 요소로 제시하는 것은 타당하다.

> 의사소통은 삶을 지탱하는 기초적이며 기능적인 기술이다.

언어병리학자

우리는 전문가로 활동하는 동안, 높은 수준의 역량을 갖춘 언어병리학자(SLP)와 일할 수 있는 특권을 누렸다. SLP는 우리가 지도하는 학생뿐만 아니라 우리에게도 의사소통 능력 향상의 필요성에 대해 설득했고, 그들의 지원으로 얻게 된 다양한 교훈은 교수 자원의 일부가 되었다. SLP는 전문적 훈련과정으로 얻은 지식과 언어 기술을 가진 의사소통 분야의 전문가로 교사와 전문성 측면에서 차이가 있다. 즉 실용적이며 일상적인 의사소통 지도법에 대해 이들에게 자문하거나 연수를 받는 등의 협력 관계를 수립하는 것이 중요하다. 협력을 위한 정기적 만남과 이어진 상담은 학생의 의사소통 능력 향상뿐만 아니라 교사 지도를 통해 변화된 의사소통 능력을 체감할 좋은 기회이다.

 SLP는 우리에게 일부 학생은 의사소통 방법 중 구어 발달이 더디므로 구어뿐만 아니라 비구어적 의사소통도 중요하다는 것을 알려주었다. 구어 사용이 어려운 학생에게는 수화, 몸짓, 그림 또는 사진, 몸짓언어 등을 활용한 비구어적 의사소통 기술 지도를, 한정된 언어를 사용하는 학생에게는 물건, 사진 또는 아이콘, 그림, 문어로 레이블링된 아이템을 의사소통체계의 일부로 활용할 수 있다는 것이다. 놀라운 점은 이와 같은 비언어적 전략 사용으로 일부 학생은 구어 사용을 시작할 수 있게 된다는 것이다. 결과적으로 의사소통 교육을 위해 파견된 SLP는 필수적인 지원 인력으로 볼 수 있다.

제3장 '일정표'에서 우리는 상징적 의사소통 형식을 자세히 알아보았다. 상징적인 의사소통은 장애나 인지적 문제로 문자 습득이나 구어가 힘든 학생에게 그들의 욕구를 해결하도록 돕는 구성 요소이다. SLP는 이 부분의 전문가로서 교사가 학생들의 상징적 의사소통 수준을 진단하거나 측정하고, 그 결과를 바탕으로 어휘 목록을 구성하거나 보완대체의사소통체계의 전략적 사용에 도움을 준다.

또한, SLP는 구어를 사용할 수 있지만 타인에게 요구하거나 적절한 반응 등 언어를 효과적으로 사용하는 데 어려움이 있는 학생에게도 필요한 전문가이다. 이러한 유형의 학생들은 언어장애로 인정되지 않아 지원 사각지대에 놓이므로, 제한된 사회적 언어나 대화 동안 주제를 유지하지 못하는 어려움에 대한 전문가 자문이 필요하다.

하루 동안 일어나는 의사소통

제한된 구두언어를 지니거나 비언어적인 의사소통 기술을 가진 학생에게는 필연적으로 관련 교육이 필요한데, 교육의 예로는 반응을 선택하거나 요청하는 용도의 사진 사용 등이 있다. 당연하겠지만 수화도 포함된다. 물론 당신이 지도하는 학생 중 말·언어장애(speech or language impairment)를 가지지 않은 학생일지라도 언어와 의사소통에 대한 교육은 필요하다. 예컨대 청취자가 지루해하는 특정 주제에 관해서만 이야기하는 학생, 수용은 하지 않은 채 정보만 전달하려는 학생이 재학하고 있다면 기초적이며 복합적인 의사소통 기술의 지도가 필요하다.

이 책에서 앞서 다룬 요소들은 본 장의 주제인 의사소통 지도 시 핵심적인 전략으로 활용할 수 있다. 앞서 다룬 일정표(시각 자극 활용)의 사용은 일상적인 일과 어휘가 담긴 자료를 사용해 학생들의 특정 단어 습득을 돕는다. 이뿐만 아니라 개인의 욕구와 필요를 긍정적인 방법으로 타인에게 요청할 수 있어 부적절한 행동을 줄일 수 있다. 물론 앞서 제시한 여러 요소 중 하나인 또래와의 그룹 학습도 사회적 상호작용과 의사소통 기술을 향상시킨다.

'일정표' 전략의 중요한 의미는 의사소통 기술, 사회적 언어, 단어 인지 기술을 각 교과 활동이나 학습의 일부로 보고 계획적으로 가르쳐야 한다는 것이다. 학교나 사회 생활의 모든 상황에서 언어 발달과 의사소통 기술을 활용하는 교수는 중요하며, 말·

> 학생들이 욕구와 필요를 요청할 수 있도록 다양한 상황을 만들어라.

언어장애를 가지지 않은 학생에게도 역시 필요한 교 수 활동이다. 즉, 매일 일과에 교과 학습이나 활동의 하나로 다른 사람에게 인사하기, 요구하기 등을 사용

하는 것은 다양한 의사소통과 언어 기술을 개선할 기회가 되므로 관련 기술을 활동과 학습에 포함해 지도해야 한다.

교사는 학생이 지닌 욕구나 요구를 표현할 수 있는 의사소통의 기회를 수시로 제공 할 일상적 환경 조성 전략을 갖추어야 한다. 예를 들어 자르기가 포함된 공예 활동을 할 때 가위를 제공하지 않으면, 학생으로 하여금 가위와 같은 특정 물건의 이름을 인 지하거나 다른 학생에게 가위를 요구하게 할 수 있다. 이처럼 환경 조성 전략은 단어 의 습득과 표현뿐만 아니라 사회적 관계를 형성하는 사회적 기술, 상황을 공유하는 공동 관심, 요구한 물건에 대해 기다리기 등을 추가로 배울 기회를 제공한다.

다음으로 의사소통 능력과 언어 사용이 지도 내용과 지도 방법의 기초가 되는 특정 영역을 소개한다. 학생의 의사소통 능력을 향상시키기 위해 학생들과 함께할 때 사용 할 수 있는 몇 가지 전략과 아이디어를 다루고 있다.

사회적 기술 가르치기

학생이 다른 사람과 사회적 관계를 만들고 유지하는 능력은 의사소통 능력 개선과 언 어 발달에 큰 영향을 준다. 당신이 지도하는 학생들은 구어로 이야기하거나 대체언어 로 욕구와 필요를 표현할 수도 있지만, 주제를 정하고 차례를 주고받는 사회적 의사 소통 능력은 손상되었을 가능성이 있다. 사회적 언어로 불리기도 하는 화용론적 언어 는 사회적 상황에서 언어를 사용해 정보를 이해하는 것과 시선 향하기 등 기본적 규 칙을 따르는 것과 관련된 능력이다. 다음은 화용론적 언어 능력 향상에 도움을 주는

기술이다.

- 자신이나 물건 소개하기
- 눈 맞춤 유지하기
- 얼굴 표정 이해하기
- 난처한 말을 삼가기
- 도움이나 해명 요청하기
- 대화 시작하기
- 대화의 주제 유지하기
- 적절하게 참여하기
- 실수 인정하기
- 칭찬 주고받기
- 교대로 대화하기
- 농담이나 속담 이해하기
- 다른 사람과 적절한 거리 유지하기
- 목소리의 적절한 어조 사용하기
- 대화의 중단 시점과 방법 알기
- 대화 시작과 끝내기 시도

이와 같이 사회적 의사소통 기술은 셀 수 없을 정도로 다양하지만, 반드시 지도해야 하는 의사소통 교육 영역이다. 특히 자폐 스펙트럼 장애 학생은 사회적 기술 부족으로 인해 자신의 의사소통 의도를 상대방에게 전달하는 것부터 시작해 성공적으로 대화를 이끌고 유지하는 화용론적 언어(사회적 언어) 능력이 부족하므로 이를 지원하는 교육이 필요하다.

학생들에게 사회적 의사소통 방법을 가르칠 때, 표정 등 비구어적 요소나 발화 같은 언어적 요소를 가르치는 것뿐만 아니라 의사소통의 가치와 이유, 상황도 가르치는 것이 중요하다. 일부 교사의 경우, 사회적 기술의 궁극적인 목표에 초점을 둔 지도

보다는 성공적으로 과제를 수행한 것에 초점을 둔 지도로 사회적 의사소통의 의미가 퇴색되기도 한다. 그 예로 다음 그림은 타인 칭찬하기를 수업 과제로 받은 학생(밥)과 어머니의 대화이다.

그림 8.1 칭찬하기

밥은 교사가 제시한 과제가 무엇인지는 알지만, 그것이 왜 배울 만한 가치가 있는 사회적 기술인지 체득하지 못하여 그 기술을 습득하더라도 다시 사용하지 않을 가능성이 크다. 즉, 밥은 타인을 칭찬할 때 우호적이고 긍정적인 인상을 심어줄 수 있다는 것을 학습하지 못했다. 결과적으로 밥이 다른 사람에게 좋은 인상을 심어준다면 그가 원하는 친구와 점심 시간에 함께 앉거나 버스

> 사회적 기술 지도에서 중요한 것은 사회적 기술의 목적과 가치를 알 수 있도록 가르치는 것이다.

에서의 바른 행동에 대해 이야기하는 등의 상황이 뒤따른다는 것을 충분히 알도록 해 줘야 한다.

우리는 당신이 Michelle Garcia Winner(2007)의 사회적 생각(사회적 인지)에 관한 연구를 꼼꼼히 참고할 것을 추천한다. Winner는 상황이나 맥락과 관련 없이 단순히 칭찬하기와 같은 고립된 기술(isolated skill)을 가르치는 것을 넘어서는 교사의 적극적 역할을 강조한다. 즉 그녀는 앞에서 논한 것처럼 목적과 상황을 고려하는 사회적 타당성에 기반해 적절한 사회적 기술을 선정하고 학생이 기술 사용의 효용성과 유용성을 인지할 수 있는 지도를 강조한다. 이를 통해 많은 기술 중 학생에게 부족한 사회적 기술의 습득과 일반화가 자연스럽게 이루어진다는 것이다.

학생들에게 의사소통과 같은 사회적 기술은 학교 일과 중 일상적으로 가르쳐야 한다. 일부 교사는 고정적으로 일정 시간을 할애하는데, 이런 경우 학생들은 특정 교과처럼 지정된 시간(예컨대, 15분) 동안 사회적 기술을 학습할 수 있다. 하지만 자폐 스펙트럼 장애 학생의 사회적 기술과 사회적 언어 사용의 중요성이 날로 커지고 있어 사회적 기술을 일과 중 다양한 상황에서 필수적인 학습의 일부로 보는 시각이 필요하다. 다양한 상황에서 사회적 기술을 가르친다면 상황 맥락과 관련된 많은 사회적 기술을 연결해 습득할 수 있고 인위적인 자극이 없는 상황에서도 확장·적용하기 쉬워 일반화 가능성도 커진다.

학생들이 사회적 언어(화용론적 언어)를 배우는 것은 다른 사람과 함께 일하기, 친구 만들기, 고용 상태 유지하기와 같은 능력을 향상시킨다. 즉 다른 사람들과 어울리고, 몸짓언어를 이해하고, 사회적 규범을 존중하는 것을 습득하지 못한 채 사칙연산이나 미국 모든 주의 이름을 아는 것은 교육적 가치가 있다고 보기 어렵다.

일정표와 의사소통 사용하기

제3장 '일정표'에서 보았듯 학생의 의사소통 수행 능력을 정확히 분석하는 것은 의사소통 지도목표 설정과 훈련에 도움을 주어 의사소통 발전을 촉진할 수 있다. 의사소통 유형으로 물건, 사진 등의 상징을 활용하는 학생은 일정표와 마찬가지로 상징을 보고 뜻을 유추할 수 있는 물건 또는 사진, 그림, 아이콘, 단어를 레이블링해 의사소통체계로 활용할 수 있다. 자신의 욕구나 필요를 표현하기 힘들어하거나 타인의 요구를 이해하기 어려워하는 학생에게는 실물 모형을 활용해 의사소통체계를 시작하는 것이 필요한지 살펴봐야 한다.

상징적 의사소통체계의 원리를 이해하고 갓 사용한 학생에게 실물을 활용한다면 매우 만족해할 것이다. 실물을 나타내는 상징은 두꺼운 종이나 카드에 붙여 학생들이 쉽게 잡거나 뗄 수 있는 크기로 제작할 수 있다. 실물이나 대표적인 물건을 카드에 붙일 필요는 없고 아이콘, 사진, 문자언어로 사용한다면 더 높은 수준인 이차원 형식의 시각적 자료 사용 단계로 편리하게 이동할 수 있을 것이다. 상징을 붙인 카드를 개별 일정표에 일상적으로 사용한다면 물건 그리고 사진, 아이콘이 붙은 카드의 용도를 쉽게 이해해 물건을 요구하는 반응 등을 할 수 있다. 그러나 여기서 중요한 것은 실물과 짝 지어진 아이콘과 문자언어에 노출되어 자연스럽게 이들에 관한 이해도 향상에 도움이 된다는 것이다. 이러한 사물과 적절한 상징의 대응 관계를 파악하는 것은 학생들이 구체적인 물건에서 이차원적 인쇄물로 쉽게 전환할 수 있도록 도와준다.

학생들이 의사소통을 위해 물건을 사용할 필요가 있을 때 특정 단어를 대표하는 물건을 선택하는 것은 힘든 작업인데, 여기서 중요한 것은 물건과 상징 카드, 물건과 특정 단어의 직간접적인 연관성보다 선택된 상징의 일관된 사용이다. 즉 당신이 특정 어휘를 나타내기 위해 어떤 상징을 선택하든 학생이 어휘와 상징을 일관적으로 연결하여 사용한다면 상징이 그 단어가 될 것으로 확신하게 된다.

어휘의 선정은 학생의 환경을 분석해 사용자 개개인에게 맞는 어휘로 수집 및 선정해야 하는데, 예를 들면 학교 일과에서 자연스럽게 노출되는 과목, 활동 등을 어휘로 선정해 사물, 사진과 대응해 활용할 수 있다. 이를 통해 의사소통체계가 향상된 학생은 자신의 일정표로 가서 다음 활동을 확인하거나 좋아하는 활동을 교사에게 가지고 가는 등의 자발적 의사소통을 시작하게 된다. 일부 학생이 일정에 붙은 상징을 제거하는 것을 관찰했는데, 이것은 그들이 하교 준비가 되었다는 것을 나타내며 이것이 매개체가 되어 다양한 활동이나 순서에 대해 의사소통할 기회가 생긴다. 즉, 집에 갈 준비가 된 것에 대한 자발적 의사소통 시도를 인정하고, 부수적으로 '시간'과 관련된 어휘 습득을 확장할 수 있도록 '다음 활동'이나 '나중'과 같은 어휘를 가르쳐야 한다.

의사소통과 보조공학

제6장에서 우리는 IEP의 목표와 목적 개발과정에서 고려해야 하는 사항 중 하나로 '보조공학'에 대해 간단히 살펴보았다. 미국 장애인교육증진법(IDEIA)에서는 보조공학을 "장애 학생의 기능적 능력을 향상 · 유지하는 데 사용되는 기성 상품, 수정된 상품 또는 맞춤 제작을 한 기기, 장비의 부분 또는 제품 시스템"으로 정의하였다(U.S. Department of Education, 2004c, Section 300.5). 보조공학은 신체장애 기능 개선 등

많은 분야에서 유용하지만, 의사소통 분야에서도 중요성이 커지고 있다.

많은 사람이 일상 중 '보조공학'과 '의사소통 요구'를 함께 들었을 때 가장 먼저 떠올리는 생각은 음성 출력 장치(Voice Output Device, VOD)의 사용인데, 이것만이 아니라 다른 종류의 보조공학 기기도 의사소통 요구를 충족시켜 줄 수 있다. 예를 들면 전자 태블릿(아이패드, 킨들 또는 안드로이드 태블릿), 의사소통판, 그림교환의사소통체계(Picture Exchange Communication System, PECS) 등이다.

우리는 학생이 특정 물품을 요구하기 위해 사진 또는 아이콘을 교사에게 전달할 경우, 학생의 표현언어를 증가시키기 위해 그림을 활용한 의사소통체계를 사용하는 것을 본다. PECS를 개발한 피라미드 교육 접근법(Frost & Bondy, 2002)은 자폐성 장애 학생과 특별한 요구가 있는 학생들의 의사소통 개선을 돕는다. 최근 발간된 도서에서는 PECS가 증거 기반 훈련으로서 가치가 있다고 밝히고 있다. 우리는 PECS에 대해 배우기 위해 피라미드 교육 접근법 연수[*]에 참여해 일반적인 의사소통 방법과 의사소통체계 실행 방법을 학습하였고, 이는 매우 훌륭한 접근법이라는 것을 체득하였다.

VOD, 태블릿과 같은 전자 장치는 버튼 누르기, 스크린 터치하기와 같은 기능을 활용해 많은 메시지들을 표현할 수 있다. 메시지는 특정 학생의 요구에 적합하도록 제작되기도 한다. 예를 들면, 특정 학생의 요구에 적절한 사진 또는 아이콘을 붙인 VOD는 의견을 구두로 말할 기회를 제공한다.

전자 장치를 사용해 의사소통하는 방법을 학생에게 소개하기 전, 목적에 맞는 사진 또는 아이콘인지 확인해야 하는 것과 함께 학생의 전제 기술을 평가해야 한다. 예를 들면, "~을 찾아라."라는 말을 들었을 때 사진 또는 아이콘을 가리키는 능력을 보여 줄 필요가 있다. "가방이 어디 있나요?"라는 구두 지시를 받았을 때 가방의 사진 또는 아이콘을 보며 가방의 위치를 찾을 수 있어야 한다. 이차원적 사진에 대해 이해하고 반응하는 능력 없는 화려한 첨단 기기 사용은 학생에게 교육적 의미와 활용도가 낮을 것이다. 대부분의 VOD들은 사진 또는 아이콘을 사용하고 있으므로, 학생들은 자신

---

[*]　(사) Pyramid Educational Consultants에서 제공하는 워크숍_역자 주

이 무엇을 상징하는지와 그 상징이 전달하는 의미를 이해할 수 있어야 한다.

학생을 대변하는 장치 사용에 대한 마지막 조건은 다음과 같다. 같은 성별이나 또래의 메시지를 VOD에 녹음해야 한다. 이유는 학생이 선생님의 목소리보다 동년배의 학생들이 말하는 단어나 구를 더 잘 습득하기 때문이다.

의사소통과 태도

당신이 개인적 요구, 욕구 그리고 소망을 다른 사람에게 전달할 수 없다면, 상당히 좌절할 것이다. 많은 시간과 방법들을 할애했음에도 불구하고 다른 사람이 욕구나 요구를 전혀 이해하지 못할 때 드는 기분은 상상하기 힘들 것이다. 물론 우리는 학생들의 개선된 의사소통 능력으로 긍정적 행동이 나타나는 것을 자주 보았지만, 욕구와 요구를 소통하지 못한 결과로 좌절된 상황도 많이 목격하였다. 다음은 타인과의 의사소통 상황에서 좌절한 사례가 담긴 보고서이다.

말하지 못함

나는 학부모 워크숍에 참석하기로 한 며칠 전 심한 후두염을 앓았다. 의사는 음성을 사용하지 않는 것이 다시 목소리를 내는 유일한 방법이라고 하였다. 그래 맞아! 이야기하지 않는 것! 당신은 이런 어려움을 알고 있는가?

나는 남편과 아주 오래전 결혼했고, 그 많은 세월을 거치며 그는 내가 원하고 필요로 하는 것을 말하지 않아도 몸짓, 가리키기 또는 짧은 메모로 충분히 알아차렸다. 하지만 이번 일은 나의 의사소통 인식에 전환점이 되었고, 나의 욕구와 요구를 표현할 수 없는 것은 극도의 좌절을 불러일으킨다는 것을 알았다.

처음으로, 의사소통을 위한 수단이 전혀 없는 학생이 일상생활을 하며 얼마나 불편하고 큰 불만을 가질지 깨닫는 중요한 시간이었다. 처음으로, 나는 우리 학생들이 반드시 느끼는 불만과 화를 몸소 체험하였다. 처음으로, 의사소통할 수 없는 학생이 도전행동을 하는 이유를 이해하였다.

사소한 후두염으로 의사소통 수단의 가치와 중요성을 알 수 있게 되어 마냥 슬프지만은 않았다.

표현언어뿐만 아니라 수용언어 능력도 학생들이 보이는 문제행동의 근본적인 원인일 수 있다. 화용론, 비유적 표현, 다의어 수용에 어려움을 겪는 학생들은 부적절하거나 반항적인 행동을 보일 위험이 있다. 특히 어린이, 자폐 스펙트럼 장애 학생, 영어가 모국어가 아닌 학생들은 사실에 근거하고, 문자 그대로의 방식으로 언어를 수용하는 특징, 즉 발화자의 목소리 톤을 잘못 해석하거나 다의어를 잘못 이해하는 것을 볼 수 있다. 이처럼 교사가 학습목표 달성이나 긍정적 행동을 유도하기 위해서는 학생의 정확한 의사소통 수준을 파악하는 것이 중요하다.

그림 8.2 다양한 의미의 단어들

장애 학생은 똑똑한 체 으스대는 사람이나 사고뭉치가 아닌 이상 주로 교사의 지시를 잘 따른다. 하지만 장애 학생의 언어 처리 과정을 교사가 이해하지 못한다면, 학생은 수시로 교사의 지시를 위반하는 문제를 일으킬 수 있다.

또 다른 의사소통과 문제행동 관련 공통 상황으로, 과제를 회피하기 위해 부적절한 행동(예 : 때리기, 침 뱉기, 도망가기, 책상 밑으로 기기)을 하는 경우가 있다. 이러한 행동들이 나타나는 이유는 과제 제시 상황에서 "나는 휴식이 필요해." 또는 "이 과제는 나에게 너무 어려워."와 같은 사회적으로 용인된 의사소통 방식보다는 도전적인 의사소통에 적응했기 때문이다. 학생들에게 적절한 방법으로 자신의 욕구를 알리는 지도는 부적절한 행동의 감소뿐만 아니라 어휘나 단어가 가지는 힘을 깨닫는, 즉 적절한 의사소통 유인과 동기를 심어줄 수 있다.

요약

학생의 사회적 기술을 독립적으로 수행하기 위해서는 의사소통 능력이 기반이 되어야 하므로 학생 의사소통 양식과 수준에 적합한 개별화된 의사소통체계 교육은 필요하다. 적절한 의사소통체계 교육을 통해, 구어로 의사소통하지 않는 학생은 자신의 비언어적 행동의 의미를 이해하고 다른 사람에게 요구 등을 할 수 있으며, 구어를 사용하는 학생은 사회적 상황에서 적절하게 언어를 사용할 수 있어 직장생활을 하거나 또래와의 사회적 관계를 형성하고 유지할 수 있다.

교사의 의사소통 교육에 대한 책무가 중요한 이유는 그것이 의사소통 능력 향상뿐만 아니라 학생의 삶의 질을 높일 수 있게 도움을 주기 때문이다. 우리는 학교에서 말, 언어와 관련된 교육에 능통하기 위해 언어병리학자와 많은 세월을 함께했고, 학생의 언어 사용 능력 향상을 위해 필요한 노력이 무엇인지 언어병리학자를 보며 깨달았다. 다행스럽게도, 교사는 SLP와 비교해 학생과 더 많은 의사소통 기회를 가지므로, 이러한 기회를 살리는 방안으로 학급 내 모든 학생의 일과 중 일상적 언어 사용을 촉진하고 개선하는 역량을 함양해야 한다.

실생활 응용

학생들의 소통 욕구를 일과의 모든 활동과 주제에서 다루는 것은 중요하다. 교사들이 의사소통의 중요성을 수업 중 어떤 방식으로 실천하는지 알아보자.

샘

제1장의 실생활 응용에서 만났던 샘은 의사소통을 위해 사진과 아이콘을 사용한다. 샘의 교사는 아이콘만으로 의미 전달이 부족하다고 느껴 사진을 더 자주 사용하게 되었다.

하지만 그녀는 적절한 의사소통 자료로서 사진을 준비하여 활용계획을 세우는 것보다, 항상 사진을 찍는 데 필요한 카메라를 찾느라고 허비하는 시간이 많았다. 또한, 사진을 인화하는 것은 지역 기술 센터에 방문해야만 가능한 일이었다.

당신이라면 그녀와 같은 상황에서 어떻게 행동할 것인가?

분명한 것은 교사가 그의 의사소통 지도를 위한 사진 촬영과 인화 등의 부담을 줄여야 한다는 것이다. 그녀는 교장에게 두 대의 디지털카메라, 컴퓨터 소프트웨어, 사진 프린터, 잉크, 그리고 사진 인쇄용 종이 구매를 요청하기로 하였다. 꽤 큰 소비이다! 그녀는 샘의 교육에 필요한 물품 목록과 사진을 활용한 의사소통 교육이 필요하다는 IEP 문서를 준비해 교장과의 면담을 요청하였다. 물품 구입 요구를 교장이 수용할 수 있도록 언어병리학자와 동행하였다.

교장의 물품 구매 허락에 샘의 지도교사는 매우 기뻐했다. 사진 촬영용 두 대의 카메라와 프린터가 교실에 비치되자 쉽게 사진 촬영과 인화를 할 수 있게 되었다.

엘리

지난 2년간 엘리는 학교에서 영재 프로그램에 참여했던 7학년 학생이다. 그녀는 학업적으로 매우 우수하나 그녀의 부모와 교사들은 그녀의 부족한 사회성이 걱정이었다. 엘리는 사회적 언어 사용과 관련된 목표를 설정하였지만 그녀의 진전은 매우 느렸다. 그녀의 마지막 IEP 회의에서 학부모와 교사는 그녀가 다른 친구들, 특히 교실에서의 다른 여학생들과 어울릴 수 있도록 지원계획을 수립하였다.

언어병리학자는 최근 Michelle Garcia Winner(2007)의 '사회적 생각' 관련 워크숍에 참석하였다. 워크숍에서 얻은 아이디어를 바탕으로, 그는 비슷한 교육적 요구를 가진 또 다른 두 여학생과 엘리가 함께 하는 점심 모임을 만들었고, 학생들은 그녀의 사무실에서 매주 금요일에 만났다. 학생들은 친구들과 관계를 맺는 사회적 기술을 배울 수 있었을 뿐만 아니라, 이러한 기술의 중요성을 실감할 수 있었다.

이 그룹이 얼마나 성공적이었던지, 언어병리학자는 추후 남학생들과도 점심 모임을 시작하였다.

제리미

한 교사가 제리미에게 화장실 사용을 위해 교실 밖으로 나가려면 반드시 자신에게 알려야 한다는 것을 가르치려고 한다. 제리미는 평소 화장실에 가고 싶으면 곧장 교실에서 복도로 달려가 버린다. 그가 화장실에 자발적으로 간다는 것은 다행스러운 일이지만, 그가 교실을 나가기 전 화장실 사용에 허락을 구하는 것은 꼭 가르쳐야 했다.

이러한 문제의 해결을 위해 제러미를 담당하는 언어병리학자와 회의를 하였고, 논의 결과 그에게 행위, 사물, 허락 등을 요구할 기술이 없다는 것으로 결론지었다. 그는 간식 시간이나 풀, 크레용이 필요한 과제 수행 시간에도 필요한 물품을 요구하지 않았다. 이러한 상황에서 교사들은 제러미에게 무엇을 먼저 가르쳐야 하는가?

제러미의 협력팀은 그가 화장실에 가기 위해 허락받는 걸 가르치는 것보다, 요구하는 법을 가르치는 게 더 중요하다고 결정하였다. 또한 화장실에 가기 위해 허락을 받는 것은 제러미보다는 교사에게 가치 있는 일이라고 판단하였다. 간식 시간이나 점심 시간에 교사들은 제러미에게 식기가 없거나 마실 것이 없어지는 상황 등 다양한 상황들을 인위적으로 조성하였고, 제러미는 더 많은 요구를 시작하였다. 물론 제러미가 요구할 때마다 교사들은 그가 원하는 것을 제공함으로써 즉각 강화하였다. 또한 제러미가 의사소통 의도로서 하는 요구행동을 칭찬해 주었고, 그가 좋아하는 하이파이브도 해주었다.

줄리

교사 입장에서 줄리의 부모님은 최고의 학부모였다. 그들은 학교에서 필요한 물품을 꼼꼼히 챙겨 보내고 소통을 위한 가정통신문에 매일 서명하였으며 학교 축제나 특별 행사에 기꺼이 참석하였다. 그랬기 때문에 집에서 줄리와 해야 할 부모 과업을 제안했을 때 학부모가 반응하지 않은 일련의 상황은 매우 놀라운 일이었다.

교사들의 관심은 줄리에게 자신을 표현하는 법을 가르치는 것이었다. 줄리는 제한적인 구두언어를 구사하였다. 줄리가 그녀의 일정에서 자연스럽게 노출되는 아이콘들이 물건을 요구하거나 설명하는 용도라는 것을 깨닫자, 교사들은 VOD를 시도해 볼 차례라고 생각했다.

초반에 이러한 교육이 성공하자, 교사들은 부모에게 그녀와 언어병리학자가 함께 하는 만남에 참석하기를 요청하였다. 그들은 학부모에게 VOD 사용법을 설명하고 어떻게 하면 학교뿐만 아니라 집에서도 그것을 사용할 수 있을지에 대해 논의하였다. 학부모 면담 후, 교사와 언어병리학자는 줄리의 부모가 VOD를 집에서 사용하는 것에 대해 관심이 없고 부모의 열정이 부족하다고 느꼈다. 줄리의 부모는 평소 학교와 교사의 협조 요청에 아주 호의적이라 의아한 일이었다.

줄리의 부모에게 장애물은 무엇이었을까? 그들은 딸을 사랑했고, 좋은 부모였다. 자녀에게 항상 사랑을 주는 좋은 양육자이지만 좋은 교사가 되기는 어려운 부모, 이러한 부모를 만난 적이 있는가?

줄리의 부모에게는 교사 역할이 어려웠던 것으로 보인다. 그들은 VOD에 익숙하지 않았고 집에서의 사용법에 대해 어려움을 느꼈다. 스태프들이 이것을 깨닫자 문제 상황 해결이 의외로 쉬워졌다고 판단하였고, 다음 부모 면담에서는 학교로 와 줄리가 VOD를 사용하는 것을 관찰하도록 하였다. 또한 IEP팀 차원에서도 가정에서 지도해야 할 훈련을 4차시 정도 편성하였고, 이후 교내 전문가들이 집을 방문해 학교에서 집으로 VOD 사용 전환을 유도하였다.

● ● ●

제8장

학급에서의 의사소통체계와 전략 사용을 위한 다양한 아이디어

부모와의 소통 **9**

목표 : 학생과 관련해, 부모와의 직접적이고 긴밀한 소통의 중요성을 강조한다.

> **생각의 함정**
>
> "정말 중요한 일이 생긴다면 부모에게 연락할 거야."
> "나는 매일 부모에게 편지를 써. 학생이 그날 얼마나 남들을 때리고 발로 찼는지를 알게 해주지."
> "나는 상담 때에만 부모와 이야기해."

당신은 부모와 어떤 방식으로 소통을 하는가? 이 장에서 우리는 학생의 주 양육자와 법적 보호자를 모두 '부모'로 통칭하고자 한다. 학생이 매일 해야 함에도 하지 않는 과업에 대해 알리는가? 부모가 쉽게 접근할 수 있는 방식으로 부모의 질문과 걱정에 대답해 주는가? 부모와의 정확하고 긴밀한 소통은 학생의 성장을 돕는 든든한 토대가 된다. 다수의 전문가는 다음과 같이 조언한다. 부모와 학교 간 관계가 소원해지는 것은 부모의 관점에서 주로 학교와의 적절한 소통 부족이나 오해로부터 비롯된다는 것이다. 부모와 주기적으로 의미 있는 소통을 하는 것은 학교와 집을 이어주는 징검다리가 될 것이다.

이론적 해석

교사와 부모의 정기적이며 개방적인 소통은 상호 협력적이고 끈끈한 유대 관계를 맺는 데 일조한다. 이렇게 중요한 요소인 부모와 교사의 소통은 체계적으로, 자주 이루어져야 한다. 부모와의 정보 공유는 학생이 가진 기술과 지적 정보에 부모와 교사가 비슷한 수준에서 (대등한 정보를 토대로) 접근하도록 도와준다. 집과 학교에서 교환된 정보를 문서로 제작하는 것은 소통과정에서 공유한 정보와 의견 등을 향후 추적하는 데에도 효과적이다.

아마도, 학생들은 학교에서의 일들을 부모와 잘 이야기하지 않을 것이다. 심지어 일부 학생은 음성으로 말을 하는 데에 문제가 있거나, 대화법을 아직 배우고 있을 수도 있다. 또 다른 일부 학생은 말은 하지만, 직접적인 질문에 대답하기 어려워하거나 급식비나 숙제 등 중요한 정보를 빼먹기도 할 것이다.

그림 9.1 학교에서의 나의 하루에 대하여

그림 9.1에 있는 상황이 당신이 가르치는 학생들과 부모에게 일어난다고 생각해 보라.

비장애 학생 역시 이와 같은 질문에 대해 길고 자세한 답변을 하지 않을 것이다. 그렇지만 그들은 아마도 다가올 소풍 준비과정에서 용돈이나 학부모 동의의 필요성, 소풍을 다녀온 이후에 버스에서 옆 친구가 자기를 괴롭혔다는 등의 이야기는 할 것이다. 당신이 지도하는 학생들의 언어적 능력과는 상관없이, 학교에서 일어나는 일에 대한 정보를 정확하고 즉각적으로 부모에게 전달하는 것은 교사의 의무이다.

부모와의 소통 시스템 만들기

가능하다면, 새 학기가 시작되고 며칠 내에 부모와 학생 관련 상담을 하기를 권한다. 이러한 노력은 부모와 팀 관계를 긍정적으로 맺을 수 있는 초석이 된다. 긴 대화보다는 단순히 자신을 소개하고, 부모 및 그들의 자녀와 함께하게 된 것이 기대된다고 이야기하면 된다.

부모와의 소통 시스템을 만드는 첫 단계는 학부모와의 의사소통 방식을 상호 확인하는 것으로, 교육청 혹은 학교 관리자에게 소통 방식 관련 지침이나 관행을 확인해야 한다. 그리고 교장 등 관리자에게 각 부모와 어떤 형태의 소통 방식을 활용할 것인지 반드시 보고하라. 교장은 아마도 집에 보내는 편지나 이메일을 읽고 싶어 할 수도 있다.

정기적인 부모와의 소통 시스템을 만들 때, 각 부모가 원하는 의사소통 형태를 파악해야 한다. 만약 이메일을 활용하는 당신과 달리 부모는 컴퓨터를 자주 사용하지 않는다면 이메일은 효과적이지 않다. 일부 부모는 정해진 일정에 맞추어 전화하는 것을 선호할 수 있다. 우리는 교사들이 주로 매주 또는 매일 글 형태로 학부모와 소통하는 것을 발견할 수 있었다.

교사들은 주로 학교와 가정 간의 소통을 위해 두 곳을 오가는 노트(알림장 형태)나 폴더를 사용하였다. 자료가 첨부된 폴더가 매일 교환될 때, 이것은 유용하며 가치 있는 정보 매개체가 된다. 어떤 교사들은 소통을 위해 제공하는 서류 양식을 의미 있는 소통이 되도록 수정해 사용하기도 하였다. 예컨대 교사는 학생의 일과생활 및 학습에 관한 정보를 제공하고, 여기에 학부모가 짧은 메모로 답할 수 있는 여백을 마련해 부모와 교사 모두 열린 소통을 유지할 수 있도록 하는 것이다. 이러한 형식은 당신의 교실 속 학생들의 다양한 요구에 맞게 변형할 수 있다.

핸드폰이 점점 확대 보급되면서 부모와 교사가 바로 소통할 수 있는 창구가 마련되었다. 만약 부모에게 전화 통화 방식이 가장 편한 소통이라고 한다면, 통화 가능 시간과 통화 소요 시간을 함께 논의해야 한다. 부모에게 음성 메시지를 남겨도 괜찮냐고도 물어보아라. 보통, 이러한 방식의 소통은 일 단위보다는 주 단위의 소통 방식으로 행해진다. 문자 메시지로 소통하는 것은 위험할 수 있는데, 대화 내용과 시점이 문서로 저장되기 때문이다. 그러므로 부모와 소통할 때 문자 메시지를 사용하는 것은 추천하지 않는다.

이메일은 우리와 같은 직업인에게 보편적인 소통 수단으로 교사-부모 간의 소통에도 마찬가지이다. 여기서도 이 같은 소통 경로가 적절한지에 대해 교육청의 지침을 따르는 것이 중요하다. 당신이 특정 부모에게 이메일을 보내더라도, 그 부모는 그것을 많은 사람에게 공유할 수도 있다는 것을 기억하라. 이메일은 정보를 나누기에는 결코 사적인 수단이라고 할 수 없다. 만약 당신이 부모와 이메일로 소통한다면, 이메일 내용을 인쇄해 해당 학생 관련 파일이나 바인더에 넣어 보관해야 한다.

교사인 당신이 학교의 주 연락자인 것이 옳지만, 가끔은 다른 스태프들이 부모에게 연락하는 것이 더 적절하기도 하다. 주로 건강 관련 문제일 때로, 보건교사나 학교의 건강 관리 담당자들이 학생이 복용하는 약이나 학생이 최근 회복한 지병에 관해 이야기할 것이다.

학생이 만드는 부모와의 일상적인 의사소통

'하루 되돌아보기 교육'은 부모에게 정보를 전달할 주요한 수단이자 학생들에게는 소통 능력과 어휘력을 길러주는 좋은 방법이다. 하교 전 하루를 돌아보는 것은 학생들이 그날의 수업을 스스로 되짚어 보는 기회가 되고, 교사에게는 그들이 일과 중 무엇을 배웠는지를 알게 해주는 귀중한 정보이다. 구체적 예로, 교사는 학생에게 구조화된 형태의 성찰 일지를 주고 매일 하루가 끝날 때 일지를 채우도록 하는 것이다. 부모가 작성된 성찰 일지를 받았을 때, 자녀의 일과생활에 대한 정보뿐만 아니라 학생의 언어 사용 능력에 대해서도 알 수 있다. 부모가 성찰 일지에 적힌 정보를 통해 자녀와 학교에서 일어난 일에 대해 소통하는 것도 좋은 활용 방법이다.

우리는 부모와의 매일 소통 수단으로 '하루 되돌아보기 활동'을 할 수 있도록 두 개의 양식을 만들었다. 양식에 내용을 채울 때 많은 학생은 하루의 활동에 대한 정보를 글로 쓸 수 있지만, 일부 학생은 질문에 오엑스(○, ×)로 표시할 양식이 필요하기도 하다. 이러한 양식은 학생의 알림장이나 폴더에 넣어 학부모와의 상호 교환 일지로 활용할 수 있다. 우리가 만든 양식은 이 책의 '부록'에 수록하였다.

의미 있고 도움 되는 소통 상황 조성

우리가 판단하기에 부모들은 자녀에 대해 매우 잘 알고 있어 반복되는 정보나 이미 인지하고 있는 행동에 관해서는 관련 정보를 자세히 전달받을 필요가 없다. 대부분의 부모에게 읽기 수업 중 자녀가 얼마나 자주 발로 바닥을 찼는지는 그리 중요한 정보가 아니다. 자녀의 성장이나 퇴화 또는 둔화 행동 등을 문서화하기 위해 이러한 활동에 대한 기록을 남기는 것도 중요하지만, 가끔은 학교에서 일어난 일은 교사만 알아도 충분하다. 그 예시는 다음과 같다.

새 신발

앤더슨 씨와 나는 초등학교의 독립학급에서 협력 교수를 한다. 오전에는 함께 아이들을 가르쳤지만, 오후에는 그녀만 교실에 남고 나는 지역의 자폐 스펙트럼 장애 학생 지원팀원으로서 담당 학교에 교수지원을 나갔다.

우리는 어느 날, 인형 옷을 자주 입는 리디아가 새 신발을 신은 것을 발견했다. 또한 살짝 절뚝대며 걷고 있는 것도 보았다. 관찰력이 좋았던 앤더슨 씨는 리디아의 신발을 벗기고는, 그녀의 발가락 쪽에 휴지가 잔뜩 들어있는 것을 보고 놀랐다. 그녀가 휴지를 빼내고 리디아에게 신발을 다시 신기며 사건은 해결되었다.

아니, 사실은 그렇지 않았다.

내가 정오에 학교를 떠나고 난 후, 앤더슨 씨의 주요 임무는 그날에 있던 일을 학부모와의 소통 일지에 적는 것이었다. 앤더슨 씨는 그날 리디아 어머니와의 소통 일지에 다음과 같이 적었다. "리디아는 오늘 대부분의 시간 동안 절뚝이며 걸었습니다. 제가 마침내 그녀의 발가락

(계속)

쪽에 휴지가 잔뜩 있는 것을 발견했습니다."

앤더슨 씨는 리디아의 어머니에게 어머니가 저지른 실수를 알려주었을 뿐만 아니라, 그녀의 소통 일지에 휴지 조각을 붙이기까지 하였다! 리디아의 어머니는 어떤 심정이었을까? 부모와의 관계를 만들 때, 당신의 이야기가 학부모에게 어떤 의미로 전달되는지를 잘 고려해야 한다.

우리는 하루 동안 발생하는 일들을 꼼꼼하게 부모에게 알려주고 싶지만, 이러한 방식의 소통은 부모-학교 간의 올바른 징검다리로 적절하지 않다. 우리가 집에 보내는 정보는 부모에게 도움이 될 만한 정보여야만 하고, 궁극적으로 부모-교사 간의 팀워크를 맺는 것으로서 중요하다.

부모로서, 아이의 하루에 대해 무엇을 알고 싶나요?

다음은 부모에게 보내는 일일 편지나 이메일에 담기 좋은 내용이다.

- 요리나 미술 등 그날 수업의 구체적인 내용들
- 화장실을 쓰겠다는 요구를 하거나 신발을 묶는 등의 목표행동
- 학교 단위의 모임이나 프로그램과 같이 그날 일어난 특별한 이벤트
- 지역 단위 체험학습 등 다가올 특별한 이벤트
- 급식비 혹은 준비물
- 평범한 일상에서 벗어난 행동

다음은 학생의 일과에 대한 정보를 부모에게 전달하는 예시들이다.

- "우리는 오늘 쿠키를 만들었고, 밥은 쿠키에 초콜릿 칩을 더하는 것을 좋아하였습니다."
- "메리는 오늘 신발 끈이 풀린 것을 발견했고, 다른 사람의 지시나 도움 없이 스스로 묶었습니다."
- "농구팀의 출정식이 있었습니다."
- "다음 주 금요일은 학교 사진을 찍는 날입니다. 신청서는 아이의 가방에 있습

니다."

- "요란다는 이번 주 급식비 납부를 완료하였습니다."
- "제롬은 오늘 특히 피곤해 보였고 수학 시간 동안 잠들었습니다."

부모와의 소통 중 교사의 목소리 톤과 같이 사소할 것 같은 정보도 큰 영향을 미친다. 교사는 문자로 구성된 글로 소통하기 때문에 몸짓이나 표정, 그리고 목소리 정보가 없는 글 형태의 정보들이 불러오는 오해를 항상 기억해야 한다.

문서화

당신이 학교와 집 간의 정보를 교환할 때 어떠한 형태를 사용하든지, 모든 소통 시도와 소통 내용을 문서로 기록하는 것은 중요하다. 다음의 중요 지침을 준수한다면, 적절한 부모 소통용 기록 일지를 만들 수 있을 것이다.

- 부모 연락 일지를 기록하라. 일지 양식은 학생의 이름, 학년 등과 부모 관련 정보 및 문서 정보 목록을 포함해야 한다. 자세한 예시는 그림 9.2에, 복사해서 사용할 수 있는 일지 양식은 이 책의 '부록 9'에 제시하고자 한다.
- 학교에서 벌어지는 전화, 이메일, 문자 메시지 그리고 대화를 기록하라. 특히 날짜, 시간, 그리고 주제 등 대화의 요약문을 일지에 기록하라. 만약 부모의 동의가 있다면, 특정 정보의 기록을 복사해 다음 날 집에 보내라.
- 부모에게 전화했을 때 부모가 전화를 받지 않는다면, 음성 통화, 문자 메시지, 부모 부재 시 지정된 대리인과의 통화 내용을 기록하라.
- 문서 기록 혹은 이메일상의 소통 내용, 집에 보낸 편지는 복사해 두어라. 어떤 교사들은 이것들을 보관하기 위해 학생별 파일을 만들고, 또 다른 교사들은 하나의 파일이나 노트에 학생별로 구역을 만들어 사용한다. 만약 컴퓨터에 이러한 파일을 만든다면 반드시 개인 정보 보호를 위한 보안을 고려해야 한다. 당신에게 가장 적절한 보관 방법을 선정해야 하며, 교육청의 별도 지침을 준수해야 한다.

그림 9.2 소통 일지

학생 : 프랜시스코   학년 : 7학년

교사 : 볼랙   학교 : 메이플 중학교

부모/보호자 : 로페스 부부

주소 : 123 메인 스트리트

전화번호/이메일 : 555 - 123 - 4567

날짜 및 시간	소통 종류	메모
12월 2일	핸드폰 전화	급식비에 관해 메시지를 남김
1월 18일	이메일	동의서를 요구함
4월 2일	핸드폰 전화	학생이 혼자 신발 끈을 묶었다는 것을 알리려 전화함

- 이 파일이나 노트들은 교실의 안전한 곳에 두어라. 교육청이나 학교 관리자의 보관과 관련된 지침이 있을 것이다. 파기 역시 각 학년 종료 후 일정 기간 경과 시 해야 한다는 관련 지침이 제정되어 있을 것이다.
- 교육청의 관행에 따라 학생의 정보가 더 이상 필요 없다면, 그 정보를 파쇄해야 한다.

> 학생의 문제점이나 위험스러운 일이 발생하지 않더라도 부모와 정기적으로 소통하라.

- 이 파일들은 공문서로 학생의 학교 기록에 포함되며, 부모는 언제든 복사본을 요구할 권리가 있다는 것을 기억하라.

부모 참여

우리는 가끔 교사들에게, 부모들은 학교 일에 관심이 없다는 불만을 듣는다. 이러한 부모들은 학교에서 보내는 편지(소통 일지, 알림장)에 답하지 않거나 제출해야 할 서류(가정통신문)를 제때 제출하지 않는다. 어떤 부모들은 다른 부모들보다 확실히 아

이들이 학교에서 보내는 일상에 더 관심을 가지기도 한다. 한편으로 교사에게 부모가 아이의 학교생활에 대해 가지는 관심도가 드러나지 않을 수도 있다. 하지만 당신이 지도하는 학생의 부모는 학생의 성장에 대해 높은 관심을 가질 확률이 높다는 것을 명심해야 한다. 그들은 자녀를 평생 책임져야 하며, 교사들이 알지 못하는 양육과정에서 법적, 행정적 문제 등 신경 써야 할 것들이 많을 것이다. 장애 자녀를 가진 부모들은 고독감을 지니고 있으며, 이러한 자녀에 대해 부끄러움을 느끼기도 한다.

부모의 학교생활 참여와 관련한 또 다른 고려 사항은, 특정 부모에게는 그들의 학창 시절에서 학교란 존재가 부정적일 수도 있다는 것이다. 그들에게는 학교 환경이 불편하게 다가왔기 때문에, 두려움이나 부담을 느꼈을 수도 있다. 반대로 인기 많은 학생이었던 특정 부모들은 자녀가 느끼는 배움에 대한 어려움, 다른 학생과의 학습 차이 등을 이해하지 못할 수도 있다.

또 일부 부모들은 학생의 학교생활에 대해 과도한 관심을 표출하기도 한다. 교사들에 의하면, 이러한 학부모들은 매일 학교에 출근해 자녀와 점심을 먹거나 수업이 시작된 후에도 교실 문 앞에서 서성이거나, 학생의 학교생활에 대해 세부적 정보를 요구하기도 한다.

이러한 상황은 여러 문제점을 지닌다. 즉, 당신이 교사로서 필요 없는 시간을 할애해야 한다는 것과 학생이 부모에게서 독립하는 법을 배우지 못하는 것이다. 이 상황에서 교사는 학부모와 조심스럽게 경계를 설정하는 것이 중요하다. 학년 초, 등교 및 하교 과정에 대해 가정통신문을 보내는 것도 좋은 방법이다. 어떤 부모들에게는 매일 당신(혹은 부모를 제외한 다른 사람)에게 8시간 동안 아이를 맡기는 것은 매우 두려운 일일 수도 있다. 이러한 부모에게는 당신이 학생을 매우 소중히 생각하며, 학교 프로그램의 기본은 학생의 안전이라는 것을 주지시켜야 한다.

당신이 시도하는 학생들의 부모에게 귀 기울여라. 부모의 역할을 맡은 사람이 생물학적 부모, 조부모, 보호자, 입양 혹은 위탁 가정 부모 등 그 누구이든 간에 그들은 어떤 사람보다도 학생들을 잘 알고 있다. 자녀에 관해서는 남들이 모르는 사항들을 매우 잘 알고 있는 것이다. 취침 시간, 주말 여가 시간, 그리고 휴일에도 자녀와 함께한다. 학생과 관련된 그들의 지식, 의견, 아이디어들은 당신에게 새로울 것이므로 소중하게 다뤄야 한다. 결과적으로 부모들이 우려를 표시할 때, 그들의 이야기를 정성껏 들어라. 가끔 이러한 노력이 힘든 과정일 수 있겠지만 꼭 필요한 일이다. 학부모의 의견 중 일부 정보들은 당신이 학생을 가르치기 위해 꼭 알아야 하는 정보일 수도 있다.

요약

부모와의 소통은 학교와 부모 간의 징검다리를 만들고, 학생의 전반적 학교생활 과정에서 긍정적인 영향을 미친다. 당신이 학부모와 소통하며 쏟은 관심, 노력 그리고 시간은 견고한 협력 관계를 만드는 초석이 될 것이다. 학교-부모 소통이 정기적으로 이루어질 때 서로 간 오해는 줄고, 부모가 학생 양육과정에서 생기는 고민을 함께 논의하려고 당신에게 다가올 것이다.

실생활 응용

다음 내용은 이 장에서 제시한 주제와 관련된 것으로, 교사-부모 간 소통 시스템의 중요성을 보여주는 실생활 응용 사례이다.

제프리

우리는 제1장의 '실생활 응용'에서 제프리가 가지고 있던 문제점에 대해 배웠다. 그는 휠체어를 타고 다니며 학교에서 장애 특성에 적합화된 장비들을 사용한다.

제프리의 교사들은 그의 휠체어 일부에 정비가 필요하다는 것을 알아차렸다. 발받침대는 조절이 어려웠으며 팔을 놓는 패드는 해져있었다. 스태프들 사이에서는, 휠체어의 상태를 보고 추측건대 학생의 부모가 아이에게 관심이 없는 것 같다는 이야기가 오갔다.

스태프들이 성급하게 결론을 내린 것 같은가?

이 사례에서, 진실은 그들이 생각하던 것과는 달랐다. 이러한 사실은 한 교사가 부모에게 연락해 휠체어에 관한 이야기를 하며 도움을 주려 했을 때에야 비로소 알려지게 되었다. 부모들은 휠체어 정비 시설에 가기 위한 적절한 교통수단이 없어 수리를 미루고 있었던 것뿐이었다.

교사가 부모와 통화를 하면서 제프리의 휠체어 상태를 방관했다고 추궁하지 않은 것은 천만다행이었다. 대신, 교사는 휠체어 수리 관련 도움을 제안했고 이는 부모에게 심리적 지지가 되어주었다. 이러한 행동은 학생 가족과 소통 관계를 맺음과 함께, 제프리에게는 학교에서 바로 휠체어를 고쳐주는 직접적 지원이 되었다.

212호실의 스태프

킬머 씨의 딸인 캐시는 212호실의 학생이다. 킬머 씨는 수업이 끝날 즈음 항상 캐시의 하루가 어땠는지 담당 교사에게 문의한다. 그녀는 "괜찮았어요."와 같은 교사의 간단한 답변이 항상 만족스럽지 않았다. 그녀는 캐시의 하루에 대한 세부적인 일까지 설명해 주기를 원하였다.

하교 시간에는 주로 보조교사 중 한 명이 학생들을 돌본다. 킬머 씨는 어떤 보조교사가 그녀의 딸과 주로 활동하는지 정확히 알고 있었고, 매일 그 보조교사를 들볶곤 했다. 보조교사는 어떻게 행동해야 할까?

대부분의 학교 방침에 따르면 오직 교사만이 학부모와 심도 있는 대화를 할 수 있다. 교사의 의무는, 학부모에게 학생의 학교생활과 발달에 대한 세밀한 정보를 제공해 주는 것이다. 즉, 보조교사는 자신이 부모에게 직접 접촉하여 학생에 대해 자세하게 대화할 수 없다는 것을 알리는 상황에 놓여서는 안 된다.

212호실의 교사는 이렇게 결론 내렸다. 이제 그녀는 매 학기 시작 전, 가정에 새학기 안내 가정통신문을 보내기로 하였다. 거기에 더해, 그녀는 부모에게 학생의 성장과정이나 활동 일지를 제공하는 것과 관련된 학교 지침을 전달하기로 마음먹었다. 교장에게 학부모와 연락할 수단들에 대해 허락을 구한 후, 그녀는 부모들에게 전화해 선호하는 소통 시간과 소통 방법에 대해 상담했다. 어떤 부모들은 매일 교환하는 알림장을, 또 다른 부모들은 전화 통화나 이메일을 통한 소통을 원하였다.

제9장

부모와 소통하기 위한 아이디어

'관련 서비스'와
학교 내 지원 인력

10

목표 : 학생을 지원하는 다양한 전문가와 함께 일하는 것의 가치와 중요성을 강조한다.

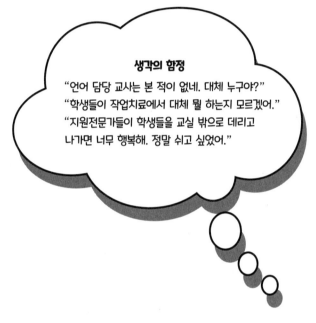

생각의 함정

"언어 담당 교사는 본 적이 없네. 대체 누구야?"

"학생들이 작업치료에서 대체 뭘 하는지 모르겠어."

"지원전문가들이 학생들을 교실 밖으로 데리고 나가면 너무 행복해. 정말 쉬고 싶었어."

"**백**지장도 맞들면 낫다."라는 표현을 들어본 적이 있을 것이다. 큰일도 여러 사람이 함께 거들면 더 쉬워진다는 뜻이다. 즉 교사는 학생과 관련된 문제가 발생하면 혼자가 아니라는 것을 기억하는 것이 중요하다. 당신에게는 당신과 학생을 지원하는 전문가팀이 있으며, 그들로부터 소중한 전문 기술을 배울 수 있다.

이론적 해석

교실에서, 당신은 교육전문가이다. 여러 통로로 받은 훈련, 경험한 것들 그리고 관련 연수는 당신을 학생 지도와 관련된 결정을 내리는 전문가로 성장시켰다. 그러나 몇몇 학생의 지도에는 교사 대부분이 지니지 못한 전문성이나 특별한 훈련이 필요하다. 특히 작업치료나 물리치료, 시청각적 지원이 필요한 학생에게는 이러한 전문가들이 필요하다. 전문가들은 자신의 전문 분야와 관련해 학생에게 상담이나 직접적인 도움을 제공하는 것뿐만 아니라 교사에게도 다양한 측면에서 지원을 제공할 수 있다. 학생교육의 성공 여부는 학급 전반을 담당하는 교사와 이러한 전문가들의 협력에 달려있다. 그러므로 교실 수업을 구상할 때 이러한 인적 요소들과 지원을 함께 고려하는 것이 필요하다.

관련 서비스에 관한 중요 정보

우리는 '관련 서비스'라는 이름으로 학생들을 지원하는 전문가들에 대해 배웠고, 당신 역시 이제 배우게 될 것이다. 당신의 지도를 학생이 더욱더 잘 흡수하려면 학생들에게 의사소통 기술 등 적절한 기술이 필요한데, 전문가들은 학생들이 이런 기술을 성취하거나 발전시킬 수 있도록 돕는 역할을 한다. 다른 한편으로 당신은 이러한 분야에서 비전문가이므로 전문가로 구성된 지원팀의 존재로 불안함이 줄어들 것이다. 당신은 그들과 협의하거나 그들을 관찰함으로써 다양한 것을 배울 수 있는데, 이러한 점은 당신의 수업에서 학생들에게 이득을 줄 교수 기술 발전에도 효과적이다. 그렇지만 관련 서비스란 무엇이며, 왜 모든 학생이 이러한 추가적인 서비스를 받지 않는 것일까?

관련 서비스에 대한 정의

학생이 특수교육 서비스 대상자가 된 뒤, IEP가 효과를 발휘하기 위해서는 가끔 특수교육이 아닌 다른 형태의 관련 서비스들이 필요하다. 예를 들어, 자폐로 판정받은 특정 학생에게 일상생활에서의 기능적 기술과 학업 영역에서의 특별한 특수교육이 필요한 상태를 보자. 이 학생에 대해 교사는 학생의 감각 관련 문제가 심각하므로 수업과 또래 활동에 적절히 집중하기 어렵다고 판단했다. 그러나 작업치료사의 평가가 추가된 결과, 학생이 IEP에서 큰 효과를 얻기 위해서는 학생의 감각 관련 요구를 충족시키기 위해 작업치료 관련 서비스가 필요한 것으로 판명되었다.

미국 장애인교육증진법(IDEIA)에서는 '관련 서비스'를 "특수교육의 혜택을 받는 장애 아동을 지원하는 데 필요한 교통 및 발달, 교정, 기타 지원 서비스"라고 정의했다(U.S. Department of Education, 2004b, Section 300.34). 다음은 관련 서비스의 정의에 포함된 내용이다.

- 언어병리학, 청각학 서비스
- 번역 서비스
- 심리 관련 서비스
- 물리치료, 작업치료
- 치료 레크리에이션 등 오락
- 아동이 가지고 있는 장애의 조기 발견 및 평가
- 재활 상담 등 상담 서비스
- 오리엔테이션, 모빌리티 서비스
- 진단 혹은 평가 목적을 가진 의료 서비스
- 학교 건강 서비스, 보건교사 서비스
- 학교 내의 사회복지 서비스
- 부모 상담 및 훈련
- 교통

누가 관련 서비스를 받을 자격이 되는가?

중요한 것은 모든 장애 학생들이 관련 서비스의 대상자가 아니라는 것이다. 관련 서비스의 대상자가 되려면, 관련 서비스가 IEP에서 효과적으로 작용하기 위한 필수적인 서비스인지 평가해야 한다. 이후 IEP를 위한 모임에서, IEP팀은 관련 서비스가 학생이 IEP로부터 이익을 얻는 데 필요한지 평가한 것을 검토하고, 토의하며 최종 결정한다. 나아가 IEP팀에서 관련 서비스의 장소와 기간, 회기 등을 결정하는 역할도 중요하다. 공립학교에서는 모든 관련 서비스를 무료로 제공한다.

직접 서비스 대 간접 서비스

관련 서비스는 직접 서비스 혹은 간접 서비스로 제공된다. 직접 서비스는 보통 관련 서비스 전문가와 학생 사이에서 직접, 대면으로 진행된다. 이러한 교류는 교실은 물론이고 급식실, 체육관 혹은 놀이터에서 진행될 수 있다. 관련 서비스 제공자는 학생의 답변을 분석하고 특정 기술을 발전시키거나 개선하기 위해 특정 기법을 사용한다. 또한, 교사 및 부모와의 면담을 진행하기도 한다. 직접 서비스가 학생의 교육 프로그램의 일부일 때, 서비스 제공자는 교육 프로그램 중 학생의 수행을 지켜보기도 한다. 교육 환경의 변화는 서비스 제공자가 학생에 대해 알고 있는 지식을 기반으로 제안된다.

관련 서비스가 간접 서비스로 제공될 때, 서비스 제공자는 대개 학생의 부모, 교사, 보조교사 그리고 다른 학교 관계자들과 함께 진행한다. 서비스 제공자는 자신과 함께하는 이들이 학생 발전을 지원하는 데 필요한 기법들을 익힐 수 있도록 교육, 훈련, 직접적인 감독 혹은 상담 등을 종합 관리할 수도 있다. 관련 서비스가 간접적으로 제공될 때 중요한 것은 서비스 제공자가 학생과 주기적으로 소통할 기회를 확보해 학생의 현재 기술 수준에 관한 정보를 수집해야 한다는 것이다.

서비스 제공 모델

많은 교사는 특수학급에서 진행하는 관련 서비스 전문가의 지원이 굉장히 도움 된다고 생각한다. 교사와 보조교사가 전문가를 관찰할 수 있고, 협력 기회를 얻으며, 전문가로부터 관련 기술을 배울 기회까지 얻기 때문이다.
이 정보를 활용해, 당신과 스태프들은 전문가가 사용
한 것과 같은 단어와 기법을 일과 내내 사용할 수 있을

모든 팀원들의 협력은 중요하다.

것이다. 이것은 학생에게 지속성 있는 서비스를 제공할 수 있고, 학생의 기술 수준을
일관성 있게 개선하며 일반화에도 도움을 줄 수 있다.

어떤 학생들에게는, 특수학급 교실보다는 밖으로 나가서 관련 서비스를 지원받는
것이 더 도움 될 수도 있다. 학교사회 안에서 기술을 연습하고 적용하는 것은 독립성
을 촉진하고 학우들과 교류할 기회까지 제공할 수 있다.

우리가 본 가장 역동적이고 의미 있었던 수업은 학급교사와 관련 서비스 전문가가

그림 10.1 어머니의 날 프로젝트 협업

작업치료사 :
가위 사용 기술과
마커 올바르게 쥐는 법 알려주기

주제 :
어머니의 날 공예

언어병리학자 :
휴일 관련 어휘 소개하기

교사와 보조교사 :
학생들의 활동을 돕고 작업치료사와
언어병리학자로부터 배우기

함께 계획해 협력 교수를 했던 수업이다. 또 다른 형태로는 서로 다른 두 분야의 관련 서비스 제공자들의 협력 수업이 있었는데, 두 전문가의 순환적 역할로 학생들과 다른 스태프들에게 유익하고 재밌는 수업을 만들었다.

예를 들어, 여덟 명의 학생으로 구성된 한 특수학급에서 우리는 언어병리학자와 작업치료사의 협력 수업을 관찰하였다. 교사나 보조교사는 그들의 수업을 돕거나 배울 수 있도록 대기하였다. 언어병리학자는 단어를 소개하고 가르쳤으며 작업치료사는 학생들의 연필 쥐기와 가위로 자르기 활동을 도왔다. 모두에게 즐거운 수업이 되었고 특히 학생들의 배움이 굉장히 향상되었다.

학교 내 지원 인력

아마도 학교에는 특수교육 경험이나 배경은 없지만 주기적으로 학생과 소통하는 다른 스태프들이 있을 수 있다. 예컨대 교장, 교감, 상담사, 간호사, 사서, 관리인, 급식실 직원, 버스 운전기사, 그리고 일반학급 교사 등이다. 이러한 스태프들이 특수학급 학생들의 요구를 더 잘 이해할 수 있도록 하는 정보나 학생의 성장과 발전에 도움을 줄 방법을 아는 것은 상당히 중요하다.

당신의 학생들이 학교 매점에서 특정 상품을 구매하는 모습을 상상해 보자. 학생들이 돈을 다루는 법을 배우거나 개인 식별 번호를 키패드에 입력해 볼 좋은 기회이다. 교내 매점 스태프들이 이와 같은 활동이 학생에게는 좋은 배움의 기회라는 것을 이해한다면, 모두에게 도움이 될 것이다.

학교 버스 기사 역시 당신의 학생 중 일부와는 매일 교류하는 학교 관계자이다. 버스에 타고 내리는 것은 인사를 연습할 수 있는 자연스러운 환경이다. 버스 기사에게 그가 학생의 교육에 중요한 역할을 할 수도 있다는 것을 알려라.

다른 스태프들이 당신이 지도하는 학생의 발전에 기여하고 학생을 도울 방법을 생각해 보아라. 이를 통해 당신의 학생들은 학교사회 내에서 사람들과 교류하며 자신감을 얻고 독립성을 기를 수 있을 것이다.

요약

일과 중 다른 스태프들과 학생 관련 협의 시간을 만드는 것은 쉽지 않지만, 가치 있는 일이다. 이 시간은 학생의 기술과 소통 수준, 특정 요구들 그리고 전반적 발달에 관한 기록을 상호 비교할 기회이며, 수집 정보를 교환하여 IEP를 업데이트할 기회이기도 하다. 만날 시간을 정기적으로 정한다면, 학생의 연간 IEP팀 협의를 준비하는 것도 힘든 일은 아닐 것이다. 다른 스태프들과 만나는 시간이 주 단위이든 월 단위이든 해당 학년에 한 번이든 이 시간은 필수적이다.

　이러한 전문가들이 당신과 학생들에게 엄청난 자원이라는 것을 꼭 기억하라. 이러한 다양한 전문가들과 협력 관계를 맺는 것은 당신이 지도하는 학생들에게 더 탄탄한 교육 프로그램을 실행하도록 도움을 줄 것이다.

실생활 응용

교사들이 학생들과 함께하는 다양한 전문가들과 어떻게 협력 관계를 맺는지를 보여주고자 한다.

212호실

212호실의 학생들은 축복받은 학생들이다. 그들의 담당 교사와 지원 인력들은 항상 협력해서 함께 일한다. 스태프들은 매주 첫 번째 금요일 점심 시간에 만나 학생 관련 문제들을 이야기한다. 언어병리학자, 작업치료사, 물리치료사 그리고 학급 교사들이 특정 날짜와 시간에 매달 모이는 것은 쉽지 않았다! 다행스럽게도 지역사회에서 이루어지는 출장이 금요일에는 없어 해당 요일에 만나기로 했다. 또한 금요일은 학급 영화 감상 시간이 있으므로, 영화를 보는 시간 동안 보조교사에게 학생들을 맡길 수가 있었다. 여러 전문가가 만나는 이 한 시간은 특정 문제나 이슈들에 대해 자유롭게 아이디어를 제시하거나 성공 사례들을 교환하는 귀중한 시간이 되었다.

케일럽

우리는 제3장에서 고등학생인 케일럽을 만났었다. 케일럽은 주로 독립학급에서 시간을 보낸다. 그는 일정을 사진으로 표시하며 소통을 위해서도 사진을 주로 사용한다. 언어병리학자는 케일럽의 독립학급 교사가 케일럽의 소통과 일정을 위해 사진 상징을 만드는 것을 도왔다. 언어병리학자는 케일럽이 급식실 줄을 설 때, 그가 소통 일지를 사용하는 것을 돕기도 하였다. 최근에 언어병리학자는 케일럽이 소속된 학급 학생들과 함께 인근 백화점의 매점을 방문하여 케일럽과 학생들이 무엇을 구매할지 고르는 것을 돕기도 하였다.

●●●

제10장

관련 서비스 제공자 및 학교 스태프와의 협력을 위한 아이디어

종합 정리

특수교육에서 성공적인 학급 운영을 위한 10가지 핵심 전략에 대해 읽었으니 당신도 다음과 같은 고민을 하고 있을지 모르겠다.

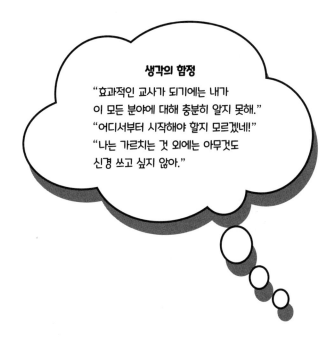

생각의 함정

"효과적인 교사가 되기에는 내가
이 모든 분야에 대해 충분히 알지 못해."
"어디서부터 시작해야 할지 모르겠네!"
"나는 가르치는 것 외에는 아무것도
신경 쓰고 싶지 않아."

우선, 이 책은 각각의 특정 주제와 구성 요소에 포함된 모든 전략에 대해 완전히 포괄적인 내용을 담고 있지 않다. 우리의 목표는 교사가 교실에서 활용할 수 있는 탄탄한 기초를 다지는 데 필요한 지식체계를 구성하는 것이다. 교사가 학생과 교실에서 최상의 실천적인 사례를 적용하는 방법을 고민하다 보면 이 책의 각 장에서 다른 핵심 전략을 대부분 구현하고 있음을 알게 될 것이다.

둘째, 모든 핵심 전략들을 제대로 배치하고 유지하는 것은 쉬운 일이 아니다. 새로운 학생이 들어오거나 다른 교실로 이동할 수 있고, 학생들과 함께 일하도록 새로운 스태프들이 배정되는 등과 같은 변화가 항상 발생한다. 상황을 개선하려고 노력할 때 학생을 위해 무엇을 해야 할지 모르겠다면, 이 책을 찾아보며 기본적인 사항들을 되돌아보고 어떤 영역을 다시 살펴봐야 하는지 확인할 수 있다. 10개의 핵심적인 전략은 학생들과 교실을 지원하기 위해 함께 작동해야 한다. 서로가 영향을 미치고 보완하는 관계이다. 예를 들어, 교실 내 물리적인 배치, 자료 구성 및 교육 목표와 목적에 대한 아이디어를 개발하고 계획을 실행할 때, 학생의 행동 개선과 학생 간 소통 증진을 위한 일부 지원 요소가 이미 마련된 것이라 할 수 있다.

이러한 핵심 전략을 교실에서 사용할 준비가 된 예비교사들은 견고한 기반 위에서 자신들만의 교직생활을 시작할 수 있는 것이다. 경험 많은 교육자들은 성공적으로 사용해 본 익숙한 전략들을 읽을 수도 있고 때로는 왜 제대로 되지 않았는지에 대한 이유를 배울 수 있다. 이 10가지 핵심 전략은 학생을 가르치는 방식에 대해 새롭게 생각해 볼 아이디어를 제공하고 있다.

교실에 이러한 모든 전략을 포함시키면 학생들의 삶에 차이를 만들어 줄 수 있을 것이다. 효과적인 교사가 되어 학생들에게 좋은 영향을 미치며, 특수교사로서의 삶도 더욱 쉽고 즐거워질 것이다. 무엇보다도, 여기 제시한 10가지 핵심 전략을 마련하면 학생들이 학업 면에서 성취하고 기능적인 기술을 발달시켜 나가며, 더욱 독립적인 삶을 살아갈 수 있는 교실을 만들 수 있을 것이다.

학급에서 창의적으로 가르치는 것은 어려운 일이라는 것을 잘 알기에, 이 도전을 수용하려는 여러분의 헌신과 용기에 찬사를 보낸다. 학생들이 거둔 대성공과 작고 소소한 성공 모두를 축하하고 그 성공을 하기까지 당신이 해낸 역할을 깨닫는 것이 중요하다.

참고문헌

인용 출처

Ayres, A. J. (2005). *Sensory integration and the child—25th anniversary edition.* Los Angeles, CA: Western Psychological Services.

Buron, K. D., & Curtis, M. (2003).*The incredible 5-point scale: Assisting students with autism spectrum disorders in understanding social interactions and controlling their emotional responses.* Shawnee Mission, KS: Autism Asperger Publishing.

Durand, V. M., & Crimmins, D. B. (1992). *The motivation assessment scale (MAS) administration guide.* Topeka, KS: Monaco.

DynaVox Mayer-Johnson. (1981–2012). BoardmakerTM: The Picture Communication Symbols©. 2100 Wharton Street, Suite 400, Pittsburgh, PA 15203, author.

Fouse, B., & Wheeler, M. (1997). *A treasure chest of behavioral strategies for individuals with autism.* Arlington, TX: Future Horizon.

Frost, L., & Bondy, A. (2002). *PECS: The picture exchange communication system.* Newark, DE: Pyramid Educational Consultants.

Glasser, H. (2011). *Notching up the nurtured heart approach: The new inner wealth initiative for educators.* Tucson, AZ: Nurtured Heart.

The Gray Center. (n.d.). *Social Story Books/DVD.* Retrieved January 2013 from http://www.thegraycenter.org/

Hodgdon, L. A. (1999). *Solving behavior problems in autism: Improving communication with visual strategies.* Troy, MI: QuirkRoberts.

Hunter, M. (1994). *Enhancing teaching.* Upper Saddle River, NJ: Pearson. Retrieved April 2013 from http://www.hope.edu/academic/educationl wessman/2block/unit41hunter2.htm

Kling, N. W. (2013a). *Structure for behavioral success.* Workshop for Texas City Independent School District. Presented February 18, 2013.

Kling, N. W. (2013b). *Writing a BIP that doesn't flop.* Workshop for Texas City Independent School District. Presented August 8, 2013.

Kranowitz, C. S. (2005). *The out-of-sync child: Recognizing and coping with sensory processing disorder.* New York: Berkley.

McClannahan, L. E., & Krantz, P. J. (2010). *Activity schedules for children with autism* (2nd ed.). Bethesda, MD: Woodbind House.

Office of Special Education Programs National Technical Assistance Center on Positive Behavioral Interventions and Supports. (2013). *Functional Assessment Checklist: Teachers and Staff (FACTS)*. Retrieved May 2013 from www.pbis.org/common/pbisresources/presentations/FACTS.doc

O'Neill, R. E., Horner, R. H., Albin, R. W., Sprague, J. R., Storey, K., & Newton, J. S. (1997). *Functional assessment and program development for problem behavior: A practical handbook* (2nd ed.). Pacific Grove, CA: Brooks/Cole.

U.S. Department of Education. (2004a). *Building the Legacy: IDEA 2004 Sec. 300.324(a)(2)(i). Development, review, and revision of IEP.* Retrieved February 2013 from http://idea.ed.gov/

U.S. Department of Education. (2004b). *Building the Legacy: IDEA 2004 Sec. 300.34. Related services.* Retrieved February 2013 from http://idea.ed.gov/

U.S. Department of Education. (2004c). *Building the Legacy: IDEA 2004 Sec. 300.5. Assistive technology device.* Retrieved February 2013 from http://idea.ed.gov/

Winner, M. G. (2007). *Thinking about you thinking about me.* San Jose, CA: Think Social.

추가 참고문헌

Hodgdon, L. A. (2011). *Visual strategies for improving communication: Practical supports for school and home.* Troy, MI: QuirkRoberts.

Jenson, W. R., Rhode, G., & Reavis, H. K. (2009). *The tough kid tool box.* Eugene, OR: Pacific Northwest.

Kling, N. W. (2008). *The cup kid, parenting a child with meltdowns.* Friendswood, TX: Come Along.

Myles, B. S., Adreon, D., & Gitlitz, D. (2006). *Simple strategies that work! Helpful hints for all educators of students with Asperger syndrome, high-functioning autism, and related disabilities.* Shawnee Mission, KS: Autism Asperger Publishing.

Rhode, G., Jenson, W. R., & Reavis, H. K. (2010). *The tough kid book* (2nd ed.). Eugene, OR: Pacific Northwest.

두문자어 안내

ABA(Applied Behavior Analysis)   응용행동분석

ABC(Antecedent-Behavior-Consequence)   선행사건–행동–후속사건

ADHD(Attention Deficit Hyperactivity Disorder)   주의력 결핍 과잉행동장애

AI(Auditory Impairment)   청각장애

AT(Assistive Technology)   보조공학

AU(AUtism)   자폐 스펙트럼

BIP(Behavior Intervention Plan)   행동중재계획

Boardmaker   Mayer-Johnson이 개발한 소프트
                                                                                     웨어

CCSS(Common Core State Standards)   학년별 핵심 성취기준

FAPE(Free Appropriate Public Education)   무상 공교육

FBA(Functional Behavior Assessment)   기능행동분석

ID(Intellectual Disability)   지적장애

IDEA(Individuals with Disabilities   미국 장애인교육법
    Education Act)

IDEIA(Individuals with Disabilities   미국 장애인교육증진법
    Education Improvement Act)

IEP(Individualized Education Program)   개별화 교육 프로그램

LRE(Least Restrictive Environment)   최소 제한적 환경

OHI(Other Health Impaired)	기타 건강장애
PECS(Picture Exchange Communication System)	그림교환의사소통체계
PLAAFP(Present Level of Academic Achievement and Functional Performance)	학업성취와 기능 수행
SI(Speech Impairment)	언어장애
SLP(Speech Language Pathologist)	언어병리학자
VI(Visual Impairment)	시각장애
VOD(Voice Output Device)	음성 출력 장치

부록 1.   교실 배치 : 공간에 대한 계획

1. 학생 수는 몇 명인가? _____

2. 학생들의 발이 땅에 닿고, 무릎은 직각으로 구부러져 있으며, 팔꿈치는 책상 위에 올려두고 글을 쓸 수 있게 다양한 크기의 책상과 의자가 필요한가? _____

3. 의학적으로 특별한 보조공학 기기를 요구하는 학생이 있는가? (휠체어, 스탠더, 개인 스크린 등) _____

4. 만약 특별한 보조공학 기기가 필요하다면 그것을 어디에 보관할 것인가? _____

5. 다른 학생들과 분리되어 작업을 해야 하는 학생이 있는가? _____

6. 만약 감각적 활동 공간을 필요로 하는 학생들이 있다면 교실에 활동 공간을 설치하거나 창작을 위한 전환 장소를 마련해 줄 수 있는가? (즉 작업치료사, 물리치료사, 특수체육 수업이 공유할 수 있는 공간들) _____

7. 다른 곳으로 이동할 필요가 있거나 튜브 식사를 하는 학생이 있다면, 개별 공간을 만들어 줄 수 있는가? _____

8. 특정 행동을 하는 학생들을 고려하여 교실을 배치할 수 있는가? (즉 허락을 받거나 힘들게 움직이지 않고 교실을 떠날 수 있는가?) _____

9. 안전에 대해 다른 고려 사항이 필요한가? _____

10. 사용 가능한 가구들은 무엇인가? _____

11. 개수대는 교실에 있는가? _____

12. 인터넷 사용을 위한 랜선이나 연결선은 어디에 있는가? _____

부록 2. 교실 배치 : 활동 영역들

교실에 필요한 영역들

1. _____

2. _____

3. _____

4. _____

5. _____

6. _____

7. _____

8. _____

9. _____

10. _____

11. _____

12. _____

13. _____

14. _____

15. _____

16. _____

17. _____

18. _____

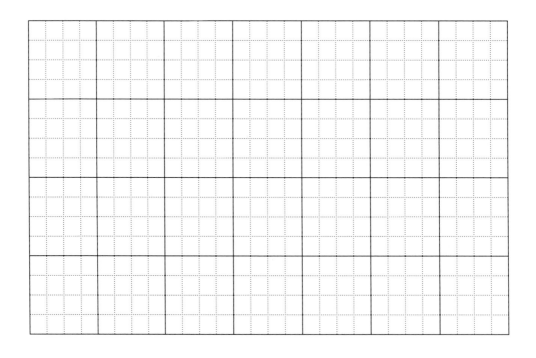

부록 3. 교실 배치 : 계획 격자판

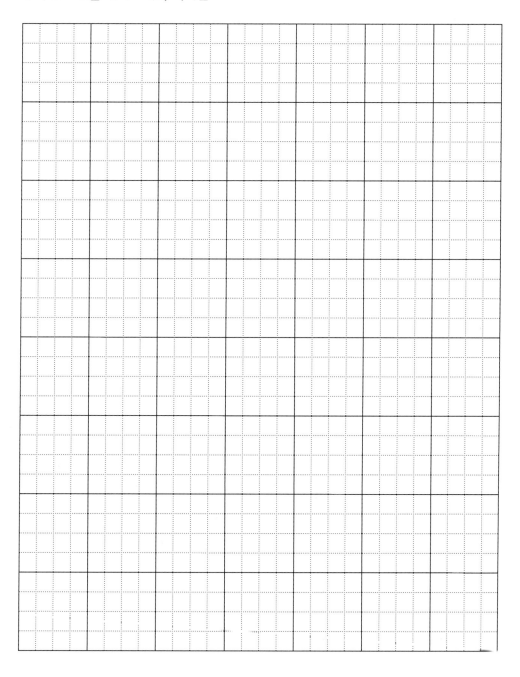

부록 4.   15분 주간계획

날짜 : 20_____ / _____ / _____

시간	월요일	화요일	수요일	목요일	금요일
오전 8:00~8:15					
8:15~8:45					
8:45~9:00					
9:00~9:45					
9:45~10:15					
10:15~10:45					
10:45~11:30					
11:30~오후 12:00					
12:00~12:30					
12:30~1:15					
1:15~1:30					
1:30~2:00					
2:00~2:30					
2:30~3:00					
3:00~3:15					

부록 5. 15분 일일계획

날짜 : 20_____ / _____ / _____

시간				
오전 8:00				
오전 8:15				
오전 8:30				
오전 8:45				
오전 9:00				
오전 9:15				
오전 9:30				
오전 9:45				
오전 10:00				
오전 10:15				
오전 10:30				
오전 10:45				
오전 11:00				
오전 11:15				
오전 11:30				
오전 11:45				
오후 12:00				
오후 12:15				
오후 12:30				
오후 12:45				
오후 1:00				
오후 1:15				
오후 1:30				
오후 1:45				
오후 2:00				
오후 2:15				
오후 2:30				
오후 2:45				
오후 3:00				
오후 3:15				

부록 6. 수업계획 : _____

날짜 : 20_____ / _____ / _____

지난 시간에 배운 단어나 기술 중 오늘 필요한 것에 대해 복습	
필요한 자료들	
1. 수업 목적	
2. 예측 가능한 행동들	
3. 수업	
4. 안내된 연습	
5. 이해도 점검	
6. 독립된 연습	
7. 종료와 요약	

부록 7. 일과 마무리 : 양식 A

날짜 : 20_____ / _____ / _____

이름 : _____

오늘은 : _____

오늘의 점심은 : _____
_____

학교에서의 활동들 : _____
_____
_____

교사 의견 : _____
_____
_____

학부모 의견 : _____
_____
_____

학부모 서명 : _____

부록 8. 일과 마무리 : 양식 B

날짜 : 20_____ / _____ / _____

이름 : _____

오늘은 :

월요일	화요일	수요일	목요일	금요일

오늘 학교에서 한 일 :

음악 수업	휴식 시간	독서	컴퓨터
수학	미술	특별 활동	체육 수업

©1981–2012 by DynaVox Mayer-Johnson LLC. All Rights Reserved Worldwide. Used with permission.

교사 의견 : _____

_____

_____

학부모 의견 : _____

_____

_____

학부모 서명 : _____

부록 9. 소통 일지

학년도 : 20_____ ~ 20_____

학생 : _____   학년 : _____

교사 : _____   학교 : _____

부모/보호자 : _____

주소 : _____

전화번호/이메일 : _____

날짜 및 시간	소통 종류	메모

부록 10.   ABC 기록

학년도 : 20_____ ～ 20_____

날짜 : 20_____ / _____ / _____

학생 : _____

환경 : _____

선행사건-행동-후속사건(ABC)
특정 행동에 근거한 기록으로 행동 발생 직전과 직후에 일어난 사건에 대해 기록함.

시간	선행사건 : 행동 직전에 일어난 일	행동 : 무슨 일이 일어났는지 묘사	후속사건 : 행동 직후에 일어난 일

부록 11. 강화 목록 (학생용)

날짜 : 20_____ / _____ / _____

이름 : _____

각 활동에 '좋아요' 또는 '싫어요'를 표시한다.

활동	좋아요	싫어요
1. 컴퓨터 시간		
2. 독서		
3. 좋아하는 과목에 대해 이야기하기		
4. 친구와 시간 보내기		
5. 스티커나 별 모으기		
6. 간식 먹기		
7. 교사와 점심 먹기		
8. 친구들과 교실에서 점심 먹기		
9. 친구와 게임하기		
10. 숙제 없음		
11. 음악 감상		
12. 텔레비전이나 영화 보기		

부록 12. 강화 목록 (교사용/학부모용)

날짜 : 20_____ / _____ / _____

학생 : _____   학년 : _____

교사 : _____   학교 : _____

부모/보호자 : _____

주소 : _____

전화번호/이메일 : _____

학생이 얼마나 많이 좋아하는가…	전혀	가끔	자주	구체적으로
사탕				
과자				
음료				
다른 음식 : _____				
레고 놀이				
퍼즐 놀이				
인형 놀이				
다른 장난감 : _____				
텔레비전 보기				
음악 감상				
비디오 게임 또는 Wii				
자전거 타기				
산책하기				
카드 놀이				
색칠하기				
보드 게임				
노래하기				
춤추기				
점토나 밀가루 반죽하기				

학생이 얼마나 많이 좋아하는가…	전혀	가끔	자주	구체적으로
자동차 타기				
친척 만나기				
방학 보내기				
마트 가기				
도서관 가기				
집에서 친구들과 시간 보내기				
포옹하기				
농담하기				
악기 연주하기				
체육 수업 참여하기				
음악 수업 참여하기				
또래도우미 하기				
버스 타고 학교 가기				
집안일 돕기				
주방에서 요리하거나 일손 돕기				
특정 주제에 대해 이야기 나누기				
하기 싫은 일 면제받기				
새로운 옷이나 신발 사기				
향수 사용하기				
주얼리 착용하기				
돈 모으기				
반려동물 먹이 주기				
별이나 포인트 모으기				
모은 돈이나 포인트 사용하기				

학생이 좋아하거나 자주 즐기는 다른 것에는 무엇이 있는기?

_____

_____

부록 13. 10가지 핵심 전략에 대한 점검표

1. 물리적 배치	예	아니요
a. 다른 활동과 주제들에 따라 잘 정의된 영역들		
b. 학생들, 스태프들, 방문객들이 쉽게 알아볼 수 있도록 이름 붙여진 영역들		
c. 학생 개개인의 요구가 고려된 물리적 배치		
d. 주제가 바뀌거나 교실을 떠날 때 사용되는 전환 영역		
e. 안전이 고려된 공간과 단단하게 고정된 가구		
2. 자료 구성	예	아니요
a. 주제 및 학생들이 어떻게 또는 언제 사용할지에 의해 구성된 자료들		
b. 무엇이 모여있는지 잘 가리키도록 이름 붙여진 보관 영역들 (벽장 또는 선반)		
c. 정돈되고 단정한 모습		
d. 그날 수업과 활동들을 위하여 유용하게 준비된 자료들		
e. 안전하게 저장된 자료들과 정렬된 가구들		
3. 일정표	예	아니요
a. 쉽게 읽을 수 있도록 벽면에 붙인 일정표		
b. 각 학생들이 개인적으로 매일 유용하게 사용할 수 있는 일정표		
c. 학생들의 요구를 충족시키는 각 학생별 일정표 양식		
d. IEP 정보와 일치하는 학생들의 일정표		
e. 각 스태프들이 손쉽게 사용 가능하도록 통용된 일정표		
4. 시각적 전략	예	아니요
a. 사용 가능한 시각적 전략들		

b. 교실의 다양한 장소에서 사용 가능한 시각적 전략들		
c. 특정 활동이나 주제가 진행되는 동안 사용되는 일정 안의 일정		
5. 긍정적 행동을 촉진하는 전략	예	아니요
a. 모든 IEP 목표들과 일관되게 놓인 자료 모음집		
b. 방해행동이 발생했을 때 따라오는 계획		
c. 스태프들에 의한 긍정적 행동 강화		
6. IEP, 수업계획, 자료 모음	예	아니요
a. 학생의 IEP 목표와 목적들을 반영하는 수업계획들		
b. 스태프들과 대체교사가 쉽게 접근 가능한 수업계획들		
c. IEP 목표에 따른 성장을 측정하기 위해 일상적으로 수집된 정보		
7. 교수 전략	예	아니요
a. 종일 사용되는 다양한 교수 전략들		
b. 독립을 촉진하기 위해 사용되는 학생 개인의 워크 스테이션		
c. 종일 다루어지는 학생들의 감각적 요구		
8. 의사소통체계 및 전략	예	아니요
a. (필요하다면) 종일 학생들이 사용 가능한 의사소통체계들		
b. 교사와 언어병리학자의 협업		
9. 부모와의 소통	예	아니요
a. 의미 있고 일관된 방법으로 부모와 소통하는 교사		
10. '관련 서비스'와 학교 내 지원 인력	예	아니요
a. 교실에서 일할 때 일상적으로 소통하는 교사와 스태프		

찾아보기

기타

· 저자 소개 ·

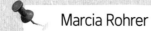

Marcia Rohrer

Rohrer는 텍사스주 Friendswood에 있는 Behavior Plus 사에서 교육 자문가로 활동하고 있다. 다양한 유형의 특수학급에서 어떻게 10가지 핵심 전략을 실행할 것인지에 대하여 교육청의 특수교육 책임자들과 긴밀한 관계를 맺으며 일하고 있다. 또한 자신의 학급에서 이 전략들을 활용하는 특수교사들에게 자문을 제공했다. 특히 관심을 갖는 영역 및 전문 분야는 부모들과 교사들에게 시각적 전략을 사용하는 것의 중요성과 학생의 성공을 증진시키도록 교실과 가정을 구조화하는 방식 등을 가르치는 것이다.

24년간 독립학급 및 도움반 환경에서 학생들을 가르치며 학교와 부모 사이의 연락을 담당했고, 교육자들과 부모들에게 다수의 연수와 워크숍을 제공했으며, 가정 내 및 부모 훈련가로서 일했다. 또한 자폐증 전문가들로 구성된 혁신적인 교육청 팀의 창립 회원이기도 하다.

Texas Council of Administrators of Special Education과 Texas State Autism Conference, 텍사스주 전역의 지역교육서비스센터에서 10가지 핵심 전략은 물론 다른 주제들에 대한 연수 및 워크숍을 진행했다.

Nannette Samson

Samson은 텍사스주 Friendswood에 있는 Behavior Plus사의 교육 자문가이다. 이 책의 공저자인 Marcia Rohrer와 함께 다양한 부모 및 교사 워크숍들을 진행하고, 가정 내 그리고 부모 훈련 평가와 사회적 기술 수업 등을 수행하며, 교사들이 10가지 핵심 전략을 자신의 학급에서 실행하는 것을 돕고, 학교들과 부모들에게 자문을 제공한다.

초등교육과 특수교육 학위 모두를 갖고 있는 은퇴한 교사로서 26년 이상 독립학급과 도움반, 그리고 통합 환경에서 특별한 요구를 지니고 있는 학생들을 가르친 경험이 있다. 또한 학생들의 개별화 교육 프로그램의 실행과 행동 전략들, 그리고 학급 운영에 관하여 일반교사들 및 특수교사들에게 자문을 제공하는 교육청 자문가로도 근무했다. 은퇴하기 전 공립학교 체제에서 5년 동안 가정 내 및 부모 훈련 서비스들을 제공하고, 스태프들과 부모들에게 자문을 하며, 부모와 학교 인력들 사이의 연락을 담당하는 교육청 자폐증 지원팀의 일원으로 근무하였다.

그녀가 특히 강조하는 영역은 초등학교에서 중학교로 옮겨가는 전환과정에 대하여 학생들과 그들의 부모들을 돕는 것이었다. 텍사스주 전역의 지역교육서비스센터와 교육청, Texas State Autism Conference, 그리고 Texas Council of Administrators of Special Education 등에서 다양한 워크숍 및 연수를 진행했다.

· 역자 소개 ·

 박경옥

단국대학교 특수교육과
단국대학교 대학원 특수교육 전공 (교육학 석사)
단국대학교 대학원 지체및중복장애 전공 (교육학 박사)
현) 대구대학교 초등특수교육과 교수

대표 연구실적
[저서] 중등도 및 중도장애 학생을 위한 체계적 교수 (시그마프레스, 2019)
[학술논문] 델파이 기법을 활용한 한국형 중도중복장애학생의 학습 진단 및 평가문항 타당화 연구 (2023) 외 다수

 신윤희

대구대학교 치료특수교육과
대구대학교 대학원 정서행동장애 전공 (문학 석사)
대구대학교 대학원 정서행동장애 전공 (문학 박사)
현) 대구사이버대학교 행동치료학과 교수

대표 연구실적
[저서] 행동지원지침서 (호미인포, 2011), 특수교육학개론 (학지사, 2016)
[학술논문] 수업방해행동에 대한 교사의 경험 실태 및 인식조사 연구 (2022) 외 다수

류규태

대구대학교 일반사회교육과
대구대학교 교육대학원 특수교육 전공 (교육학 석사)
대구대학교 대학원 중복지체부자유아교육 전공 (문학 박사)
현) 대구예아람학교 교사, 대구대학교 특수교육과 겸임교원

대표 연구실적
[학술논문] 특수교육대상자를 위한 블렌디드 러닝(Blended Learning) 수업 설계원리(안) 개발
(2021), Perceptions of Students with Severe and Multiple Disabilities among Teachers
Managing High School Credit Systems from the Viewpoint of 'Disability Studies' (2022)
외 다수

김지은

대구교육대학교 특수통합교육 전공
대구교육대학교 교육대학원 특수교육 전공 (교육학 석사)
대구대학교 대학원 특수교육 전공 박사과정

대표 연구실적
[학술논문] 코티칭을 활용한 초등학교 중복장애 학생의 미술과 교수·학습 지도안 재구성에 관한 연구
(2016)